HVH

Bibliographische Information der Deutschen Bibliothek
Die deutsche Bibliothek verzeichnet diese Publikation
in der Deutschen Nationalbibliographie; detaillierte
bibliographische Daten sind im Internet über
http://dnb.ddb.de abrufbar.

Holger Schramm:
Mood Management durch Musik.
Die alltägliche Nutzung von Musik
zur Regulierung von Stimmungen
Köln : Halem, 2005

ISBN 3-931606-85-6
ISBN 978-3-931606-85-5

Den Herbert von Halem Verlag erreichen Sie auch im
Internet unter http://www.halem-verlag.de
E-Mail: info@halem-verlag.de

SATZ: Herbert von Halem Verlag
DRUCK: docupoint GmbH, Magdeburg
GESTALTUNG: Claudia Ott Grafischer Entwurf, Düsseldorf
Copyright Lexicon ©1992 by The Enschedé Font Foundry.
Lexicon® is a Registered Trademark of The Enschedé Font Foundry.

Holger Schramm

Mood Management durch Musik

Die alltägliche Nutzung von Musik zur
Regulierung von Stimmungen

HERBERT VON HALEM VERLAG

Inhalt

Gewidmet meiner Familie

>Du holde Kunst, in wieviel grauen Stunden,
Wo mich des Lebens wilder Kreis umstrickt,
Hast du mein Herz zu warmer Lieb entzunden,
Hast mich in eine beßre Welt entrückt!«
(*An die Musik*, Franz von Schober,
vertont von Franz Schubert)

1. EINLEITUNG UND FRAGESTELLUNG

An Musik scheiden sich bekanntlich die Geister. So ist es auch bei den
Eheleuten Peter und Anja: Eigentlich verstehen sich beide sehr gut und
leben ›harmonisch‹ miteinander – nur bei der Musik wollen sie beide
partout nicht zueinander finden. Er – aufgewachsen mit der Beat- und
Rockmusik der 1960er-Jahre – ist immer noch ein großer Verehrer der
Rolling Stones und hört gerne handgemachte ›ehrliche‹ Gitarrenmusik.
Sie hingegen hat die aufregende Zeit zwischen ihrem 20. und 30. Lebensjahr eher mit ABBA, Diskomusik und den Anfängen von Michael Jackson
und Madonna verbracht, hört diese Musik auch heute noch sehr gerne,
ist aber auch der aktuellen Pop- und Rockmusik aus den Charts nicht
abgeneigt. Für Peter ist das keine Musik: »Immer das gleiche Rumgedudel! Die Radiosender spielen doch alle das Gleiche, aber die Bands
von heute spielen ja auch alle die gleiche Musik! Da sind keine kreativen
Köpfe mehr dabei!« Eine wiederum ganz andere Meinung zu Musik
hat Anjas Vater: Gerd kann sich noch gut an die Zeit nach dem Zweiten
Weltkrieg erinnern, in der er lediglich ein Radio besessen hat und in der
es noch keine Kassetten und CDs gab. Für Anjas Vater ist sogar die Musik
von den Beatles und den Rolling Stones reines ›Rumgedudel‹. Wahre und
schöne Musik sind für ihn die alten deutschen Schlager und Oldies aus
den 1950ern und 1960ern. Auch volkstümliche Musik und Operetten mag
er sehr gerne, aber nur, wenn sie nicht so ›ernst und abgehoben‹ klingen.
 Gänzlich unvereinbar werden die Musikgeschmäcker von Peter, Anja
und Gerd in Momenten, in denen sie gemeinsam feiern und fröhlich

sind, oder aber in Situationen, in denen sie über etwas streiten und gereizt sind. Bei Peter liegt der Fall am einfachsten, denn er mag die Rolling Stones einfach immer gerne hören. Auf Feiern kann er zu den Stones richtig gut ›abhotten‹ und seine Partylaune damit noch steigern. Wenn er dagegen gereizt ist, so helfen die Songs der Stones ihm, sich abzureagieren und zu entspannen. »Die Stones sind meine Allzweckwaffe. Sie sind wie ein gutes Medikament, das mir immer hilft!« Auch Anja hört auf Partys, wenn sie ausgelassen und »gut drauf« ist, am liebsten ihre Musik, also die guten alten Diskohits aus den 1970ern. Wenn sie jedoch gereizt ist, schlägt sie ganz neue Wege ein. »Da brauche ich dann was, das mich nicht noch mehr aufwühlt; sanfte Klänge, die mich ganz schnell wieder beruhigen. Da lege ich mir dann eine schöne Klassik-CD ein, setze mich gemütlich in meinen Sessel und versuche, die Seele baumeln zu lassen.« Gerd wiederum ist da ganz anders ›gestrickt‹. »Musik höre ich nur, wenn's mir gut geht. Wenn ich gute Laune habe, dann schalte ich meinen Sender mit den ollen Kamellen ein, und wenn ich schlechte Laune habe, dann bleibt das Radio halt mal aus, dann will ich nichts und niemanden sehen und hören!«

Das hier geschilderte Szenario ist beispielhaft für den Umgang der Menschen mit Musik. Nicht nur, dass verschiedene Personen generell unterschiedliche Musik hören und mögen; sie hören auch je nach Situation, nach Stimmungslage und Aktivitätskontext ganz unterschiedliche Musik und dies auch in ganz unterschiedlichem Ausmaß. Selbst das Motiv des Musikhörens bzw. die Funktion, die Musik in spezifischen Situationen für die Menschen einnimmt, ist nicht immer identisch. Manche wollen sich beispielsweise mit Musik aufheitern, wenn sie traurig sind, andere wollen das Gefühl der Traurigkeit mit Musik sogar verstärken. Und beide Parteien könnten dazu vielleicht sogar die gleiche Musik benutzen, da ein und dieselbe Musik für verschiedene Menschen anders klingt, andere Gefühle ausdrückt, mit anderen Erinnerungen und Erfahrungen verbunden sein mag und folglich auch andere Funktionalitäten übernehmen kann.

Im Zentrum dieser Arbeit stehen daher folgende Fragen:
- Welche Musik hören Menschen in unterschiedlichen Stimmungslagen?
- Wozu hören Menschen Musik, wenn sie gut oder schlecht gestimmt sind? Regulieren Menschen ihre Stimmungen mit dem Hören von Musik?

- In welchen Stimmungslagen haben Menschen besonders das Bedürfnis, ihre Stimmungen mit Musik zu regulieren? Wie gestaltet sich also die Stimmungsregulation durch Musik in den einzelnen Stimmungslagen?
- Wie unterscheiden sich verschiedene Personen mit Blick auf die Stimmungsregulation durch Musik in den verschiedenen Stimmungslagen? Funktioniert das Regulieren von Stimmungen durch Musik beispielsweise bei Frauen anders als bei Männern, bei älteren Personen anders als bei jüngeren und bei musikalischen Menschen anders als bei nicht-musikalischen?

Diese Fragen und das obige Beispiel dürften schon verdeutlicht haben, dass die Thematik von hoher Alltagsrelevanz ist. Eine systematische Erforschung der Zusammenhänge zwischen Persönlichkeitsmerkmalen, Stimmungslagen und der Nutzung von Musik zwecks Stimmungsregulation scheint daher dringend geboten. Bevor die theoretischen Grundlagen für das Ableiten spezifischer Forschungsfragen und Hypothesen (Kap. 6) in den Kapiteln 3 bis 5 gelegt werden, beschäftigt sich das folgende Kapitel 2 mit weiteren Argumenten für die Relevanz der Erforschung von Stimmungsregulation mittels Musik.

2. RELEVANZ DER FORSCHUNG ZU MOOD MANAGEMENT DURCH MUSIK

Musik ist allgegenwärtig und wird in den unterschiedlichsten Formen und Kontexten rezipiert. Ob im Supermarkt, in Wartesälen, in Restaurants, beim Friseur, beim Gottesdienst, in Konzerten, in der Oper, bei der Arbeit, beim Sport, beim Essen oder beim sich hingebenden und involvierten Musikhören zu Hause. Musik ist ein wesentlicher Bestandteil unseres Alltags (DENORA 2000; RÖSING 1993a) – auch wenn dies vielen Menschen nicht immer bewusst ist – und wird dabei in unterschiedlichen Quantitäten und Qualitäten wahrgenommen. Sie kann »als Lautsprecher- bzw. Übertragungsmusik, als musikalische Livedarbietung und als Ergebnis eigenen Musizierens [auftreten]. Quantitativ überwiegt die Lautsprechermusik. Umgekehrt proportional zur Quantität allerdings verhält sich die subjektive Gewichtung. Die selbstvollzogene musikalische Tätigkeit rangiert vor dem Konzertereignis und dieses wiederum vor der Lautsprechermusik« (RÖSING 1993a: 114). Dies ist so zu verstehen, dass die meisten Menschen Musik dann intensiver und nachhaltiger erleben, wenn sie Musik selbst produzieren oder sie zumindest live erleben, anstatt sie nur über Tonträger oder andere Medien zu hören.

Trotzdem dürfte sich die Medien- und Kommunikationswissenschaft insbesondere für die Lautsprecher- bzw. Übertragungsmusik interessieren: Denn sie ist *medial* vermittelt und bestimmt den größten Teil des täglichen Musikkonsums von zurzeit circa vier bis fünf Stunden eines durchschnittlichen Erwachsenen (SCHRAMM 2004). Medial vermittelte Musik ist auch im Hinblick auf die Stimmungsregulation von zentraler Bedeutung, da auf sie in Form von Musikmedien wie den Tonträgern jederzeit zielgerichtet und funktionell zurückgegriffen werden kann.

Die Stimmungsregulation mittels Live-Musik oder eigenem Musizieren dürfte aus mehreren Gründen schwieriger und mit größeren Anstrengungen verbunden sein. So sind Live-Konzerte orts-, zeit- und programmgebunden bzw. können nicht in Abhängigkeit der individuell gewünschten Musik jederzeit und überall stattfinden. Stattdessen müssen die Konzertbesucher an bestimmten Tagen in spezifischen Örtlichkeiten mit bestimmten Künstlern und Musikdarbietungen vorlieb nehmen. Ein Live-Konzert kann daher auch kontraproduktiv im Sinne der Stimmungsregulation sein, wenn zum Beispiel eine traurige Oper besucht wird, die betreffenden Besucher sich aber schon zuvor in einer traurigen Stimmung befinden und eher aufgemuntert werden wollen. Das Problem der Abhängigkeit von externen Faktoren kann beim Selbstmusizieren teilweise umgangen werden, denn theoretisch ließe sich ja jederzeit die Musik spielen, von der man sich eine Verbesserung der Stimmung verspricht. Jedoch scheitert diese Variante daran, dass die entsprechenden Musikinstrumente nicht jederzeit verfügbar sind, dass die gewünschte Musik nicht eingeübt und somit spielbar ist oder dass keine Kompetenz für das Spielen von Musikinstrumenten vorhanden ist. Am zweckmäßigsten erscheint daher die Stimmungsregulation mit Hilfe von (portablen) Musikmedien wie dem Radio, dem Walkman oder dem CD-Wechsler für das Auto. Insbesondere zu Hause sind die Möglichkeiten des zielgerichteten Einsatzes von Musik nahezu grenzenlos, da zwischen den verschiedensten Musikangeboten in zahlreichen (Musik-)Medien gewählt werden kann. Neben der Musik auf Tonträgern spielt hier vor allem die Musik im Radio, im Internet und im Fernsehen eine große Rolle, wobei die verschiedenen Medien auch unterschiedliche Rezeptionsmodalitäten und Implikationen für die Stimmungsregulation mit sich bringen. So ist ein Fernseher zum Beispiel in der Regel nicht portabel, was zur Folge hat, dass man die über ihn vermittelte Musik selten dort rezipiert, wo es für das eigene Wohlbefinden optimal wäre (zum Beispiel im Bett). Außerdem kann beim Fernsehen in der Regel nur die Musikfarbe und das Musikgenre durch die Wahl bestimmter Sender oder Sendungen zielsicher eingeschaltet werden, seltener bestimmte Musiktitel von bestimmten Künstlern. Und zuletzt tritt beim Fernsehen zur auditiven noch die visuelle Rezeptionsebene hinzu, was zu veränderten Wirkungen führen kann (BEHNE 1990). Bei der Unterscheidung der medial vermittelten Musik wird deutlich, dass Musik nicht als *Medium*, sondern als ein spezieller *Medieninhalt* zu verstehen ist, der je nach Art des Mediums unterschiedlich gut bestimmbar und zum Zweck der Stimmungsregulation selektierbar ist.

Zahlreiche populär- und pseudowissenschaftliche ›Ratgeber‹ wie zum Beispiel *Music and your emotions. A practical guide to music selections associated with desired emotional responses* (CAPURSO 1952), *The enjoyment of music: An introduction to perceptive listening* (MACHLIS/FORNEY 1990), *Tune your brain. Using music to manage your mind, body, and mood* (MILES 1997), *Die musikalische Reiseapotheke. Ein klingendes Vademekum für weltoffene Zugvögel* (RUEGER 1995) oder *Die musikalische Hausapotheke. So nutzen Sie die Heilkraft der Musik in jeder Lebens- und Stimmungslage* (RUEGER 1996), aber auch Artikel in Publikumszeitschriften (z. B. GERBERT 1998) suggerieren, dass Musik zielsicher wie ein Medikament eingesetzt werden könne. Die Realität ist jedoch komplexer und individueller, als dass Mood Management durch Musik nach einem ›Einheitsrezept‹ verlaufen könnte. Diese Komplexität soll in der vorliegenden Arbeit empirisch abgebildet und exploriert werden, um zumindest entlang einiger intra- und interindividueller Faktoren Muster des Mood Managements zu erkennen.

Vor dem Hintergrund des hohen Stellenwerts von Musik in unserem täglichen Leben und der Relevanz von Musik für Stimmungen mag es verwundern, dass eine Dissertation wie diese überhaupt noch geschrieben werden muss. Denn dass Musik die Stimmungen der Menschen beeinflussen kann und dass sie zum Zweck der Stimmungsregulation oft gehört wird, bestätigen spontan die meisten Menschen (vgl. Tab. 1): Auf die offene Frage, welche Funktionen Musik in ihrem Alltag einnehmen würde, antworteten 16 Prozent, dass sie Musik oft hören, um sich in eine gute Stimmung zu versetzen. Sechs Prozent gaben an, ihre aktuelle Stimmung mit Musik zu unterstützen, und acht Prozent meinten sogar, ihre aktuelle Stimmung mit Musik zu verstärken. Tabelle 1 zeigt, dass Musik noch viele andere Funktionen zugeschrieben werden, die in einem gewissen Zusammenhang mit Stimmungsregulation stehen, wie zum Beispiel ›Weinen/ Katharsis/Erleichtern‹, ›Beruhigen/Entspannen/Stressabbau‹ oder ›Trost und Heilung‹.

Wenn Stimmungsregulation eine so zentrale Funktion des Musikhörens ist, dann ist es umso erstaunlicher, dass eine umfassendere empirische Arbeit zu diesem Thema noch nicht vorliegt. Über die Gründe hierfür kann nur spekuliert werden: Innerhalb der Medien- und Kommunikationswissenschaft werden die Motive und Wirkungen des Musikhörens generell stark vernachlässigt, obwohl Musik den (quan-

TABELLE 1
Funktionen von Musik im Alltag von Menschen (n = 76)

Rang	Funktionen	Anteil der Befragten (in %)
1.	sich an bedeutungsvolle Ereignisse erinnern	50
2.	sich in eine gute Stimmung versetzen	16
3.	Weinen/Katharsis/Erleichtern	14
4.	Prickeln/Gänsehaut/Schauern	10
5.	aktuelle Stimmung verstärken	8
6.	Beruhigen/Entspannen/Stressabbau	8
7.	aktuelle Stimmung unterstützen	6
8.	Musik als Unterhaltung	6
9.	geistiger Genuss	6
10.	Trost/Heilung	4
11.	Musik als Motivator	2
12.	Musik als Stimulanz	2
13.	Hervorrufen bildlicher Vorstellungen/Assoziationen	2

Quelle: Sloboda/O'Neill 2001: 420; Übersetzung vom Autor

titativ) bedeutendsten Medieninhalt darstellen dürfte (vgl. oben) und obwohl einige Medien, wie zum Beispiel die Tonträger und das Radio, fast ausschließlich Musik transportieren. Da diese Medien im Vergleich zum Fernsehen, zu den Printmedien und neuerdings auch zum Internet weniger auf das Interesse von Forschern stoßen, sind Desiderata speziell im Bereich der rein auditiven Medien auszumachen (vgl. z.B. im Hinblick auf den Hörfunk: GLEICH 1995; im Hinblick auf Hörspielkassetten: VORDERER/RITTERFELD/KLIMMT 2001). So ist es zu erklären, dass bei einer generellen Vernachlässigung des Themenfeldes ›Musik und Medien‹ die ›Stimmungsregulation durch Musik‹ von medien- und kommunikationswissenschaftlicher Seite bisher kaum angegangen wurde. Da das Thema ›Stimmungsregulation durch *Medien* im Allgemeinen‹ mitlerweile recht gut durch die medienpsychologische Forschung (OLIVER 2003; ZILLMANN 2000) und durch die Uses-and-Gratifications-Forschung innerhalb der Kommunikationswissenschaft (ROSENGREN/WENNER/ PALMGREEN 1985; RUBIN 1994, 2000) abgedeckt wurde, wobei der Schwerpunkt auf der Fernsehrezeption lag (KUBEY/CSIKSZENTMIHALYI 1990; PALMGREEN/RAYBURN 1979; SCHMITZ/LEWANDROWSKI 1993), bieten sich nun gute Anknüpfungspunkte für eine Forschung über ›Stimmungs-regulation durch *Musik* im Speziellen‹ an. In diesem Sinne sind in den letzten Jahren erste kommunikationswissenschaftliche und medienpsy-chologischen Studien durchgeführt worden (FÖRSTER/JARMUS/WÜNSCH 1998; KNOBLOCH 2003; KNOBLOCH/ZILLMANN 2002; WÜNSCH 2001), wobei sowohl die Auswahl von Musik in Abhängigkeit von Stimmungen als auch die Wirkung der gehörten Musik auf die betreffenden Stimmungen untersucht wurden.

Die meisten Studien und Beiträge zum Themenkomplex ›Musik und Emotionen‹ lassen sich aber eindeutig in der musikpsychologischen Litera-tur finden (z.b. BEHNE 1984, 1986a; FLATH-BECKER 1987; FLATH-BECKER/ KONECNI 1984; GEMBRIS 1985, 1990; KONECNI 1979, 1982; NORTH/ HARGREAVES 1996b, 2000; PEKRUN/BRUHN 1986; SCHAUB 1981; SLOBODA 1992; SLOBODA/O'NEILL/IVALDi 2001; im Überblick z.b. SLOBODA/JUSLIN 2001; PEKRUN 1985), wobei Wirkungsstudien hier eher die Ausnahme sind. Dies mag daran liegen, dass Wirkungsstudien in der Regel experimentelle Studiendesigns bedingen, die mit den ästhetischen Wertvorstellungen vie-ler eher musikwissenschaftlich und weniger psychologisch geprägter Wissenschaftler/-innen nicht zu vereinbaren sind. Es könnte aber auch am Forschungsgegenstand – der Musik selbst – und den Problemen einer ange-messenen Operationalisierung liegen:

> Das hängt zusammen mit Beschreibung, Operationalisierung sowie Anzahl der
> Dimensionen, auf denen sich Musik unterscheiden kann. Im klassischen Kanon
> der Musiktheorie gibt es bestimmte Kategorien, durch die Musik beschrieben
> werden kann: Melodik, Harmonik, Rhythmus, Tempo. Die dort etablierte Termi-
> nologie ist aber alles andere als einheitlich. Für ein Wahrnehmungsexperiment
> z.B. die Harmonik als komplex-einfach, das Tempo als schnell-langsam zu ope-
> rationalisieren [...] und entsprechende Hörbeispiele einzuspielen, erweist sich in
> der Praxis als fast unmöglich. Hinzu kommt die Dimensionalität verschiedener
> »Stile« (Barock, Romantik, Jazz, Volksmusik), die in der Forschung oft über-
> haupt nicht abgebildet werden kann. Darüber hinaus ist Musik ein individuell
> sehr unterschiedliches, hochgradig emotional besetztes Objekt und schließlich
> geschieht jegliche Musikrezeption in bestimmten soziologischen Kontexten. Sie
> ahnen: Ein Experiment zu den Wirkungen der Musik ist, wenn man methodisch
> exakt vorgehen will, fast nicht realisierbar (BEHNE 2002: 44).

Insofern kann vermutet werden, dass viele der oben genannten medi-enpsychologischen Studien methodische Ungenauigkeiten im Hinblick auf die realistische Abbildung der Musik aufweisen, die Musikpsycholog/-innen eher berücksichtigt hätten und die sie vielleicht davon abhalten, Wirkungsexperimente mit Musik durchzuführen. Auch wenn man die Wirkungsperspektive vernachlässigt und nach Studien Ausschau hält, die zumindest die Stimmungsregulation als *Motiv* des Musikhörens untersuchen, wird man in der musikpsychologischen Forschung nur vereinzelt fündig (vgl. im Überblick Kap. 5). Dies ist auf mehrere Gründe zurückzuführen: Zumindest die deutsche Musikpsychologie hat sich als empirische und psychologisch orientierte Wissenschaft erst Ende der 1970er-Jahre etabliert (RÖSING/BRUHN 1993; RÖTTER 2000; SCHRAMM 2002). Insoweit kann diese Disziplin in Deutschland erst auf einen vergleichsweise kurzen Zeitraum zurückblicken, in dem viele musikpsychologische Grundfragen empirisch noch nicht ausreichend beantwortet werden konnten. Ein weiterer Grund liegt sicher im Verhältnis vieler Musikpsycholog/-innen zu ihrem Forschungsgegenstand, den sie nicht selten immer noch als Kunstobjekt und als etwas betrachten, das man nicht ›benutzt‹ und sich nicht aus anderen Motiven als dem Musikgenuss zu eigen macht.

Zusammenfassend lässt sich also die Relevanz der Forschung über Mood Management durch Musik auf mehreren Ebenen festmachen. Der hohe Stellenwert des Musikhörens im Alltag der Menschen lässt auf einen ebenso hohen Stellenwert der stimmungsregulierenden Funktion von Musik schließen (DENORA 1999, 2000). Über die intra- und interindividuellen Muster des Mood Managements durch Musik ist nur wenig bekannt. Würden wir mehr darüber wissen, sollten die bestehenden ›Rezeptbücher‹ nicht durch neue, bessere ›Ratgeber‹ abgelöst werden (da diese individuell ausgerichtet sein müssten und allenfalls interaktiv an einem Computer bzw. über ein entsprechendes Internetangebot erstellt werden könnten). Allein die Erkenntnisse über die komplexe Wechselwirkung zwischen Mensch und Musik haben ihren Wert für sich. Diese Erkenntnisse und die abzuwägenden Methoden der Erkenntnisgenerierung dürften interessant und relevant für die oben angesprochenen Wissenschaftsdisziplinen sein.

Um nun die am Ende der Einleitung skizzierten Fragestellungen begründet in konkretere Forschungsfragen und Hypothesen zu überführen (vgl. Kap. 6), ist zuvor eine theoretische Fundierung mit entsprechender Darlegung des Forschungsstandes notwendig. So werden zunächst im Kapitel 3 Stimmungen definiert sowie die empirische Struktur von Stimmungen, Regulationsstrategien und die Mood-Management-Theorie als zentrale Stimmungsregulationstheorie, auf die sich die Arbeit größtenteils beziehen wird, dargelegt. Kapitel 4 widmet sich dann der medialen Musik, die – wie in Kapitel 2 bereits erläutert – primär zur Stimmungsregulation eingesetzt werden dürfte, indem auf das Marktangebot an medialer Musik sowie auf die emotionalen Eigenschaften von Musik und damit auf ihre besondere Eignung für die Regulierung von Stimmungen eingegangen wird. Kapitel 5 beschäftigt sich schließlich mit Phasen, Merkmalen und Determinanten der Rezeption von Musik – insbesondere mit Motiven des Musikhörens, Modi des Musikhörens und emotionalen Wirkungen des Musikhörens. Erst dieser umfassende Blick auf den Prozess des Musikhörens, der aus Gründen der Stimmungsverbesserung zwar eingeschlagen werden kann (Stimmungsregulation als Zuwendungsmotiv), aber nicht unweigerlich zur Stimmungsverbesserung führen muss (Stimmungsregulation als mögliche Wirkung), lässt die Komplexität des Mood Managements erahnen.

3. STIMMUNGEN: BEGRIFF, STRUKTUR, REGULATION

Im Folgenden wird zunächst erörtert, was unter Stimmungen zu verstehen ist. Dazu ist eine Abgrenzung von Stimmungen zu Emotionen (Kap. 3.1) sowie eine Darlegung möglicher Strukturen von Stimmungen (Kap. 3.2) notwendig. Anschließend wird die Stimmungsregulation im Allgemeinen behandelt (Kap. 3.3), bevor zuletzt als theoretischer Fokus dieser Arbeit die Mood-Management-Theorie Zillmanns als spezifische Stimmungsregulationstheorie erläutert wird (Kap. 3.4).

3.1 Stimmungen versus Emotionen

Die mentalen Funktionen der menschlichen Psyche werden im Allgemeinen in Kognition (Denken), Konation (Verhaltensabsicht und Verhalten) und Affekt (Fühlen) unterteilt (ZIMBARDO/GERRIG 2003). »In der deutschen Forschung wird unter ›Affekt‹ häufig ein kurzes und heftiges Gefühl mit desorganisierenden Auswirkungen auf Erleben und Verhalten verstanden« (PARKINSON/TOTTERDELL/BRINER/REYNOLDS 2000: 15). In diesem Sinne wird auch oft davon gesprochen, dass jemand ›im Affekt‹ gehandelt habe. Der Begriff hat jedoch eine breitere Bedeutung, umfasst »die spürbare einsetzende Erlebnisweise und Erlebnisqualität von Gefühlen sowie längerfristige Erlebnistönungen«, [...] »eine große Bandbreite von Phänomenen, einschließlich Stimmung und Emotion, und reicht von vagem Unbehagen bis zu rasender Wut, von einem nagenden Zahnschmerz bis zu einem allgemeinen Zustand der Langeweile« (PARKINSON et al. 2000: 15). Stimmungen sind also den Affekten untergeordnet, sollten aber von den Emotionen möglichst unterschieden werden. Auf der Suche nach möglichen Definitionen wird man schnell fündig: Kleinginna und Kleinginna (1981) hatten bereits vor über 20 Jahren 92 verschiedene Definitionen von ›Stimmung‹ (Synonym: Befindlichkeit) bzw. ›mood‹ in der internationalen psychologischen Literatur gefunden. In der vorliegenden Arbeit sollte jedoch nicht eine beliebige Definition von ›Stimmung‹ zitiert werden, sondern eine, die den Gegensatz zu den ›Emotionen‹ möglichst deutlich werden lässt. Parkinson und Kolleg/-innen (2000) haben die Unterschiede beider Affektgruppen auf sechs Ebenen beschrieben (Tab. 2, vgl. ausführlicher: PARKINSON et al. 2000: 16-20).

TABELLE 2
Mögliche Unterscheidungen zwischen Stimmungen und Emotionen

	Stimmung	Emotion
Dauer	relativ langfristig	relativ kurzfristig
Zeitmuster	graduelles Einsetzen, kontinuierlich, tonisch	rasches Einsetzen, episodisch, phasisch
Intensität	relativ schwach	relativ stark
Verursachung	nicht durch spezifisches Ereignis ausgelöst	verursacht durch spezifisches Ereignis
Funktion	liefert Informationen über derzeitigen Zustand des Selbst	liefert Informationen über aktuellen Zustand der Situation
Gerichtetheit	ungerichtet	auf konkretes Ziel gerichtet

Quelle: Parkinson/Totterdell/Briner/Reynolds 2000: 19

Demnach werden *Emotionen* durch ein spezifisches Ereignis oder eine spezifische Ursache ausgelöst, setzen dadurch rasch und episodisch in bestimmten Situationen ein, sind auf ein konkretes Objekt oder Ziel intentional gerichtet, dauern vergleichsweise kurz (meist nicht länger als ein paar Minuten) und sind von ihrer Intensität vergleichsweise stark. *Stimmungen* dagegen sind diffusere Affektzustände, dauern relativ lang (bis zu einigen Wochen) und sind von eher geringerer Intensität. Sie setzen graduell ein, entwickeln sich also kontinuierlich, sind auf kein konkretes Objekt/Ziel gerichtet und weniger determiniert durch eine bestimmte Situation als vielmehr durch den aktuellen psychischen Zustand des Menschen (vgl. auch SCHWARZ/CLORE 1996).

Angst beispielsweise kann sich somit als Emotion zeigen, wenn sie kurzzeitig durch ein konkretes Objekt oder eine Ursache ausgelöst wird. Wenn man zum Beispiel in einem verlassenen Park nachts einer dunklen Gestalt begegnet, die sich auffällig auf einen zubewegt, so setzt ein auf die Gestalt ausgerichtetes Angstgefühl rasch und konkret ein. Wenn diese Gestalt dann, ohne dass etwas passiert, an einem vorübergeht, verschwindet die Angst sehr schnell. Die Angst entwickelt sich bei diesem Beispiel episodisch, dauert also nicht lange an, liefert dem betreffenden Menschen Informationen über seine aktuelle Situation (er ist allein in einem Park, eine andere Person nähert sich ihm, und dies könnte gefährlich werden), dürfte aber vergleichsweise intensiv erlebt werden. Dagegen kann Angst auch als längerfristige, kontinuierliche ›Tönung‹ des eigenen Zustands wahrgenommen werden, die sich nicht generell, sondern nur graduell verändert. Es gibt zum Beispiel Menschen, die aufgrund eines Schlüsselereignisses (sie wurden beispielsweise überfallen und ausgeraubt) lange Zeit angstvoll leben, obwohl sie objektiv gesehen kaum Anlass dazu haben. Diesen Zustand der Angst bauen sie in der Regel nur sehr langsam bzw. graduell ab, wenn sie über einen längeren Zeitraum registrieren, dass sich das Schlüsselereignis nicht wiederholt und dass sie sich in Sicherheit wiegen können. In diesem Fall läge eine angstvolle Stimmungslage vor, die durch eine entsprechende konkrete Emotion ausgelöst wurde. Genauso lassen sich andere Affekte benennen, die – je nachdem, ob sie episodisch oder graduell einsetzen, stark oder schwach, kurzfristig oder langfristig, durch ein spezifisches Ereignis verursacht oder nicht verursacht sind, auf ein konkretes Ziel gerichtet oder ungerichtet sind –, entweder als Stimmung oder Emotion zu Tage treten können. Glück und Freude können sich zum Beispiel als Emotion zeigen, wenn man gerade von seinem Lottogewinn erfährt, oder nehmen den Zustand einer Stimmung an, wenn man generell glücklich und zufrieden mit seinem aktuellen Leben ist. Trauer kann schnell und in starkem Maße als Emotion einsetzen, wenn zum Beispiel ein Angehöriger überraschenderweise stirbt, sie kann auch als Stimmungslage auftreten, wenn ein Mensch kontinuierlich über einen längeren Zeitraum traurig gestimmt ist, ohne dass er jeden Tag aufs Neue dazu Anlass hätte.

Festzuhalten bleibt, dass Stimmungen und Emotionen einerseits Unterschiede, andererseits auch Gemeinsamkeiten aufweisen. So kann ein und derselbe Begriff sowohl eine Stimmung als auch eine Emotion beschreiben. »Beide beziehen sich auf Affektzustände, die als angenehm oder unangenehm empfunden werden, beide spiegeln und beeinflussen die Bewertung von Ereignissen und beide sind von begrenzter Dauer (auch wenn eine Emotion wahrscheinlich nicht so lange anhält wie eine Stimmung)« (PARKINSON et al. 2000: 20). Viele emotionale Erfahrungen können sich zu einer Stimmung verdichten, und Emotionen können Ursache für die entsprechenden Stimmungen sein. So kann man immer noch traurig sein, obwohl das Trauer auslösende Freignis und die dazugehörige Emotion schon lange zurückliegen. Genauso können Stimmungen auch Emotionen beeinflussen. Ist man zum Beispiel generell ängstlich, so genügt oft eine Kleinigkeit, um starke Emotionen der Angst zu verspüren.

Obwohl Stimmungen längerfristige und damit im Vergleich zu Emotionen auch stabilere Phänomene darstellen, verändern sie sich dennoch permanent. Abbildung 1 zeigt beispielsweise, welche Schwankungen positive Stimmungen im Wochenverlauf haben können. So sinkt der Zustand der Fröhlichkeit Mitte der Woche merklich ab, um zum Wochenende wieder zu steigen. Auch der Zustand der Ruhe erreicht seinen Höhepunkt am Wochenende und seinen Tiefpunkt am Mittwoch.

ABBILDUNG 1

Selbsteinschätzungen von positiven Stimmungen im Wochenverlauf

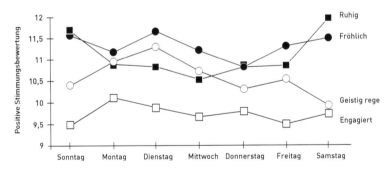

Quelle: Parkinson/Totterdell/Briner/Reynolds 2000: 149

Stimmungsschwankungen treten auch in kleineren Zeiteinheiten wie Tageszeiten (mittags sind die Menschen in der Regel positiver gestimmt als früh morgens oder abends) oder in größeren Zeiteinheiten wie Jahreszeiten auf (im Winter sind die Menschen in der Regel besinnlicher und melancholischer als im Sommer; vgl. PARKINSON/TOTTERDELL/

BRINER/REYNOLDS 2000). Dies deutet darauf hin, dass Menschen zu unterschiedlichen Tageszeiten, Wochentagen und Jahreszeiten mehr oder weniger Anlass zur Stimmungsregulation haben dürften. Gleichermaßen könnten die soeben skizzierten Zusammenhänge auch die Ergebnisse der stimmungsregulierenden Maßnahmen widerspiegeln. Ob die Menschen am Wochenende an sich ruhiger sind, weil sie nicht arbeiten müssen, oder ob sie sich gezielt ausruhen, um den Stress der Woche zu kompensieren (was einer Regulationsstrategie gleichkommen würde; vgl. Kap. 3.3), kann anhand der Abbildung nicht entschieden werden.

3.2   Struktur von Stimmungen

Die Forschung zur Struktur von Stimmungen und Emotionen blickt auf eine mittlerweile hundertjährige Geschichte zurück. Bereits Wundt (1897) vermutete aufgrund von Selbstbeobachtungen drei Dimensionen, auf denen sich Affekte unterscheiden:

1. die Lust-Unlust-Dimension (Affekte können mehr oder weniger angenehm sein),
2. die Spannung-Lösung-Dimension (Affekte können mit Anspannung oder Erleichterung/Entspannung einhergehen) und
3. die Erregung-Beruhigung-Dimension (Affekte können mit Aufregung oder Beruhigung einhergehen).

Wundt untersuchte Affektreaktionen als Folge von verschiedenen Musikrhythmen, was interessante Implikationen für die Stimmungsregulation durch Musik hat. So stellte er zum Beispiel fest, dass regelmäßige Rhythmen angenehmere Affekte hervorriefen als unregelmäßige Rhythmen und dass schnellere Rhythmen mehr Erregung bewirkten als langsamere Rhythmen.

Studien über konnotative Bedeutungen von Affektbegriffen durch Anwendung eines semantischen Differenzials (OSGOOD/SUCI/TANNENBAUM 1957) ergaben ebenfalls eine dreidimensionale Struktur mit den Dimensionen ›Bewertung‹ bzw. ›Valenz‹ (gut – schlecht), der ›Potenz‹ (stark – schwach) und der ›Aktivität‹ (aktiv – passiv), wohingegen in Untersuchungen diverser non-verbaler Verhaltensweisen (z.B. Gesichtsausdrücke) die erste Dimension immer wieder reproduziert werden konnte, die Dimensionen ›Potenz‹ und ›Aktivität‹ aber zu einer Dimension der ›Spannung-Entspannung‹ zusammenfielen.

Von zentraler Bedeutung für die empirische Abbildung der Affekt-struktur sind allerdings die Studien über Selbstbeurteilungen von Affekten durch Anwendung von Rating-Skalen. In diesem Zusammen-hang wurde immer wieder angezweifelt, dass solche Rating-Skalen das Wesentliche einer affektiven Erfahrung, das *Erleben* von Emotionen und Stimmungen, erfassen könnten. Russell (1978) wertete zahlreiche Stu-dien aus und kam dabei zu dem Schluss, dass zumindest die mentalen Repräsentationen der Affekte, die für eine Selbstbeurteilung notwendig sind, zufrieden stellend auf den beiden Dimensionen ›Lust-Unlust‹ und ›Aktivierung‹ abfragbar sind. Wenn diese beiden Dimensionen nun die Affekte selbst empirisch nicht exakt abbilden sollten, dürften sie – so ver-mutete Russell – dennoch hinreichend bedeutungsvoll für das bewusste Erleben und kognitive Vergegenwärtigen von Affekten sein; sonst hätte sich diese zweidimensionale Lösung nicht immer wieder bestätigt. Zumindest wird die Messung von Affektzuständen über Selbstauskünfte als eine ausreichend valide, angemessene und im Vergleich zu Methoden der Fremdbeobachtung aufwandsarme Vorgehensweise betrachtet. Auch physiologische Parameter lassen noch keine eindeutigen Aussagen über die inneren affektiven Zuständen eines Menschen zu.

Berücksichtigt man die Gesamtheit der Studien zu selbstberichteten Affekten, so wurden zwischen zwei und zwölf Faktoren extrahiert, wobei Ergebnisse mit einer höheren Anzahl von Faktoren auf monopolare Affektkonzeptualisierungen zurückzuführen sind (ABELE-BREHM/BREHM 1986). Studien mit bipolaren Affektkonzeptualisierungen ergaben maxi-mal drei Faktoren, die je nach Studie leicht unterschiedliche Benennun-gen erfuhren, die jedoch stets die beiden Dimensionen ›Bewertung‹ und ›Spannung‹ beinhalteten.

Neben Modellen der hierarchischen Anordnung von Affekten (NITSCH 1976) bewährte sich die kreisförmige Darstellung in Form von Circumplexen:

> Bei der kreisförmigen Anordnung bilden die beiden Grunddimensionen der
> »Bewertung« (gut – schlecht bzw. angenehm – unangenehm) und der »Span-
> nung« (aktiv – passiv bzw. erregt – müde) die rechtwinkligen Koordinaten eines
> Kreises, in dessen derart gebildeten 4 Segmenten innerhalb der Kreislinie ein-
> zelne Befindlichkeiten lokalisierbar sind. Empirische Prüfungen [...] erbrachten
> vollständige Lokalisierbarkeit und gute Übereinstimmungen hinsichtlich der
> Lokalisierung sowohl diverser Befindlichkeitszustände als auch von Emotionen
> (z. B. RUSSELL 1980; TRAXEL/HEIDE 1961; ABELE-BREHM/BREHM 1986: 212-213).

Abele-Brehm und Brehm (1986) entwickelten auf Basis der Ergebnisse der Studien mit bipolaren Affektkonzeptualisierungen ein theoretisches Kreismodell der Befindlichkeit mit den unabhängigen *abstrakten* Grunddimensionen »Bewertung« und »Spannung«. Jede konkrete Befindlichkeit sollte sich als Mischzustand dieser beiden Dimensionen bestimmen lassen. So wurde theoretisch angenommen, dass zum Beispiel »Aktiviertheit« und »gehobene Stimmung« an den Rändern des Kreissegments »positive Spannung« liegen müssten, da »Aktiviertheit« als ein Zustand mit starker Spannungs- und leicht positiver Bewertungskomponente, »gehobene Stimmung« als Zustand mit stark positiver Bewertungs- und eher neutraler Spannungskomponente konzipiert wurde. Abbildung 2 zeigt links die theoretische und rechts die empirische Fassung des Kreismodells. Man erkennt, dass die Position einzelner Befindlichkeiten in der empirischen Fassung durchaus von der theoretischen Konzeption abweicht und dass die meiste Varianz durch eine Zwei-Faktoren-Lösung erklärt wurde, bei der die beiden Dimensionen quasi diagonal im Kreismodell liegen bzw. bei der die beiden Grundachsen um 45 Grad gedreht wurden. Faktor 1 kann als »positive Spannung versus negative Lösung«, Faktor 2 als »negative Spannung versus positive Lösung« bezeichnet werden.

ABBILDUNG 2

Das Kreismodell der Befindlichkeit in seiner theoretischen und empirischen Fassung

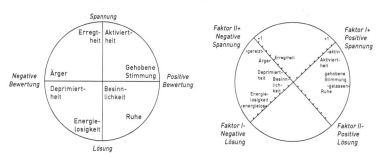

Quelle: Abele-Brehm/Brehm 1986: 214 u. 219

Auch Watson und Tellegen (1985) legten ein Modell mit zwei Affektdimensionen vor, die sich mit denen von Abele-Brehm und Brehm (1986) decken: Positiver Affekt (PA) korrespondiert mit der Dimension ›positive Spannung versus negative Lösung‹ und negativer Affekt (NA) mit der

Dimension ›negative Spannung versus positive Lösung‹. Um PA und NA zu messen, entwickelten Watson und Tellegen die PANAS (Positive and Negative Affect Schedule), bestehend aus 20 Adjektiven, von denen zehn eher positive (z. B. aktiv, begeistert) und zehn eher negative Empfindungen (z. B. bekümmert, gereizt) beschreiben.

> Positiver Affekt (PA) beschreibt das Ausmaß, in dem eine Person enthusiastisch, aktiv und aufmerksam ist. Hoher PA ist mithin durch Energie, Konzentration und freudiges Engagement gekennzeichnet, niedriger PA durch Lethargie und Traurigkeit. Demgegenüber reflektiert negativer Affekt (NA) das Ausmaß negativen Angespanntseins. Hoher NA ist ein Gefühlszustand, der sich durch Gereiztheit, Nervosität oder Angst beschreiben lässt, während niedriger NA Ruhe und Ausgeglichenheit beinhaltet (WATSON/CLARK/TELLEGEN 1988; WATSON/TELLEGEN 1985).
>
> (Zitat aus: KROHNE/EGLOFF/KOHLMANN/TAUSCH 1996: 140)

Weiterhin liegen Affektmodelle und Emotionstheorien vor, die explizit Bezug zu stimmungsregulativen Prozessen nehmen. In diesem Zusammenhang ist die biopsychologische Stimmungstheorie Thayers (1989) hervorzuheben, da sie – ähnlich wie die Mood-Management-Theorie (vgl. Kap. 3.4) – Stimmungen mit erregungsphysiologischen Zuständen in Verbindung bringt, die selbstregulatorische Verhaltensweisen nach sich ziehen (THAYER 1996). Nach Thayer ergeben sich verschiedene Stimmungen und Emotionen durch Unterschiede auf im Grunde nur zwei (Erregungs-)Dimensionen (vgl. zur Zweidimensionalität von Emotionen auch ABELE-BREHM/BREHM 1986; FELDMAN BARRETT/RUSSELL 1998; WATSON/TELLEGEN 1985): Energie (›energy‹) und Anspannung (›tension‹). Thayer (1996: 7) weist dabei auf die Parallelen zu den Dimensionen von Watson und Tellegen hin: »What is particularly interesting is that in Watson and Tellegen's research, feelings related to energy were central to positive affect and feelings related to tension were central to negative affect.« Er postuliert entsprechend der beiden Dimensionen ›energy‹ und ›tension‹ vier prototypische Affekte: ›calm-energy‹, ›calm-tiredness‹, ›tense-energy‹ und ›tense-tiredness‹. ›Calm-energy‹ bezeichnet einen als positiv erlebten, stressfreien, aktivierten Zustand wie Freude, Zufriedenheit oder Unbekümmertheit; für ›calm-tiredness‹ stehen im Allgemeinen Umschreibungen wie Entspannung oder Ruhe; ›tense-energy‹ liegt im Falle von (positiv oder negativ erlebtem) Stress, Aufgewühltheit und auch Aggressionsbereitschaft vor, und ›tense-tiredness‹ schließlich ist verbunden mit Trauer, Frustration, Sorge bis hin zur Depression (vgl. Tab. 3).

TABELLE 3

Die vier prototypischen Stimmungen nach Thayer

	Aktivität: niedrig low energy (tired)	Aktivität: hoch high energy (energetic)
Anspannung: niedrig low tension (calm)	calm-tiredness	calm-energy
Anspannung: hoch high tension (tense)	tense-tiredness	tense-energy

Quelle: Thayer 1996: 11-14

Sowohl längerfristige Stimmungszustände wie Trauer als auch kurzfristige Emotionen wie Wut, Ärger und Stress sind in dem Vierfelderschema zu verorten. Da in den späteren Studien Stimmungen *und* Emotionen im Kontext des Mood Managements untersucht werden, bietet die Theorie Thayers somit einen geeigneten Bezugsrahmen.

3.3 Stimmungsregulation[1]

Schlechte Stimmungen halten selten lange an und sind häufig nach wenigen Stunden am nächsten Tag bereits wieder verschwunden (PARKINSON/ TOTTERDELL/BRINER/REYNOLDS 2000: Kap. 5). Laut Morris (1989) gibt es drei mögliche Erklärungen dafür:
1. Schlechte Stimmungen vergehen automatisch nach kurzer Zeit.
2. Schlechte Stimmungen setzen automatisch gegenläufige Prozesse in Gang, die dem ursprünglichen Affektzustand entgegenwirken.
3. Schlechte Stimmungen können durch selbstregulatorische Prozesse verändert werden.

Punkt 2 und 3 benennen die Mechanismen der bewussten und unbewussten Stimmungsregulation. Die Grenze zwischen beiden Mechanismen ist dabei manchmal nicht ganz trennscharf. Denn der bewusste Vollzug einer Handlung, die letztendlich eine Stimmungsregulation nach sich zieht, muss nicht zwangsläufig im Bewusstsein für die stimmungsregulie-

---

1 Das Kapitel 3.3 geht zu großen Teilen auf das Kapitel 6 »Stimmungsregulation« aus Parkinson, Totterdell, Briner und Reynolds (2000) zurück.

rende Wirkung getätigt worden sein. Ein Beispiel: Einer alten Frau auf ihre Bitte hin über die Straße zu helfen, ist in jedem Fall eine bewusste Handlung, die nach der Ausübung bei den meisten ein Gefühl hinterlässt, etwas Gutes getan zu haben. Man verspürt eine Verbesserung der Stimmung, ohne dass dies das ursprüngliche, bewusst verfolgte Ziel der Handlung war, denn man wollte der älteren Frau vielleicht nur ihre Bitte nicht abschlagen.

Die bewusste Stimmungsregulation setzt gleichermaßen eine bewusste *Überwachung* und *Bewertung* der Stimmungslage voraus. Überwachung und Bewertung treten nach Morris (1992) vor allem dann ins Bewusstsein des Menschen, wenn größere Stimmungsschwankungen vorliegen, die den Menschen quasi dazu zwingen, nach einer Erklärung für die Schwankung zu fragen und zu handeln. Beim bewussten Affekterleben werden *reflexives* und *unreflexives* Erleben unterschieden. Beim Ersten *weiß* man, dass man in einer bestimmten Stimmung ist, beim Zweiten *fühlt* man es. Situationen, in denen wir vor anderen leugnen, in einer bestimmten Stimmung zu sein, sind in der Regel davon gekennzeichnet, dass wir die Stimmung unreflexiv erleben, ohne sie reflexiv wahrzunehmen. Beide Erlebensformen können aber auch zusammenfallen: Man kann eine Stimmung fühlen und sich ihrer voll bewusst sein. Eine bewusst und erfolgreich eingesetzte Strategie der Stimmungsregulation setzt beide Formen des Erlebens voraus, denn nur wenn man um seine wahren Gefühle weiß, kann man sie auch im positiven Sinne regulieren. Informationen über die aktuelle Stimmungslage erhalten Menschen aus unterschiedlichen Quellen: Sie nehmen physiologische Veränderungen am Körper wahr und deuten dies als Anzeichen eines Affektzustandes (PARKINSON 1990), sie beobachten das eigene mimische Feedback und ziehen Rückschlüsse auf ihre Befindlichkeit (LAIRD 1974), sie registrieren ihre Körperhaltung (STEPPER/STRACK 1993; ZAJONC/MURPHY/INGLEHART 1989) sowie das eigene Verhalten (BEM 1972) und schließen auf ihre aktuelle Stimmung. Zuletzt erhalten sie Hinweise und Reaktionen von anderen Menschen, also ein Feedback auf ihren affektiven Zustand (BUCK 1989). Entscheidend für die korrekte ›Übersetzung‹ dieser Informationen in die bewusste Kenntnis der eigenen Stimmungslage sind die Stimmungs*überwachung* und die Stimmungs*bezeichnung* (›mood monitoring‹ und ›mood labeling‹): Menschen können zum einen mehr oder weniger über die Fähigkeit verfügen, auf ihre Stimmungen zu achten und sie kritisch zu überprüfen, und zum anderen davon losgelöst mehr oder weniger fähig dazu sein, diese Stimmungen zu identifizieren und zu benennen.

In diesem Kontext ist das *Meta-Stimmungserleben* (MAYER/GASCHKE 1988) von Relevanz. Dabei handelt es sich um die reflexive Wahrnehmung und Bewertung der Stimmung. Dazu gehört beispielsweise die Einschätzung, ob eine Stimmung akzeptabel, typisch oder unter Kontrolle ist und ob sie sich gerade verändert oder nicht. Im Hinblick darauf, ob eine Stimmung akzeptabel ist oder nicht, spricht Behne (1984) auch von erwünschten und nicht-erwünschten Stimmungen. Das Erleben und Meta-Erleben von Stimmungen kann also durchaus unabhängig voneinander sein. Man kann melancholisch sein und diesen Zustand als typisch für sich oder gar positiv bewerten. Man kann freudig erregt sein, sich über etwas sehr freuen (weil man zum Beispiel eine wichtige Prüfung bestanden hat) und gleichzeitig diese Freude als nicht angemessen bewerten (weil der beste Freund zum Beispiel durch die gleiche Prüfung gefallen ist). Mayer und Stevens (1994) teilen das Meta-Stimmungserleben in die zwei Bereiche ›Bewertung‹ von Gefühlen im Hinblick auf die Aspekte Klarheit, Akzeptanz, Neuartigkeit und Einfluss auf selbige sowie ›Regulierung‹ von Gefühlen im Hinblick auf die Aspekte Korrigieren, Bewahren und Dämpfen.

Wie oben schon angedeutet, haben individuelle Unterschiede in den Fähigkeiten, Stimmungen zu überwachen und zu benennen, darüber hinaus einen Einfluss auf den Erfolg stimmungsregulierender Maßnahmen. Gute Stimmungsbezeichner/-innen scheinen besser in der Lage zu sein, sich selbst aus einer schlechten Stimmung herauszuholen oder eine gute Stimmung aufrechtzuerhalten. Gute Stimmungsüberwacher/-innen reagieren insgesamt sensibler auf Ereignisse, sind daher auch des öfteren schlecht gelaunt und halten ihre eigene Stimmungsregulation meist für weniger erfolgreich als schlechte Stimmungsüberwacher/-innen (SWINKELS/GIULIANO 1995). Gute Stimmungsüberwacher/-innen tendieren auch stärker zu Regulationstrategien, die sich durch Nachgrübeln und ein ständiges ›Kreisen‹ um die negativen Aspekte einer Situation auszeichnen. Ergebnisse deuten insgesamt darauf hin, dass eine starke Stimmungsüberwachung Regulationsstrategien in Gang setzt, die kurzfristig eher zu einer Verschlechterung der Stimmung und allenfalls langfristig zu einer Verbesserung der Stimmung führen, während eine ausgeprägte Stimmungsbezeichnung produktivere Strategien, die auch kurzfristig die Stimmung verbessern können, nach sich zieht.

Die Strategien der Stimmungsregulation sind zahlreich und können nach unterschiedlichen Kriterien eingeteilt werden. Parkinson et al. (2000) haben aus mehreren Quellen Beispiele zusammengetragen, identische oder nahezu identische Strategien gestrichen und sind dennoch auf 200 Strategien gekommen, die in Tabelle 4 ausschnitthaft wiedergegeben sind.

TABELLE 4
Beispiele für Strategien der Regulierung von schlechten Stimmungen

Art der Strategie	Strategiebeispiel
Kognitive Strategien	
An etwas Schönes denken	Ich denke an Dinge, die mich glücklich machen.
Antizipation	Ich denke an ein künftiges Ereignis, auf das ich mich freue.
Positives Denken	Das Leben von seiner heiteren Seite betrachten
Neu-Interpretation	Ich denke an Leute, denen es noch schlechter geht als mir.
Entspannung	Meditieren
Rationale Erklärung	Ich versuche, meine Gefühle zu verstehen.
Akzeptanz	Ich gebe mich meiner schlechten Stimmung hin.
Vermeidung	Ich versuche, meine schlechte Laune zu ignorieren.
Verhaltensstrategien	
Angenehme Dinge tun	Ich kaufe mir was Schönes.
Einsatz von Stimulanzien	Eine Tasse Kaffee trinken
Körperliche Betätigung	Joggen
Entspannung	Eine Pause einlegen
Ablenkung	Beschäftigt bleiben
Problemgerichtet	Ich versuche, das Problem zu lösen.
Sozial ausgerichtet	Ich erzähle jemandem, wie ich mich fühle.
Expressiv	Ich tue so, als wär ich gut drauf.
Gefühle herauslassen	Dampf ablassen
Rückzug	Ich bleibe eine Weile für mich allein.

Quelle: Parkinson et al. 2000: 184

Insgesamt haben sich drei Forschergruppen damit beschäftigt, die Strategien der Stimmungsregulation zu systematisieren. Morris und Reilly (1987) benennen folgende Hauptkategorien von Regulierungsstrategien:
1. Strategien, die auf eine direkte Handhabung der Stimmung abzielen und sich direkt auf die Stimmung auswirken (Selbstbelohnung, Alkoholkonsum, Ablenkung)

2. Strategien, die auf eine Neudefinition und Umdeutung der Stimmung abzielen (sozialer Vergleich, Attributionsverschiebungen, kognitive Neu-Interpretationen)
3. Strategien, die gegen die vermeintlichen Auslöser der Stimmung vorgehen und die Stimmungsursache beseitigen (problemfokussiertes Handeln)
4. Strategien, bei denen man nach sozialer Unterstützung strebt (Anschluss an andere Menschen), die jedoch alle vorherigen drei Kategorien umfassen können

Thayer, Newman und McClain (1994) stützen sich bei ihrer Klassifikation auf die im vorherigen Kapitel vorgestellte Theorie Thayers (1989): Die Regulation von Stimmungen ist demnach darauf angelegt, entweder die Energie oder die Spannung (oder beide) so zu erhöhen bzw. zu verringern, dass sich ein individuelles optimales Niveau einstellt. Eine Regulationsstrategie kann dabei gleichzeitig auf beide Dimensionen wirken – und sogar gegenläufig sein: Joggen beispielsweise kann die Energie erhöhen und die Spannung abbauen. Thayer und Mitarbeiter/-innen ermittelten 32 Kategorien stimmungsregulierenden Verhaltens, die mittels Faktorenanalysen verdichtet wurden. Die Faktoren ›aktive Stimmungssteuerung‹ (Relativierung von Gefühlen, sportliche Betätigung, Duschen, Selbstgratifikation, Humor), ›Suche nach erfreulichen Aktivitäten und Ablenkungen‹, ›passive Stimmungssteuerung‹, ›Unterstützung, Ventilierung und Gratifikation‹, ›direkter Spannungsabbau‹ sowie ›Rückzug/Vermeidung‹ waren aufgrund der unterschiedlichen Ebenen, auf denen die Kategorien formuliert wurden, jedoch nur schwer zu interpretieren und sinnvoll voneinander abzugrenzen.

Westen (1994) betont in seinem Modell, dass nicht jede Strategie zur Regulierung jeder beliebigen Stimmung erfolgreich beitragen kann und dass die Menschen ›lernen‹, welche Strategie wann erfolgsversprechend ist. »So entwickeln Personen dann ein gewisses Repertoire von möglichen verhaltensbezogenen und mentalen Strategien, um aversive Affektzustände zu regulieren und um angenehme Zustände zu maximieren. Bei Strategien, die sich als erfolgreich erwiesen haben, ist es wahrscheinlicher, daß sie in ähnlichen Situationen erneut benutzt werden« (PARKINSON et al. 2000: 177). Das Modell Westens ist von daher von besonderem Interesse, da es dem Grundgedanken der im folgenden Kapitel dargestellten Mood-Management-Theorie Zillmanns sehr nahe kommt. Westen geht allerdings von einem Menschen aus, der sich nicht nur seiner

Stimmungslage, sondern auch der Funktion seines stimmungsregulierenden Verhaltens bewusst ist, während Zillmann – wie im folgenden Kapitel erläutert – eher unbewusste Mechanismen annimmt.

3.4 Mood-Management-Theorie

Obwohl Zillmann und Bryant bereits Mitte der 1980er-Jahre in einem Kapitel (1985a) ihres Buches *Selective exposure to communication* im Abschnitt »A theory of affect-dependent stimulus arrangement« die Grundideen der Theorie und in weiteren Abschnitten entsprechende empirische Belege für den Einfluss von Stimmungen auf die selektive Zuwendung zu Medieninhalten vorlegten, erhielt die Mood-Management-Theorie erst drei Jahre später ihren Namen (ZILLMANN 1988a, 1988b). Die Mood-Management-Theorie ist in diesem Sinne als eine spezifische Theorie des Selective-Exposure-Ansatzes (ZILLMANN/BRYANT 1985b) zu begreifen. Die Theorie kann, da sie die Zuwendung zu Medieninhalten erklärt und ergründet, *warum* Menschen in bestimmten Stimmungen zu spezifischen Medienangeboten greifen, als eine *motivationspsychologische* Theorie bezeichnet werden (vgl. in diesem Sinne auch: VORDERER 1996b). Sie ist jedoch, da die gezielte Zuwendung zu Medienangeboten auf vorherigen *Erfahrungen* mit diesen Angeboten beruht (vgl. unten) und die Zuwendung zu *spezifisch* beschaffenen Medienstimuli unterschiedliche Wirkungen selbiger impliziert, gleichermaßen auch als eine *Wirkungstheorie* zu verstehen (vgl. in diesem Sinne auch: WÜNSCH 1999). Zillmann und Mitarbeiter/-innen gehen daher bei der Konzeption von Mood-Management-Studien meist so vor, dass sie im Rahmen einer Vorstudie von einer Stichprobe von Personen die Eigenschaften (Valenz, Absorptionspotenzial, Erregungsniveau) unterschiedlicher Medienstimuli bewerten lassen. Anschließend werden diejenigen Stimuli für die Hauptstudie ausgewählt, die sich in Bezug auf die abgefragten Eigenschaften möglichst stark unterscheiden. Beispielsweise werden die beiden ›fröhlichsten‹ und die beiden ›traurigsten‹ Angebote ausgewählt. Dann lassen sie im Rahmen der Hauptstudie Personen einer zweiten Stichprobe, die entsprechend der experimentellen Bedingungen in ihren Stimmungen manipuliert wurden, zwischen den Medienstimuli wählen und beobachten, welche Selektionsunterschiede sich in Abhängigkeit der Stimmungslagen ergeben. Dabei gehen Zillmann und Mitarbeiter/-innen implizit von zwei Voraussetzungen aus: Zum einen nehmen sie an, dass die Medienstimuli von den Personen der Hauptstudie so wahrgenommen werden wie von der Stichprobe der Vorstudie. Zum anderen nehmen sie an, dass zum Beispiel die Auswahl eines ›fröhlichen‹ Stimulus bei einer negativen Stimmungslage wie Trauer stets im Sinne einer Stimmungsverbesserung vollzogen wird. Zillmann und Mitarbeiter/-innen verzichten daher in der Regel darauf, die tatsächliche Wirkung der ausgewählten Stimuli zu überprüfen, und berufen sich auf die Annahmen der Mood-Management-Theorie.

Die Theorie setzt in zwei Prämissen den Menschen als ein hedonistisches Wesen voraus (ZILLMANN 1988a):

1. Individuen sind stets bestrebt, aversive bzw. unangenehme Stimulationen/Stimmungen jeglicher Art zu vermeiden und zu beenden oder ihre Intensität zu verringern.
2. Individuen sind gleichermaßen bestrebt, belohnende und angenehme Stimulationen/Stimmungen aufrechtzuerhalten oder ihre Intensität zu verstärken.

Darauf aufbauend formuliert die Theorie folgende Kernaussagen (ZILLMANN 1988a):

1. Individuen versuchen, interne und externe Faktoren/Stimuli so zu arrangieren, dass unangenehme, aversive Stimulationen/Stimmungen minimiert und angenehme Stimulationen/Stimmungen maximiert werden – sowohl im Hinblick auf die zeitliche Dauer wie auch auf die Intensität.
2. Je stärker das Stimulusarrangement auf externe Stimuli begrenzt ist, desto mehr organisieren Individuen ihre Umwelt ständig dergestalt um, dass unangenehme, aversive Stimulationen/Stimmungen bestmöglich minimiert und angenehme Stimulationen/Stimmungen bestmöglich maximiert werden.

Diese beiden Aussagen setzen voraus, dass Individuen um die Wirkung interner wie externer Stimuli wissen. Zillmann begründet dies mit dem operanten Lernen: Anfangs würden sich Individuen in bestimmten Stimulations- und Stimmungszuständen zufällig den Stimuli aussetzen. Die zufällig arrangierten Stimuli würden eine so genannte ›memory trace‹ hinterlassen bzw. die Wirkung der Stimuli würde unbewusst ›gespeichert‹ werden, was die Wahrscheinlichkeit erhöht, dass ein positiv wirkender Stimulus bei einer ähnlichen Stimmungslage erneut ausgewählt wird. Dieses operante Lernen erfolge unbewusst und impliziere, dass Individuen sich ihrer Motive meist nicht bewusst seien. Zillmann unterscheidet weiterhin in Bezug auf die Wahl von externen Stimuli zwischen einer eher aktiven Wahl von Stimuli, die jedoch mit einem höheren zeitlichen und energetischen Aufwand verbunden sei (z.B. in den Urlaub fahren, um Stress abzubauen), und einer eher passiven Wahl von Stimuli, die mit einem geringeren zeitlichen und energetischen Aufwand verbunden sei und den Menschen Repräsentationen derjenigen Stimuli, zu denen sie sonst nur mit hohem Aufwand Kontakt aufnehmen könnten, auf einfache Weise nahe bringe. Die Rede ist von den Medien. Sie ermöglichen es den Menschen, aufwandsarm Erfahrungen mit allen möglichen Stimuli zu sammeln. Von besonderer Bedeutung bei der Minimierung aversiver Stimulationen/Stimmungen seien dabei mediale Unterhaltungsangebote wie Musik, Comedy, Drama und Sport (vgl. ZILLMANN 1988a: 149).

Diese Überlegungen führen Zillmann zu Kernaussage 3 der Theorie:

3. Je stärker das externe Stimulusarrangement auf Unterhaltungsangebote begrenzt ist, desto mehr nutzen Individuen diese Angebote, um unangenehme, aversive Stimulationen/Stimmungen zu minimieren und angenehme Stimulationen/Stimmungen zu maximieren – sowohl im Hinblick auf die zeitliche Dauer wie auch auf die Intensität.

Analog zum oben beschriebenen operanten Lernen geht die Theorie im Hinblick auf die Nutzung von *Medien*angeboten davon aus, dass Menschen zunächst zufällige Selektionen von Medienangeboten in bestimmten Stimulationszuständen und Stimmungslagen vornehmen und unbewusst registrieren, welche Wirkung die Medienangebote hinterlassen bzw. ob die Medienangebote dazu beitragen, angenehme Stimulationen/Stimmungen beizubehalten/zu verstärken und unangenehme Stimulationen/Stimmungen abzuschwächen/zu beseitigen. Tun sie dies, werden die betreffenden Menschen in vergleichbaren Zuständen erneut auf diejenigen Medienangebote zurückgreifen, die in der Vergangenheit eine positive Wirkung gezeigt haben.

Die Theorie differenziert somit zunächst einmal zwischen verschiedenen Stimulations- und Stimmungslagen (Unterstimulation vs. Überstimulation; angenehme positive Stimmung vs. unangenehme negative Stimmung), aber nicht zwischen den Stimuli/Medienangeboten, die zur Regulation eingesetzt werden. In diesem Zusammenhang stellt sich die Frage, auf welche ›konkreten‹ Medieninhalte denn die Menschen zurückgreifen, wenn sie sich zum Beispiel in einer negativen Stimmung befinden. Zillmann arbeitet hier vier Faktoren der Medienstimuli heraus, die seiner Meinung nach im besonderen Maße dazu geeignet sind, Stimulationen und Stimmungen zu beeinflussen: a) das Erregungspotenzial, b) die hedonistische Valenz, c) die semantische Affinität zum aktuellen Zustand der Mediennutzer/-innen und d) das Absorptionspotenzial (ZILLMANN 1988b; im Überblick: OLIVER 2003). Das Erregungspotenzial ist offensichtlich am ehesten geeignet, auf der Dimension der Unter- und Überstimulation zu wirken: Personen, die unterstimuliert oder gelangweilt sind, werden demnach Medienangebote nutzen, die ein hohes Erregungspotenzial haben, die spannend und aufregend sind, während Personen, die überstimuliert oder gestresst sind, eher auf ruhige und entspannende Medienangebote ausweichen werden. Die anderen drei Faktoren haben dagegen eher Bezug zum Mood Management im engeren Sinn, also zur Regulierung von *Stimmungen*: Personen, die sich in einer negativen Stimmung befinden, werden eher Medienangebote mit positiver Valenz nutzen. Außerdem werden sie Medieninhalte mit starker semantischer Affinität zu den Ursachen ihrer negativen Stimmung vermeiden, dafür aber stark absorbierende Medienangebote aufsuchen, die sie vom Nachdenken über die negative Stimmung abbringen (Hypothesen im Einzelnen: vgl. ZILLMANN 1988a: 151-152; WÜNSCH 1999: 46-47).

Die Theorie gilt als empirisch gut bestätigt. Dabei konnten nicht nur Experimente im Sinne Zillmanns, sondern auch quasi-experimentelle und korrelative Studiendesigns zur empirischen Absicherung der grundlegenden Kernaussagen der Theorie beitragen (OLIVER 2003: 89). Im Folgenden soll beispielhaft auf diese Studien eingegangen werden.

Im bekanntesten (weil wohl auch ersten) *Experiment* zum Mood Management (hier mit Fokus auf das Managen von *Arousal* bzw. *Erregung*) teilten Bryant und Zillmann (1984) Proband/-innen zufällig zwei Gruppen zu. Die eine Gruppe wurde durch anspruchslose Aufgaben gelangweilt, die andere durch anspruchsvolle Aufgaben gestresst. Während die Proband/-innen auf einen vermeintlich zweiten Teil des Experiments warteten, wurde ihnen die Möglichkeit gegeben, zwecks Überbrückung der Zeit fernzusehen. Zur Auswahl standen ihnen zum einen ruhige, entspannende, zum anderen aufregende Fernsehprogramme. Abbildung 3 (links) zeigt, dass entsprechend der Vorhersagen der Mood-Management-Theorie die aufregenden Programme (obere Linie: ›exciting programs‹) von den Proband/-innen, die gelangweilt waren (›boredom‹), zeitlich ausgiebiger genutzt wurden als von den gestressten Proband/-innen

(›stress‹). Gleichzeitig wurden die entspannenden Programme (untere Linie: ›relaxing programs‹) von den gestressten Proband/-innen ausgiebiger genutzt als von den gelangweilten Proband/-innen. Zusätzlich zeigten Messungen der Herzfrequenz (als Indikator für das Arousal), dass die gelangweilten Proband/-innen mit aufregenden Programmen und gestresste Proband/-innen mit ruhigen, entspannenden Programmen ihren Erregungslevel auf ein angenehmes, neutrales Niveau regulieren konnten, während dies zum Beispiel den gelangweilten Proband/-innen, die primär entspannende Programme sahen, nicht gelang.

ABBILDUNG 3
Ausgewählte Belege für die Mood-Management-Theorie

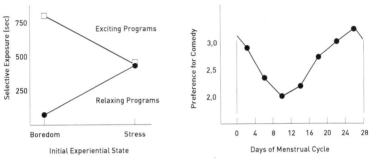

Quelle: Zillmann/Bryant 1985a: 171 u. 181

Als entsprechendes Pendant für eine *korrelative* Mood-Management-Studie mit Fokus auf die Regulation von *Erregung* sind die Studien von Anderson, Collins, Schmitt und Jacobvitz (1996) zu nennen, die über Tagebücher und telemetrische Beobachtungsdaten den Zusammenhang zwischen der Art der Fernsehnutzung und stressigen Ereignissen im Alltag untersuchten. Sowohl Frauen als auch Männer schauten entsprechend der Vorhersagen der Mood-Management-Theorie umso mehr Comedy und umso weniger Nachrichten und Dokumentationen, desto stressiger ihr Alltag war.

Ein Beispiel für eine *korrelative* Studie mit Fokus auf die Regulierung von *Stimmungen* ist die ebenfalls sehr bekannte Studie von Meadowcroft und Zillmann (1987). Studentinnen sollten sich vorstellen, an einem freien Abend drei Stunden fernzusehen und aus einer Reihe von Programmbeschreibungen zwischen Comedy, Gameshows und Drama auszuwählen. Danach wurden sie befragt, in welcher Phase des Menstruationszyklus sie sich befanden. Konsistent mit der Mood-Management-Theorie war die Präferenz für Comedy am Ende des Menstruationszyklus bzw. während und in der Phase unmittelbar vor der Menstruation (wenn die Stimmung am schlechtesten ist) am höchsten (vgl. Abb. 3, rechts), während die Präferenz für Gameshows und Drama unabhängig von der Position im Menstruationszyklus war.

In einer der ersten *experimentellen* Studien zur Regulierung von Stimmungen (ZILLMANN/HEZEL/MEDOFF 1980) wurden drei Gruppen von Proband/-innen jeweils 20 Fotos mit Menschen vorgelegt. Die Proband/-innen sollten den emotionalen Ausdruck der Menschen einschätzen und bekamen unabhängig davon, wie gut ihnen dies tatsächlich gelang, entweder ein positives, ein neutrales oder ein negatives Feedback. Anschließend durften sie fernsehen, um auf einen vermeintlich zweiten Teil des Experiments zu warten. Diejenigen Proband/-innen, die ein negatives Feedback erhielten bzw. über die sich die Versuchsleiter/-innen aufgrund ihres angeblich so schlechten Testergebnisses lustig machten, schauten merkwürdigerweise weniger Comedy als die Proband/-innen, die ein positives Feedback erhielten. Da jedoch die verwendeten Comedy-Programme überwiegend einen Humor zeigten, bei dem sich eine Person zynisch über eine andere lustig machte, und somit also eine semantische Affinität zur Ursache der schlechten Stimmung der Proband/-innen aufwiesen, ist das Ergebnis wiederum im Sinne der Mood-Management-Theorie zu deuten. Denn handelte es sich um einen Humor, der nicht zynisch war und andere Personen lächerlich machte, dann wählten die Proband-/innen in schlechter Stimmung zu einem höheren Maße Comedy aus als Proband/-innen in guter Stimmung.

Insbesondere experimentellen Laborstudien wird oft eine geringe externe Validität vorgeworfen. Die Frage ist, ob viele der bereits zitierten Ergebnisse nicht auch ein gutes Stück auf die Laborsituation zurückzuführen sind. Um zu prüfen, ob sich ähnliche Ergebnisse auch im Feld ergeben, wurde bisher eine Reihe von Feldstudien mittels Tagebuchaufzeichnungen durchgeführt. Schmitz und Lewandrowski (1993) fanden keine Zusammenhänge zwischen dem Ausmaß der Fernsehnutzung und Stimmungsänderungen im Sinne der Mood-Management-Theorie. Ganz im Gegenteil: Nach dem Fernsehen waren die Proband/-innen in der Regel deprimierter als zuvor. Die Studie berücksichtigte allerdings nicht den Inhalt der Fernsehsendungen und operierte mit einer sehr kleinen Stichprobe von acht Schüler/-innen. Donsbach und Tasche

(1999) fanden bei einer ähnlichen Tagebuchstudie mit einer Stichprobe von 109 Proband/-innen einen Zusammenhang, der mit den Annahmen der Mood-Management-Theorie vereinbar scheint: Je schlechter die Stimmung der Proband/-innen war, desto mehr nutzten sie das Fernsehen. Jedoch wurde auch das Ergebnis aus der Studie von Schmitz und Lewandrowski (1993) bestätigt: Das Fernsehen führte zu keiner Stimmungsverbesserung, sondern zu einer Stimmungsverschlechterung (TASCHE/ DONSBACH 1999). In einer weiteren Tagebuchstudie (FÖRSTER/JARMUS/ WÜNSCH 1998) konnte dieses Ergebnis in Bezug auf das *Fernsehen* erneut repliziert werden, jedoch zeigten sich dort Anzeichen dafür, dass *Musik* entsprechend der Annahmen der Mood-Management-Theorie genutzt wird und auch stimmungsverbessernd wirkt. Wünsch (1999) erhob das Mediennutzungsverhalten jüngerer Menschen in Alltagssituationen über Tagebücher. Die 24 Proband/-innen mussten jedesmal, wenn sie zu Hause eintrafen, ihre Stimmung anhand eines semantischen Differenzials einstufen. Für den Fall, dass sie in den darauf folgenden 45 Minuten Medien nutzten, sollten sie ihre Stimmung erneut nach der Mediennutzung einstufen. Speziell im Hinblick auf die Musiknutzung ermittelte Wünsch (2001) Folgendes: Über alle Personen hinweg zeigten sich keine Zusammenhänge zwischen Musiknutzung und Stimmungsverbesserung. Jedoch konnten bei einzelnen Proband/-innen über den Zeitraum von zwei Wochen signifikante positive Zusammenhänge zwischen Musiknutzung und Stimmungsveränderung, bei anderen signifikante negative Zusammenhänge zwischen Musiknutzung und Stimmungsveränderung nachgewiesen werden. Erstere hörten Musik vor allem in Situationen, in denen sie schlecht gelaunt waren, Letztere vor allem in Situationen, in denen sie gut gelaunt waren, in denen sie – so die Interpretation Wünschs – also eine Stimmungsverschlechterung ›verkraften‹ konnten. Wünsch konnte überdies zeigen, dass die Musik auf emotional stabile Personen (niedriger Neurotizismus) stimmungsstabilisierend, auf emotional labile Personen (hoher Neurotizismus) stimmungsverändernd wirkte. ›Stimmungsverändernd‹ umfasst in diesem Fall jedoch positive wie negative Veränderungen, sodass Wünsch zusätzlich herausfand, dass insbesondere die emotional labilen, introvertierten Personen ihre Stimmung verbessern konnten, während sie sich bei emotional stabilen, extrovertierten Personen verschlechterte.

Die soeben zitierten Tagebuchstudien haben interessante, zur Mood-Management-Theorie in Teilen widersprüchliche Ergebnisse erbracht und nehmen für sich in Anspruch, eine höhere externe Validität aufzu-weisen. Dies muss meines Erachtens aufgrund der Tatsache, dass die Stu-dien im Feld durchgeführt wurden, nicht zwangsläufig der Fall sein. Die Erhebung der Mediennutzung und Stimmungsveränderung per Tage-buch ist eine derart unnatürliche Tätigkeit, die den Alltag der Proband/-innen selbstverständlich in hohem Maße stört und dadurch auch verän-dert, dass einige Proband/-innen wahrscheinlich entweder bewusst keine Medien nutzen, um nicht das Tagebuch führen zu müssen, oder bei der Stimmungs-Nachher-Messung eine fingierte Stimmungsveränderung protokollieren, da sie den Forschungszweck dieser Messung vermuten und entsprechend im vermeintlichen Erkenntnisinteresse des Forschers antworten. Ob diese Messung tatsächlich extern validere Ergebnisse als die Experimente Zillmanns erbringen, ist höchst fraglich. Dass man sich aber um alternative methodische Ansätze bemüht, ist in hohem Maße begrüßenswert. Um die externe Validität bei Mediennutzungsstudien zu erhöhen, wurde in jüngster Zeit auch auf die Experience-Sampling-Methode bzw. den Einsatz von so genannten ›Electronic Pagern‹ zurück-gegriffen – und dies sowohl in der Musikpsychologie (SLOBODA 1999; SLOBODA/O'NEILL/IVALDI 2001) als auch in der Kommunikationswissen-schaft (vgl. SCHERER/SCHLÜTZ 2002). Dabei wird den Proband/-innen ein kleiner elektronischer ›Pieper‹, den zum Beispiel auch Ärzte im Dienst häufig tragen, mitgegeben. Die Proband/-innen sollen ihn den ganzen Tag bei sich führen und im Zeitpunkt des ›Alarms‹ zum Beispiel doku-mentieren, welche Medien sie gerade nutzen und in welcher Stimmung sie sich gerade befinden. Die Zeitpunkte werden dabei in der Regel nach einem Zufallsprinzip errechnet. Die Problematik bei dieser Methode ist ähnlich wie bei der Tagebuchmethode: Die Proband/-innen werden unter Umständen beim Piepen des Geräts in ihrer ›natürlichen‹ Mediennut-zung unterbrochen, sind in diesen Situationen vielleicht sogar verärgert über das Piepen und werden wahrscheinlich verzerrte situative Stim-mungen berichten. Ob die Proband/-innen bezüglich der Mediennut-zung wahre Angaben machen, ist darüber hinaus fraglich. Festzuhalten bleibt, dass jede Methode zur Erhebung von Medien- und speziell Musiknutzungsverhalten seine Vor- und Nachteile hat und der Forscher mit Blick auf das Erkenntnisinteresse sowie die Forschungsfragen und Hypothesen entscheiden muss, welches Verfahren im Einzelfall am geeig-netsten sein könnte und die wenigsten Nachteile birgt. Standardisierte Befragungen im Labor und Laborexperimente sind nicht von vornherein

mit einer geringen externen Validität behaftet, denn wenn man die
Proband/-innen beispielsweise zu ihrer Einstellung zu Musik oder ihrem
Musikgeschmack befragt, dürfte es nahezu unerheblich sein, ob dies zu
Hause oder in einem Labor geschieht.

Als Ergänzung zu den obigen Tagebuchstudien sind nun noch zwei
klassische Laborstudien zum Mood Management durch Musik hervorzuheben: Knobloch und Zillmann (2002) manipulierten die Stimmung von
Proband/-innen per Leistungsfeedback und ließen sie anschließend zwischen acht (zuvor von einer anderen Stichprobe bewerteten) Musiktitel
aus den US-Charts für einen Zeitraum von zehn Minuten auswählen. Die
eine Hälfte der Songs lud hoch, die andere Hälfte niedrig auf der Dimension ›energetisch/fröhlich‹. Proband/-innen in schlechter Stimmung
verwendeten von den zehn Minuten entsprechend der Vorhersagen der
Mood-Management-Theorie mehr Zeit für die energetischen, fröhlichen Songs als die Proband/-innen in neutraler und in guter Stimmung.
Gleichzeitig schalteten sie weniger zwischen den Musikoptionen hin und
her. Dies könnte man in der Weise interpretieren, dass Proband/-innen
in guter Stimmung weniger Bedarf hatten, längere Zeiteinheiten bei
der energetischen, fröhlichen Musik zu verweilen, und dafür in einem

ABBILDUNG 4

Nutzung von fröhlicher, energetischer Popmusik und Häufigkeit des Umschaltens zwischen verschiedenen Musikoptionen in Abhängigkeit der Stimmung

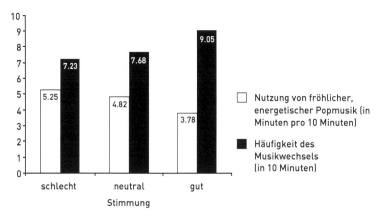

Quelle: Knobloch/Zillmann 2002: 360

höheren Maße neugierig und frei vom Bedürfnis, ihre Stimmung mittels fröhlicher Musik zu verbessern, zwischen den acht Musiktiteln hin und her schalten konnten (vgl. Abb. 4). Einschränkend ist aber festzustellen, dass die externe Validität dieser Studie aufgrund der stark begrenzten Auswahl von lediglich acht Songs nicht allzu hoch ist. Außerdem besteht die Gefahr, dass die Proband/-innen der Hauptstudie den emotionalen Ausdruck der Musik zumindest individuell anders wahrnahmen als die Stichprobe, an der die emotionalen Qualitäten der acht Songs festgemacht wurden.

In einer weiteren Studie zum Mood Management durch Musik überprüfte Knobloch (2003) Hypothesen des Mood-Adjustment-Ansatzes. Dieser Ansatz ist eine Weiterentwicklung der Mood-Management-Theorie und geht unter anderem auf die differenzierenden Überlegungen Zillmanns zu seiner Ur-Theorie (2000; vgl. auch schon: VORDERER 1999a) sowie auf empirische Hinweise (z.B. ERBER/WEGNER/THERRIAULT 1996; O'NEAL/TAYLOR 1989) zurück. Danach versuchen Menschen nicht in jedem Fall, ihre Stimmung zu verbessern und positiv zu gestalten, sondern sie *justieren* ihre Stimmung auch in Abhängigkeit der aktuellen sozialen Situation sowie der aktuellen Tätigkeiten. Wenn ein Wissenschaftler zum Beispiel an einem anspruchsvollen Text schreibt, so wird er unter Umständen vermeiden, sich in eine möglichst fröhliche, freudigerregte Stimmung zu bringen, da ihn diese Stimmung vom Schreiben eher abbringen würde bzw. seine Konzentration stören könnte. Er würde stattdessen wahrscheinlich versuchen, die Stimmung in einem neutralen Bereich zu halten, da dies eventuell die beste Voraussetzung für ein konstruktives, sachliches Schreiben darstellt. Knobloch argumentiert, dass Menschen auch in Antizipation von Tätigkeiten und Aufgaben, die in naher Zukunft auf sie zukommen, ihre Stimmung auf ein der Aufgabe angemessenes, optimales Niveau ausrichten (vgl. auch schon: VORDERER 1999a). Knobloch leitet daraus ab, dass beispielsweise bei Menschen, die eine eher ›nüchterne‹ Aktivität auf sich zukommen sehen, die Präferenz für energetisch-fröhliche Musik sinkt, während sie bei Menschen, die eine spielerische, abwechslungsreiche Aktivität antizipieren, steigt. Gleichzeitig prognostiziert sie einen Anstieg der Präferenz für energetisch-fröhliche Musik, wenn die bevorstehende Aufgabe eher langatmig vermutet wird, und ein Absinken der entsprechenden Präferenz, wenn angenommen wird, dass die Aufgabe dynamisch und kurzweilig sei. Insbesondere bei Antizipation dynamischer, nüchterner Tätigkeiten müsste demnach die Präferenz für fröhliche Musik sinken, während sie bei Antizipation langatmiger, spielerischer Tätigkeiten steigen sollte. Die Annahmen können auf Basis der Ergebnisse zum Teil bestätigt werden. Das heißt: Die Ergebnisse sprechen dafür, dass ein irgendwie geartetes Mood Adjustment im Vorfeld von Tätigkeiten vorgenommen wird. Allerdings müssten die Hypothesen Knoblochs modifiziert bzw. durch weitere Einflussfaktoren ergänzt werden, um bessere Prognosen abzugeben. In jedem Fall stellt der Ansatz eine relevante Erweiterung der Mood-Management-Theorie dar.

In den letzten zehn Jahren wurden zahlreiche weitere Überlegungen und Befunde – vor allem in Bezug auf Fernsehen – vorgelegt, die für eine Erweiterung bzw. Differenzierung der Mood-Management-Theorie sprechen und die gleichfalls Implikationen für das Mood Management durch Musik haben. Nach den Grundüberlegungen der Theorie dürften zunächst kaum negative und belastende Medienangebote – also zum Beispiel auch keine traurige Musik – genutzt werden, denn wie sollten diese zu einer Unterstützung positiver Stimmungen oder zum Kompensieren negativer Stimmungen beitragen? Das wohl bekannteste Experiment in diesem Kontext legten Mares und Cantor (1992) vor. Sie belegten, dass ältere Menschen, die nicht allein und isoliert waren, ›positive‹ Fernsehprogramme mit Porträts von sozial integrierten, im Leben stehenden älteren Menschen präferierten und über die Rezeption selbiger ihre Stimmungen verbessern konnten. Entgegen der Mood-Management-Theorie präferierten isolierte, allein stehende ältere Menschen jedoch diejenigen Programme, die ältere Menschen zeigten, denen es noch schlechter ging bzw. die noch isolierter waren, und konnten über die Rezeption dieser Programme ihre Stimmung verbessern. In diesem Fall funktionierte das Mood Management also über einen Vergleich mit Menschen, denen es noch schlechter ging. Mares und Cantor führen als Erklärung die Theorie sozialer Vergleichsprozesse (FESTINGER 1954) an. Die isolierten Menschen könnten demnach über einen sozialen Abwärtsvergleich sich selbst erhöhen und würden sich dadurch besser fühlen. Zillmann (2000) deutet dieses Ergebnis in der Weise, dass die isolierten Menschen die Darstellung von Personen, denen es noch schlechter ging, eventuell auch als eine wertvolle Informationsquelle gesehen haben, die ihnen wichtige Hinweise geben kann, ihr eigenes Leben besser zu meistern. Daraus ließe sich ableiten, dass Menschen sich oft auch unangenehmen Situationen und Medieninhalten hingeben, weil sie sich davon einen Nutzen im weiteren Leben versprechen (vgl. hierzu auch: VORDERER 2003). Auch im Hinblick auf das Mood Management durch Musik könnte vermutet werden, dass Menschen zum Beispiel traurige Musik hören, um daraus wertvolle Erkenntnisse für ihr eigenes Leben und ihre momentane Situation zu ziehen oder um sich zu trösten, dass es anderen Menschen (den in der Musik beschriebenen Personen) auch nicht besser gehe.

Zillmann (2000) sowie Zillmann und Wakshlag (1985) begründen die Rezeption von belastenden *Filmen* und *Serien* mit der Affective-Disposition-Theorie (ZILLMANN 1991, 1996). Die Filme seien zwar in ihrem Verlauf belastend, weil die Protagonist/-innen zuweilen in vielen negativen, teilweise aussichtslosen Situationen gezeigt werden; da der Plot aber in der Regel so aufgelöst wird, dass die Protagonist/-innen alle heiklen Situationen meistern, am Ende des Plots obsiegen und die Antagonist/-innen ihre gerechte Strafe bekommen, würden sich die Rezipient/-innen in ihren moralischen Grundeinstellungen bestätigt und dadurch besser fühlen. Belastende Momente während der Rezeption würden also in Kauf genommen, solange am Ende eine Stimmungsverbesserung durch das ›Happy End‹ erfolge. Bei Horrorfilmen entfallen diese positiven Enden in der Regel, was wiederum die Frage aufwirft, warum sich Menschen diesen Medienangeboten aussetzen. Eine Erklärung könnte sein, dass Menschen, die spannende und stark erregende Erfahrungen präferieren und geradezu aktiv aufsuchen (die so genannten ›High Sensation Seeker‹), durch den Horror einen Erregungslevel erfahren, der von ihnen als sehr angenehm empfunden wird (ZUCKERMAN 1979). Eine andere Erklärung wäre, dass Rezipient/-innen ihre Ängste im realen Leben durch den bewusst aufgesuchten Kontakt mit noch mehr Angst auslösenden Horrorfilmen abmildern können und lernen, mit diesen Ängsten umzugehen (BOYANOWSKY/NEWTSON/WALSTER 1974). Für die Rezeption von ›belastender‹ Musik wurde von den eben genannten Erklärungsansätzen bisher vor allem das Sensation Seeking bemüht (vgl. LITLE/ZUCKERMAN 1986).

Oliver (1993) widmete sich dem Appeal von *traurigen* Filmen. Sie fand Belege dafür, dass insbesondere Menschen, die ein hohes Maß an Empathiefähigkeit aufweisen, bei traurigen Medieninhalten mitfühlen und diese positiv erleben können. Oliver unterscheidet hier im Sinne von Mayer und Gaschke (1988) zwischen *erlebten* Gefühlen, die sich bei den Rezipient/-innen einstellen, und der *Bewertung* dieser Gefühle auf der Meta-Ebene. Diejenigen Rezipient/-innen, die in ihrer Vergangenheit erlebt haben, dass empathisches Mitfühlen und das Sich-Sorgen um eine andere Person durchaus positive Gefühle auslösen können, würden dies in Bezug auf eine Medienperson auch verstärkt tun. Frauen seien dafür empfänglicher, würden in der Regel eine höhere Empathiefähigkeit haben und in der Folge traurige Situationen und Medieninhalte in einem stärkeren Maße präferieren als Männer (OLIVER 2000; OLIVER/WEAVER/SARGENT 2000). Außerdem seien Personen für traurige Medieninhalte dann empfänglicher, wenn sie sich selbst traurig fühlen. »However, a number of additional studies imply that, perhaps paradoxically, tragedy may be most likely to hold appeal among those viewers who are feeling sad or melancholy themselves« (OLIVER 2003: 99). Obwohl Zillmann (1998) betont, dass empirische Beweise für die Katharsis-These im Kontext trauriger Medieninhalte (durch die Rezeption trauriger Medieninhalte können Rezipient/-innen ihre Traurigkeit abbauen) fehlen, plädiert Oliver (2003) dafür, die These weiterhin zu prüfen (vgl. dazu auch SCHEELE 2001). Nun sind die empirischen Ergebnisse sowie theoretischen Überlegungen Olivers nicht explizit mit Blick auf die Musikrezeption entstanden, lassen sich aber mit hoher Plausibilität auf Musik übertragen: Traurige Musik könnte demnach auf der Meta-Ebene auch positiv erlebt werden (vgl. hierzu: SCHUBERT 1996) – und dies vor allem von Frauen (vgl. KNOBLOCH/WEISBACH/ZILLMANN 2004). Außerdem deuten die empirischen Belege (KNOBLOCH/WEISBACH/ZILLMANN 2004; OLIVER 2003) an, dass Menschen für traurige Musik empfänglicher sein könnten, wenn sie selbst traurig sind. Dies würde den Annahmen der Mood-Management-Theorie entgegenstehen.

Oliver (2000) führt überdies den Terminus ›tenderness‹ als einen Mischzustand von positiven und negativen Gefühlen ein. Wenn sich beispielsweise ein Geschwisterpaar nach 50 Jahren der Trennung wieder begegnet und in die Arme fällt, so hat diese Situation sowohl Beklemmendes, Tragisches, Trauriges als auch Freudiges, Positives. Dies sind Situationen, in denen die Betrachter/innen gefühlsmäßig oft hin und her gerissen sind, in denen sie weinen und sich zugleich freuen, in denen sie oft nicht aussagen können, wie sie sich fühlen. Dieser Status hätte auch Implikationen für das Mood Management durch Musik, denn es ist höchst fraglich, ob Menschen dazu in der Lage sind, Stimmungen mittels Musik zu regulieren, die in ihrer Valenz nicht eindeutig sind.

In jedem Fall hat die jüngere Forschung Desiderata der Mood-Management-Theorie sowie Erweiterungen und Modifikationen aufgezeigt (vgl. hierzu auch ZILLMANN 2000). Die Theorie basiert auf Grundannahmen und formuliert Hypothesen, die auf einen Großteil der Situationen, in denen Stimmungen reguliert werden, zutreffen mögen. Sie lässt aber intra- und interindividuelle Abweichungen außer Acht (vgl. VORDERER/KNOBLOCH 2000). Würde man lediglich die Grundannahmen der Theorie auf die Nutzung von Musik zwecks Stimmungsregulation übertragen, so dürften Personen in negativer Stimmung ›positive‹ (bzw. primär fröhliche) Musik hören wollen, um die Stimmung zu verbessern. Die gleiche Musik dürften aber auch Personen in positiver Stimmung hören wollen, um die Stimmung aufrechtzuerhalten. Die Theorie würde daher beispielsweise keine Annahmen bereithalten, welche Personen in welchen Situationen *traurige* Musik hören wollen. Da jedoch zweifelsfrei jede Art von Musik – auch traurige Musik – von Menschen gehört wird, sollte dies bei der Herleitung der Hypothesen und Forschungsfragen in Kapitel 6 berücksichtigt werden.

Die besondere Eignung von Musik für das Regulieren von Stimmungen liegt – wie bereits in Kapitel 2 angedeutet – unter anderem in der hohen Verfügbarkeit von medialer Musik (vgl. Kap. 5.2.1). Nun kann dies nicht das zentrale Merkmal sein, weshalb so viele Menschen Musik hören, um ihre Stimmungslage zu verbessern. Vielmehr ist davon auszugehen, dass die verschiedenen Ausdrucksstimmungen bzw. emotionalen Qualitäten von Musik der Grund dafür sind (WELLS 1988). Bevor in Kapitel 5 darauf eingegangen wird, wie, in welchem Ausmaß und mit welchen (emotionalen) Wirkungen Musik gehört wird, soll im Folgenden zunächst das mediale Angebot von Musik, aus dem die Menschen sich bedienen können, skizziert und anschließend die emotionalen Qualitäten von Musik erläutert werden.

4. MUSIK –
EIN EMOTIONALER MEDIENINHALT

4.1 Mediales Angebot von Musik

Das mediale Angebot an Musik zu quantifizieren und die vielfältigen Formen der musikalischen Angebote zu beschreiben, ist nahezu unmöglich. Dies hängt zum einen damit zusammen, dass für viele Medien keine adäquaten Statistiken erhältlich sind, aus denen zumindest der Musikanteil (wenn schon nicht spezifische Musikangebote) ableitbar wäre. Zum anderen weisen viele Medienangebote Musik*anteile* auf, obwohl sie primär keine Musikangebote darstellen (z.B. Filme, Serien, TV-Werbung, Familienshows wie *Wetten, dass ...?*). Im Folgenden kann also nur eine grobe Annäherung an das mediale Angebot von Musik erfolgen. Da für die Stimmungsregulation durch Musik entscheidend ist, dass die Musik zu hören ist, wird nur auf auditive und audiovisuelle Angebote von Musik, also nicht auf die Thematisierung von Musik in Printmedien, eingegangen. Außerdem beschränke ich mich auf die Beschreibung des deutschen Medienmarkts, da das weltweite Angebot an medialer Musik noch schwerer zu fassen und für die vorliegende Arbeit auch nicht von Bedeutung wäre.

Die für das Mood Management wichtigsten Musikangebote dürften die Musiktonträger sein, da sie portabel und individuell einsetzbar sind. Von den deutschen Tonträgerfirmen, die im Bundesverband der Phonographischen Wirtschaft organisiert sind, wurde im Jahr 2003 ein Gesamtangebot von 80.029 (Tonträgern gemeldet, darunter 26.171 Tonträger mit Klassik (hier gemeint: gesamter E-Musik-Bereich), 23.820 Tonträger mit nationalem Pop (hier gemeint: gesamter U-Musik-Bereich national) und 30.038 Tonträger mit internationalem Pop (hier gemeint:

gesamter U-Musik-Bereich international). Davon entfallen allein 88 Prozent auf die Longplay-CDs, sechs Prozent auf die Singles (Vinyl-Singles und CD-Singles) und sechs Prozent auf die MCs (vgl. Tab. 5). Die ›nationalen‹ Produkte sind mit 31 Prozent relativ prominent vertreten und weisen im Vergleich zu den internationalen Produkten einen höheren Anteil an MCs auf. Da einige deutsche Tonträgerunternehmen nicht an der Statistik teilnehmen und Importprodukte nicht erfasst werden, schätzt der Bundesverband der Phonographischen Wirtschaft (2004) die tatsächlichen Marktzahlen als etwa doppelt so hoch ein.

TABELLE 5

Gesamtangebot von Pop- und Klassik-Tonträgern

Jahr	Klassik			Pop - national			Pop - international		
	Singles	CDs	MCs	Singles	CDs	MCs	Singles	CDs	MCs
2001	14	29.232	1.564*	2.884	14.482	4.230*	2.374	27.625	2.129*
2002	15	26.351	1.347*	3.213	17.276	3.748*	2.875	23.141	464*
2003	0	25.017	1.154	2.193	18.368	3.259	2.537	27.212	289

* inkl. MiniDiscs
Quelle: Bundesverband der Phonographischen Wirtschaft 2004: 39

Wie stark der Tonträgermarkt Jahr für Jahr mit neuen Produkten versehen wird, verdeutlicht die hohe Anzahl an Neuerscheinungen (vgl. Tab. 6): 14.599 neue Tonträger meldete der Bundesverband Phonographische Wirtschaft im Jahr 2003, davon 2.644 Tonträger mit Klassik, 5.038 Tonträger mit nationalem Pop und 6.917 Tonträger mit internationalem Pop (auch hier wird die tatsächliche Anzahl etwa doppelt so hoch geschätzt). Im Vergleich zum Vorjahr sind die Neuerscheinungen allerdings deutlich um fünf Prozent, im Vergleich zum Jahr 2001 sogar um 24 Prozent gesunken, was auf die zurückgehenden Tonträgerabsätze, die stark ansteigende Anzahl von illegalen Musikkopien und die damit verbundenen fehlenden Investitionsgelder der Tonträgerfirmen zurückgeführt wird. Unter den Neuerscheinungen nehmen die nationalen Produkte mit 35 Prozent einen im Vergleich zum Gesamtangebot leicht höheren Stellenwert ein (Bundesverband der Phonographischen Wirtschaft 2004).

Neben den Musiktonträgern sind Radio und Internet wohl die bedeutendsten Medien mit Musikangeboten. Das Radioangebot in Deutschland

TABELLE 6
Neuerscheinungen von Pop- und Klassik-Tonträgern

Jahr	Klassik			Pop - national			Pop - international		
	Singles	CDs	MCs	Singles	CDs	MCs	Singles	CDs	MCs
2001	3	4.016	49	1.650	3.741	628	1.568	7.350	196[*]
2002	14	2.611	28	1.659	3.870	797	1.558	4.838	50
2003	0	2.626	18	1.340	3.182	516	1.698	5.208	11

[*] inkl. Mini-Discs
Quelle: Bundesverband der Phonographischen Wirtschaft 2004: 38

ist groß und vielfältig. Die Anzahl an Radioprogrammen liegt bei circa 260, wobei die öffentlich-rechtlichen Anstalten insgesamt circa 60 Programme, davon 24 Informations- und Kulturprogramme, betreiben. Neben den circa 60 öffentlich-rechtlichen und circa 180 kommerziellen Programmen haben sich seit einigen Jahren die Offenen Kanäle (OK) und der nicht-kommerzielle lokale Hörfunk (NKL) etabliert, die nicht selten alternative, auf kleinere Zielgruppen zugeschnittene Musikprogramme bieten. Die Radioprogramme weisen verschiedene Formate wie zum Beispiel AC (Adult Contemporary), CHR (Contemporary Hit Radio), MOR (Middle Of the Road), AOR (Album Oriented Rock), ›Klassik‹ oder ›Talk‹ auf (GOLDHAMMER 1995; HAAS/FRIGGE/ZIMMER 1991), die bestimmte Zielgruppen ansprechen sollen.

Allein die ARD-Hörfunksender produzierten 2003 eine Programmleistung von 31.755.338 Minuten. Das entspricht umgerechnet einem 24-Stunden-Programm, das 60 Jahre ununterbrochen gesendet würde. Auf Rock- und Popmusik entfiel dabei 24 Prozent, auf ›Unterhaltungsmusik‹ (hier vermutlich: Schlager, Oldies, volkstümliche Musik) 16 Prozent und auf E-Musik ebenfalls 16 Prozent. Der Musikanteil lag bei den öffentlich-rechtlichen Hörfunkprogrammen insgesamt bei 63 Prozent (Arbeitsgemeinschaft der ARD-Werbegesellschaften 2004: 17), beim Deutschland-Radio als informationslastigem Programm zum Beispiel nur bei 34,7 Prozent. ›Offizielle‹ Zahlen über die Musikanteile der privaten Radioprogramme sind nicht bekannt. Sie werden vereinzelt bei Untersuchungen im Rahmen von Lizensierungsverfahren indirekt ermittelt, da die Sender nachweisen müssen, wie hoch der Wortanteil der Programme ist. Dabei fallen unweigerlich auch Zahlen über die Musikanteile ab, die in der Regel bei circa 75 Prozent und darüber liegen (GUSHURST 2000).

Zu den Musikangeboten im Rahmen von Radioprogrammen müssen mittlerweile die Webradios hinzugezählt werden (BARTH/MÜNCH

2001). Ihre Anzahl ist kaum zu beziffern und differiert je nach Quelle. Einige Verzeichnisse listen über 20.000 Webradios auf, verweisen dabei aber größtenteils auf einzelne Internetnutzer, die ihre individuellen Songkollagen anderen zur Verfügung stellen. Verzeichnisse mit einem eher engen Verständnis von Webradios verweisen auf 2.500 bis 4.000 Stationen, wobei sich die Anzahl seit 1998 mehr als verdoppelt hat. Man unterscheidet Radioportale wie *radio-locator.com* von Einzelangeboten wie *chartradio.de*, Radioprogramme, die eigens für das Internetangebot zusammengestellt werden (Webcaster) von denen, die auch terrestrisch/über Kabel/über Satellit zu empfangen sind (Webableger); feststehende/vorgegebene Webradios von denen, die sich der Nutzer individuell zusammenstellen kann, sowie Webradios als primäre zentrale Nutzungsangebote von denen, die nur Begleitung bzw. Zugabe zu anderen Webangeboten darstellen. Das Angebot an deutschen Webradios ist im Vergleich zu dem amerikanischen noch recht überschaubar. Zwar sind nahezu alle deutschen Radiosender auch im Internet präsent, jedoch nicht immer mit einem separaten Webradio, sondern oft nur mit Informationen zum herkömmlichen Programm. Ende 2000 waren laut Barth und Münch (2001) von den öffentlich-rechtlichen Radioprogrammen 21 im Internet zu hören. Alle Programme waren jedoch nur Webableger der terrestrisch verbreiteten Angebote.

Im Vergleich zu den Webradios ist das Gesamtangebot an Musik im Internet selbstverständlich wesentlich größer. Allein über die Musiktauschbörsen wird jede beliebige Musik, die auch auf den klassischen Märkten zu erwerben wäre, gehandelt. Schon im Jahr 2002 luden 6,4 Millionen Deutsche 622 Millionen Songs aus zumeist illegalen Angeboten aus dem Internet. 22,5 Millionen Deutsche bespielten im gleichen Jahr 259 Millionen CD-Rohlinge mit Musik. Im Vergleich dazu wurden im Jahr 2002 nur noch 165,7 Millionen CD-Alben verkauft. Damit stieg die Zahl der Musikkopien im Vergleich zum Jahr 2001 um 42 Prozent (Bundesverband der Phonographischen Wirtschaft 2002: 27-29).

Auch das Fernsehen ist von nennenswerter Bedeutung für das Gesamtangebot an medial vermittelter Musik. In Deutschland sind zurzeit mit MTV, MTV 2 POP, VIVA, VIVA PLUS und ONYX fünf Musikspartenkanäle auf Sendung und von den meisten Deutschen per Kabelanschluss oder Satellit zu empfangen. Hohe Musikanteile weisen überdies die Kulturkanäle 3SAT und ARTE auf: Von der Sendezeit von 3SAT entfielen im Jahr 2001 3,1 Prozent auf Musikshows, ein Prozent auf Musiktheater und weitere drei Prozent auf Konzerte. Acht Prozent des deutschen Programmanteils von ARD und ZDF für ARTE entfielen auf Musik/Theater/ Tanz. Bei den großen vier Sendern sind dagegen die Musikanteile eher gering: Im Jahr 2001 verzeichnete DAS ERSTE für die Sparte ›Musik‹ einen Sendeanteil von 3,7 Prozent. Beim ZDF waren es nur noch 1,5 Prozent, bei RTL 0,9 Prozent und bei SAT.1 0,2 Prozent. Jedoch werden in dieser Sparte auch nur Sendungen mit Musik als Schwerpunkt geführt. Da viele andere Programme aus anderen Sparten ebenfalls Musikanteile haben, ist der Gesamtanteil am Programm leicht höher einzuschätzen.

Nun ist das Gesamtangebot an medialer Musik noch weit größer; beispielsweise wurde auf Musik im digitalen Fernsehen, im Kino oder auf Video nicht eingegangen. Ebenso wurden Unterbereiche wie Musiktonträger für (Klein-)Kinder (vgl. VORDERER/RITTERFELD/KLIMMT 2001) nicht weiter spezifiziert. Jedoch sollte und konnte dieses Kapitel – wie anfangs bereits erwähnt – lediglich einen groben Eindruck vom Angebot an medialer Musik vermitteln.

4.2   Emotionaler Ausdruck von Musik

Die besondere Eignung der Musik für das Mood Management liegt in den emotionalen Qualitäten bzw. im emotionalen Ausdruck begründet (WELLS 1988). Nicht ohne Grund werben Radiosender mit dem Slogan »Wer fühlen will, muss hören!«. So spricht man bei Musik auch oft von der Sprache der Gefühle. Obwohl bei Musik eine Vielzahl an Bedeutungs- und Informationsebenen zusammenwirkt, scheint der emotionale Ausdruck der Musik im engeren Sinne (also z.B. ohne den Text), der aus einer spezifischen Anordnung und Spielweise der Töne hervorgeht, von primärer Relevanz für die Gesamtwirkung eines Musikwerks zu sein. Denn fragt man Rezipient/-innen nach Informationen und Eindrücken, die ein Musikstück bei ihnen hinterlassen hat, so gehen sie seltener auf Einzelheiten der kompositorischen Struktur oder Inhalte der Texte ein als vielmehr auf die Stimmung und die Gefühle, die von der Musik transportiert werden. Kennzeichnend ist auch, dass viele Rezipient/-innen selbst über ihre Lieblingstitel aus dem Bereich Pop und Rock nicht sagen könnten, wovon diese Titel handeln und was der Text der Songs denn aussagt (vgl. HANSEN/HANSEN 2000). Aber sie können benennen, ob es sich dabei um einen melancholischen oder fröhlichen Song handelt.

Ohne im Folgenden allzu sehr ins Detail zu gehen und zu ergründen, bei welcher Konstellation von musikalischen Parametern sich welche Ausdrucksstimmung der Musik einstellt, sollen ein paar Grundkonstanten dennoch erörtert werden. Laut Rösing (1993b) liegen den Ausdrucksstimmungen von Musik – wie humanethologische und neurobiochemische Untersuchungen nahe legen – einige wenige Ausdrucksmuster zugrunde. Diese könnten in Anlehnung an menschliche Verhaltensweisen interpretiert werden und seien auf dieser ersten, noch nicht durch gesellschaftliche Normen überformten Ebene durchaus interkultureller Natur.

TABELLE 7

Übersicht über vier grundlegende emotionale Qualitäten, deren typische Verhaltensweisen und musikalische Charakteristika

		Freude/ Prestotyp	Trauer/ Adagiotyp	Machtgefühl, Imponiergehabe/ Marsch	Zärtlichkeit, Demutsgebärde/ Wiegenlied
Verhaltensweise	Aktion	vital, agil, sprunghaft	schleppend, ohne Stoßkraft, kreisend	zielstrebig, gemessen, bestimmt	behutsam, sich-anschmiegend
	Gestus	vorwärtseilend, sich-öffnend	in-sich-zusammen-fallend, sich zurück-ziehend	sich-groß-machend, angespannt, aufrecht, unnahbar	sich-klein-machend, Nähe suchend
	Äußerung	hell, lebendig, abwechslungsreich	dunkel, monoton, farblos	voluminös, beeindruckend	zurückhaltend, sanft
	Funktion	lebensbejahende Veräußerung von innerer Aktivität	Abkapseln vom all-täglichen Leben	Drohgebärde gegen-über ›Feinden‹, Repräsentation von Macht	durch Zuwendung Geborgenheit und Schutz vermittelnd
Musik	Tempo	schnell, mit Accelerandi	langsam, mit Ritardandi	nicht zu schnell, gemessen	gemäßigt
	Rhythmus	punktiert, synkopiert, abwechslungsreich	konturlos, mit Tendenz zum ›Stehenbleiben‹	stark akzentuiert	gleichmäßig pul-sierend
	Lautstärke, Klangfarbe	laut, hell, strahlend	leise, dunkel, ver-schmelzend	laut, voluminös, massiv	leise, hell, durch-hörbar
	Melodik	großer Ambitus, sprunghafte Intervalle, aufwärts-strebende Motive	geringer Ambitus, kreisend, schrittweise fallende Motive	weitgespannt, großer Ambitus	kurze Motive in Bogenform
	Harmonik	einfache Harmonien, Betonung der Diskanttöne	komplexe Harmonik mit komplizier-ten Akkordfort-schreitungen	dichte Zusammenklänge, Grundtonbetonung	einfache Harmonien

Quelle: Rösing 1993b: 580-581

Tabelle 7 zeigt diese vier grundlegenden Ausdrucksqualitäten. Freude wird dabei – das haben zahlreiche Untersuchungen von semantischen Räumen wie auch von Affektstrukturen gezeigt (vgl. Kap. 3.2) – als Gegenpart zur Trauer und Machtgefühl/Imponiergehabe als Gegenstück zu Zärtlichkeit und Liebe empfunden.

Die Termini ›Prestotyp‹, ›Adagiotyp‹, ›Marsch‹, ›Wiegenlied‹ oder ›Accelerandi‹ deuten daraufhin, dass traditionelle, abendländische Musik als Vorlage für die Beschreibung der vier Grundtypen diente. Diese Zuordnung ist vor dem Hintergrund der heutigen Diversifikation in den Musikgenres und den musikalischen Ausdrucksformen sicher diskutabel. Denn jedes Musikgenre hat trotz musikübergreifender Konstanten seine eigenen ›Regeln‹, nach denen sich unterschiedliche Ausdrucksstimmungen kenntlich machen. Ein fröhlicher deutscher Schlager stimmt mit den in Tabelle 7 die Ausdrucksstimmung ›Freude‹ kennzeichnenden Parametern vielleicht noch überein: Er besteht meist aus einfachen Harmonien, ist schnell, hell und strahlend, ist aber nicht zwangsläufig abwechslungsreich und synkopiert im Rhythmus, zumal sich der deutsche Schlager eher durch ein gleichmäßiges Pulsieren im Rhythmus – so wie es für den Typus des Wiegenliedes beschrieben ist – auszeichnet. Ein fröhlicher amerikanischer Hiphop-Song ist aber mitnichten in jedem Fall schnell, hell und strahlend, wobei an dieser Stelle berücksichtigt werden sollte, dass die Parameter eher relativ als absolut zu sehen sind. Das heißt, auch ein trauriger Heavy-Metal-Song ist im Vergleich zu einem fröhlichen Heavy-Metal-Song wahrscheinlich langsamer, dunkler und leiser, obwohl er verglichen mit anderen Musikgenres vielleicht eher neutrale Parameterwerte aufweist.

Diese Beispiele könnten eventuell dafür sprechen, dass es keine übergreifenden Konstanten in der Wahrnehmung und Identifikation von musikalischen Ausdrucksqualitäten gibt. Davon ist jedoch nach heutigem Forschungsstand nicht auszugehen: Zunächst unabhängig von der ›Vermittlung‹ von Emotionen über Musik konnte Ekman (1982) Belege für eine interkulturelle ›Sprache‹ in Arbeiten zu emotionalen Qualitäten des *Gesichtsausdrucks* sammeln. Scherer (1982) identifizierte auf Basis vieler Untersuchungen wiederum Komponenten des *sprachlichen* Ausdrucks bzw. *vokale* Indikatoren von Emotionen (vgl. Tab. 8). Scherer und Oshinsky (1982) fanden ähnliche Parameterkonstellationen bei der Wahrnehmung von synthetisierten Tonsequenzen.

Obwohl sich der musikalische Ausdruck (genauso wie der sprachliche Ausdruck) in der Wahrnehmung der Rezipienten aus dem Zusammen-

TABELLE 8
Vokale Indikatoren emotionaler Erregung

Emotionen	Niveau der Grundfrequenz	Streubreite der Grundfrequenz	Variabilität der Grundfrequenz	Lautstärke	Sprechtempo
Freude	Hoch	?	Groß	Laut	Schnell
Ärger	Hoch	Breit	Groß	Laut	Schnell
Furcht	Hoch	Breit	Groß	?	Schnell
Gleichgültigkeit	Niedrig	Eng	Gering	?	Schnell
Verachtung	Niedrig	Breit	?	Laut	Langsam
Langeweile	Niedrig	Eng	?	Leise	Langsam
Traurigkeit	Niedrig	Eng	Gering	Leise	Langsam

Quelle: Scherer 1982: 300

wirken von weit mehr als den angesprochenen Parametern ergibt (vgl. Abb. 5), konnten spezifische Parameterkonstellationen für den emotionalen Ausdruck von Sprache wie von Musik im interkulturellen Vergleich immer wieder generiert werden (vgl. z. B. GABRIELSSON/LINDSTRÖM 2001; TERWOGT/GRINSVEN 1991).

ABBILDUNG 5
Vom musikalischen Ausdruck zum Gefühlseindruck und seinen Konsequenzen

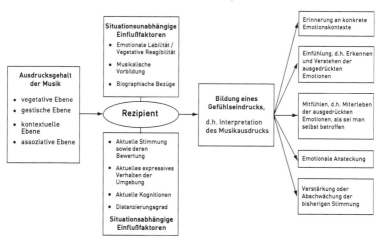

Quelle: Bullerjahn 2001: 198

Insgesamt lässt sich festhalten, dass Ausdrucksstimmungen bzw. emotionale Ausdrucksqualitäten von Musik zumindest innerhalb eines Kulturkreises eine bemerkenswerte Konstanz in der Wahrnehmung der Menschen aufweisen. Die Fähigkeit zum Erfassen des emotionalen Ausdrucks wird bereits in frühen Lebensjahren – ähnlich wie die Sprache – ausgebildet (SLOBODA 1989, 1991; TRAINOR/TREHUB 1992). Der emotionale Ausdruck von Musik ist auf ein komplexes Zusammenwirken verschiedenster Musikparameter zurückzuführen und dürfte von Musikart zu Musikart im Hinblick auf spezifische Parameterkonstellationen leicht variieren. Ebenso ist davon auszugehen, dass der emotionale Ausdruck von Musik selbst innerhalb eines Kulturkreises interindividuell (z. B. aufgrund unterschiedlicher biographischer Bezüge; vgl. Abb. 5) und intraindividuell (z. b. aufgrund der aktuellen Stimmung; vgl. Abb. 5) unterschiedlich wahrgenommen wird – ähnlich wie emotionale Informationen des sprachlichen Ausdrucks auch inter- und intraindividuell unterschiedlich dekodiert werden. Zuletzt ist noch zu erwähnen, dass der Text eines Musikstückes den emotionalen Ausdruck der Musik unterstützen oder sogar verstärken, dass er ihm aber gleichermaßen auch entgegenwirken bzw. ihn überlagern kann, wenn er denn ins Bewusstsein der Zuhörer gelangt (GFELLER/ASMUS/ECKERT 1991).

5. REZEPTION VON MUSIK

5.1 Musikrezeption im ›Spannungsfeld‹ zwischen Kulturkreis, Musikangebot, Situation und Individuum

Die Rezeption von Musik (auch zum Zweck der Stimmungsregulation) vollzieht sich in einem ›Spannungsfeld‹ verschiedener Faktoren, das unter Zuhilfenahme des ›General media gratifications model‹ von Palmgreen, Wenner und Rosengren (1985) gut veranschaulicht werden kann (vgl. Abb. 6). Obwohl der diesem Modell zugrunde liegende Uses-and-Gratifications-Ansatz wohl den zentralen Ansatz der Kommunikationswissenschaft für die Erforschung der Gründe für die Zuwendung zu Medieninhalten (bisher meist zum Fernsehen) darstellt, möchte ich seine Grundlagen an dieser Stelle nicht erneut aufarbeiten, sondern lediglich auf entsprechende Publikationen verweisen (vgl. hierzu: ROSENGREN/ WENNER/PALMGREEN 1985; Kurzüberblicke: RUBIN 1994, 2000). Mir ist bewusst, dass die theoretische Fundierung der Mood-Management-Theorie streng genommen ein anderes Forschungsparadigma nach sich zieht und mit dem Uses-and-Gratifications-Ansatz – auch im Hinblick auf das methodische Vorgehen – nur bedingt vereinbar ist (ZILLMANN 1985). Jedoch wurde bereits von Wünsch (1999) die Vereinbarkeit beider Ansätze diskutiert und unter Beweis gestellt. Entsprechend möchte ich zur theoretischen Strukturierung des Rezeptionsprozesses an dieser und zum methodischen Vorgehen an späterer Stelle (vgl. Kap. 6.2.) Anleihen aus dem Uses-and-Gratifications-Ansatz machen, obwohl mein theoretisches Hauptaugenmerk weiterhin der Mood-Management-Theorie gilt.

Das Modell medialer Gratifikationen (PALMGREEN/WENNER/ ROSENGREN 1985) bietet sich an, um sich vermeintlich relevante Faktoren der Musikrezeption in ihrem Zusammenwirken anschaulich vor Augen zu führen (vgl. Abb. 6): Zunächst darf Musikrezeption nicht unabhängig vom jeweiligen Gesellschafts- und Kultursystem (1: vgl. Zahlenkennung in Abb. 6) betrachtet werden (HEISTER 1993; RÖSING/OERTER 1993). So ist die abendländische Musikkultur Mitteleuropas eine andere als die des Vorderen Orients oder Asiens. Nicht nur, dass verschiedene Kulturen auf andere Tonskalen, Rhythmen und Taktsysteme zurückgreifen sowie den Musikparametern unterschiedliche Bedeutung beimessen (in Afrika hat z. B. der Rhythmus oft oberste Priorität). Die Funktionen von Musik werden auch zu einem großen Teil von den generellen Verhaltensweisen und Einstellungen einer Gesellschaft mit geprägt (BRANDL/RÖSING 1993; HEISTER 1993). Ein Beispiel: Von den US-Amerikanern wird hin und wieder gern behauptet, aktiver und konstruktiver mit positiven Stimmungslagen und kompensatorischer mit negativen Stimmungslagen umzugehen als die Europäer (Stichwort ›positive thinking‹). Wenn dies so wäre, dürften die US-Amerikaner auch in einem höheren Maße Musik einsetzen, um positive Stimmungszustände aufrechtzuerhalten und sie sogar zu verstärken sowie um negative Stimmungszustände zu kompensieren und sie abzuschwächen. Das Phänomen der Verstärkung von Traurigkeit durch Musikhören dürfte hingegen bei den Europäern ausgeprägter sein. Unabhängig davon, ob sich diese Vermutung tatsächlich empirisch bestätigen ließe, soll das Beispiel veranschaulichen, dass der Umgang mit Musik in starkem Maße vom Gesellschaftssystem und dem Kulturkreis geprägt wird. Die Ergebnisse dieser Arbeit sind also nicht allgemeingültig, sondern geben allenfalls Aufschlüsse über den abendländischen Kulturkreis (RÖSING 1993c), wenn nicht nur über die deutsche Bevölkerung.

Als Zweites geht mit dem Gesellschaftssystem, in dem man lebt, auch eine bestimmte Medienstruktur und -technologie (2) einher. Das deutsche Mediensystem ist beispielsweise anders strukturiert als das amerikanische (z. B. duales Rundfunksystem vs. privates Rundfunksystem) und hat bestimmte Technologien im Vergleich zu den USA erst später erhalten. So haben die Deutschen erst seit Einführung des digitalen Fernsehens eine Auswahl an Fernsehkanälen zur Verfügung, welche die Amerikaner seit den 1980er-Jahren haben (vgl. ZILLMANN/BRYANT 1998). Auch Anzahl und Art der Musikangebote (3) sind von diesen Strukturen und Technologien betroffen. MTV ging in den USA beispielsweise bereits im Jahre

ABBILDUNG 6

Modell medialer Gratifikationen nach Palmgreen, Wenner und Rosengren

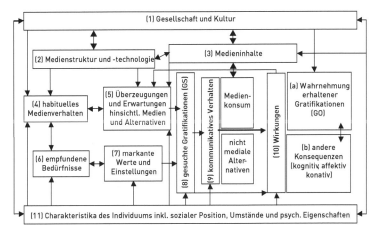

Quelle: Palmgreen, Wenner und Rosengren 1985: 17; Abbildung aus Schlütz 2002: 41

1981 auf Empfang, war in Deutschland als MTV EUROPE jedoch erst nach Einführung des dualen Rundfunksystems im Jahre 1987 auf dem Markt (SCHMIDT 1999). Auch Gesellschaft und Kultur haben wiederum einen Einfluss auf Art und Umfang des Musikangebots. Zum einen bestimmt nach den Regeln der Marktwirtschaft die Nachfrage das Angebot, zum anderen prägen bestimmte Angebotsstrukturen auch die Kontaktmöglichkeiten der Menschen mit spezifischer Musik. Ein US-Amerikaner kommt zum Beispiel viel früher und intensiver in Kontakt mit Country-Musik, weil dieses Musikgenre eine lange Tradition in den USA hat und auf große Nachfrage stößt. Ein US-Amerikaner wird also – selbst wenn er Country-Musik nicht mag – unweigerlich mehr von dieser Musik erreicht und von ihr sozialisiert werden als ein Deutscher. Noch zentraler für die Musikrezeption bzw. die inter- und intraindividuellen Unterschiede in der Nutzung von Musik sind die Punkte (4) bis (11) der obigen Abbildung. Die *habituelle* Musiknutzung bzw. die individuellen Gewohnheiten im Umgang mit Musik (4), die *generellen* Überzeugungen von und Erwartungen an Musik (5), *situative* Bedürfnisse an Musik (6) und zentrale Werte und Einstellungen (7), die alle wiederum durch die ›traits‹ und ›states‹ eines Menschen beeinflusst werden (11), sind in einem komplexen Zusammenwirken dafür verantwortlich, welche Gratifikationen ein Mensch in einer bestimmten Situation in der Musik sucht (8). Er wählt dann aus der ihm zur Verfügung stehenden Musik (3) aus und ›registriert‹ nach einer Phase des Musikhörens (9) die Wirkungen und erhaltenden Gratifikationen (10), die wiederum seine Überzeugungen von und Erwartungen an Musik (5) bestärken oder modifizieren können, was Konsequenzen hätte für zukünftige Musikauswahlprozesse in vergleichbaren Situationen.

Ein ähnliches ›Bedingungssystem‹ der Musikrezeption, das »allen Variationen des Rezeptionsverhaltens über kulturgeographische und historische Gegebenheiten hinweg gerecht wird und sämtliche Spielarten musikalischer Erscheinungen umspannt« (ROSS 1983: 399), zeigt Abbildung 7. Ross geht von einem hierarchischen Modell aus, das Rezeptionsbedingungen auf übergeordneter Stufe mit ›Produkt‹, ›Person‹ und ›Situation‹ in genereller Weise klassifiziert, um innerhalb dieser Bedingungen spezifischere Determinanten zu benennen. Die drei Oberkategorien leiten sich aus den drei Fragen ab: »*wer* rezipiert, *was* wird rezipiert und *unter welchen Umständen* (wo, wann) wird rezipiert. [Hervorhebungen: Schramm] Damit ist der musikalische Wahrnehmungsprozeß in ein triadisches Bedingungssystem eingespannt: es rezipiert eine *Person* ein *Produkt* in einer *Situation*« (ROSS 1983: 400; Hervorhebungen Ross).

Die Unterkategorien (vgl. Abb. 7) erschließen sich nicht auf den ersten Blick, da Ross hier bewusst auf Begriffe zurückgegriffen hat, die möglichst wenig Spezifität in sich tragen und damit den Geltungsbereich des Modells nicht einschränken. Unter ›Struktur‹ sind die Merkmale der Musik auf Werk-/Kompositionsebene gemeint, also im weitesten Sinne die musikalischen Parameter wie Harmonik, Melodik, Rhythmik und Dynamik. Die ›Individuation‹ betrifft die Abhängigkeit einer Musik von seinem Produzenten und könnte auch mit ›Personalstil‹ umschrieben werden. Die ›Funktion‹ ergibt sich aus dem Darbietungsrahmen und dem Handlungskontext, in dem die Musik gehört wird. So hat die Musik in einem Gottesdienst/einer Messe unter anderem eine liturgiebegleitende Funktion, während Musikbeschallung in einer Arztpraxis eher eine ablenkende, in Einzelfällen vielleicht sogar Schmerz lindernde Funktion übernimmt. Da die Funktion der Musik in hohem Maße von bestimmten situativen Determinanten abhängt, ist in der Modelldarstellung die ›Funktion‹ in Richtung der Oberkategorie ›Situation‹ ausgerichtet (genauso sind auch die anderen Ausrichtungen von Unterkategorien zu lesen).

ABBILDUNG 7

Das Bedingungssystem der musikalischen Rezeption

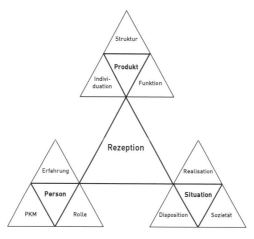

Quelle: Ross 1983: 401

Auch der Determinantenbereich ›Person‹ teilt sich nach Ross in drei Unterkategorien: ›PKM‹ steht für ›Persönlichkeits- und Konstitutionsmerkmale‹ und umfasst Konstitutionsmerkmale wie Alter, Geschlecht und physiologische Beschaffenheiten sowie Merkmale der Persönlichkeit wie Bildungsstand, intellektuelle oder musikalische Fähigkeiten. Als zweite Unterkategorie ist die ›Erfahrung‹ einer Person zu nennen. Darunter fallen sowohl Erfahrungen und Vertrautheit mit konkreter Musik als auch die musikalische Vorbildung und Sozialisation mit Musik im weiteren Sinne. Auch die ›Rolle‹ einer/eines Musikhörenden in einer bestimmten Situation ist von Bedeutung für den Rezeptionsvorgang: »mit dem Rollenwechsel vom Musikkritiker zum rein genießenden Konzertbesucher wird sich in derselben Person eine Verlagerung der Aufmerksamkeit und des Rezeptionsinteresses von der Reproduktion zu produktimmanenten Merkmalen erwarten lassen« (ROSS 1983: 403). Der Determinantenbereich ›Situation‹ teilt sich in die ›Sozietät‹, ›Realisation‹ und ›Disposition‹. Mit Letzterem ist die situationsbedingte Stimmung und der psychische Zustand der Rezipient/-innen gemeint. Die ›Realisation‹ bezieht sich auf die Art der technischen Vermittlung, also beispielsweise auf die Frage, ob ein und dieselbe Musik live oder über Tonträger gehört wird, sowie die Art der künstlerischen Wiedergabe und der Interpretation, also beispielsweise auf die Frage, ob »I can get no satisfaction« von einer lokalen Coverband oder den Rolling Stones gespielt wird. Die ›Sozietät‹ stellt darauf ab, dass Musikrezeption immer auch durch gesellschaftliche Faktoren bestimmt wird (vgl. z. B. ADORNO 1962). Insgesamt lassen sich somit alle Faktoren des Modells medialer Gratifikationen nach Palmgreen, Wenner und Rosengren (1985) in dem Modell der musikalischen Rezeption nach Ross (1983) wiederfinden. Beide Modelle können dazu beitragen, den Blick auf die den Musikrezeptionsprozess bestimmenden Faktoren zu schärfen.

ABBILDUNG 8
Inhaltliche Struktur des Gegenstandsbereichs der Musikrezeption im weiteren Sinne

Musikrezeption (im weiteren Sinne)		
Prä-kommunikative Phase	*Kommunikative Phase*	*Post-kommunikative Phase*
• Auswahlverhalten	• Rezeption	• Wirkung
• Motive/Bedürfnisse	(im engeren Sinne)	• Verarbeitung, Aneignung
• gesuchte Gratifikationen, Gratifikationserwartungen	• erhaltene Gratifikationen	• erhaltene Gratifikationen

In Anlehnung an Levy/Windahl 1985: 113

Wie insbesondere das Modell von Palmgreen, Wenner und Rosengren (1985) verdeutlicht, ist für den Musikrezeptionsvorgang nicht nur das Erleben während des Musikhörens von hoher Relevanz, sondern auch die Bedürfnisse, Erwartungen und Auswahlprozesse, die zu der konkreten Musikrezeption führen, sowie die Wirkungen und Gratifikationen, die das Musikhören nach sich zieht. Diese drei Phasen können in Anlehnung an Levy und Windahl (1985; für Fernsehnutzung vgl. auch SCHRAMM/ HASEBRINK 2004) als ›prä-kommunikative‹, ›kommunikative‹ und ›postkommunikative‹ Phase bezeichnet werden und dazu dienen, die Musikrezeption (im weiteren Sinne) als einen Prozess aus Auswahlprozessen, Rezeptionsprozessen und Wirkungsprozessen zu begreifen (vgl. Abb. 8).

Die vorliegende Arbeit wird sich primär mit der Stimmungsregulation als *Ziel* bzw. *Motiv* und nicht mit der Stimmungsregulation als *Wirkung* beschäftigen. Sie setzt also einen Schwerpunkt auf die prä-kommunikative Phase, selbstverständlich aber nicht, ohne die Implikationen der Musikrezeption *im engeren Sinne* und der Musikwirkungen für die Musikauswahl zu berücksichtigen. Im Folgenden sollen daher sowohl die wesentlichen Merkmale der prä-kommunikativen Phase bzw. der Musikauswahl (Kap. 5.2), der kommunikativen Phase bzw. der Musikrezeption im engeren Sinne (Kap. 5.3) sowie der post-kommunikativen Phase bzw. der Musikwirkungen (Kap. 5.4.) dargestellt werden.

Das Kapitel 5 stellt somit die relevanten Merkmale vor, die einen Einfluss auf die Musikrezeption zum Ziel der Stimmungsregulation haben könnten, und soll gleichermaßen als ein Gesamtüberblick über (mediale) Musik und ihre Rezeption dienen, der in dieser Form in der kommunikationswissenschaftlichen Literatur nicht vorliegt (in einer kürzeren Form: SCHRAMM 2004).

5.2   Prä-kommunikative Phase: Auswahl von Musik

Die prä-kommunikative Phase bzw. Auswahlphase vor dem Hören von Musik zwecks Stimmungsregulation wird durch eine Reihe von Faktoren geprägt: Ob Musik in einer gegebenen Situation von einer Person gehört werden kann, hängt zunächst von der Verfügbarkeit von Musik ab (Kap. 5.2.1). Wenn eine Person zum Beispiel traurige Musik hören möchte, um eine melancholische Stimmungslage zu unterstützen oder sogar zu verstärken, aber situativ nur fröhliche Musik verfügbar hat, so wird sie unter Umständen keine Musik hören. Die prä-kommunikative Phase wird weiterhin von den Gründen der Zuwendung zu Musik bzw. den Motiven des Musikhörens geprägt. Stimmungsregulation ist sicher ein zentrales, alltagsrelevantes Motiv, aber nicht der einzige Grund, warum Menschen Musik hören. Kapitel 5.2.2. wird sich daher mit einer Bandbreite an Nutzungsmotiven beschäftigen. Dass in einer bestimmten Situation aus einer spezifischen Motivlage heraus eine konkrete Musik ausgewählt wird, hat auch etwas mit Routinen, generellen Nutzungsmustern sowie generellen und situativen Musikpräferenzen zu tun. Der Einfluss dieser Faktoren sowie der Selective-Exposure-Ansatz werden in Kapitel 5.2.3 erläutert. Darüber hinaus kann die Auswahl von Musik danach charakterisiert werden, ob der emotionale Ausdruck der Musik zur Stimmungslage der betreffenden Musikhörenden eher passt oder ob er ihr eher entgegensteht. Hier kann mit dem Iso- und Kompensationsprinzip eine Analogie zu Begrifflichkeiten aus der Musiktherapie gezogen werden. Die beiden Prinzipien sowie die relevante Forschung in diesem Bereich werden abschließend in Kapitel 5.2.4 behandelt.

5.2.1 Verfügbarkeit von Musik

Zahlen über die inter- und intraindividuelle Verfügbarkeit von Musik liegen meines Wissens nicht vor. Wie viele verschiedene Tonträger verschiedener Musikgenres zum Beispiel ein 14-jähriger Jugendlicher im Vergleich zu einem 50-jährigen Erwachsenen im Durchschnitt besitzt, auf welche Musikmedien er wann und unter welchen Bedingungen Zugriff hat, wurde noch nicht systematisch erhoben. Deshalb müssen ausschnitthaft andere, nah verwandte Daten herangezogen werden, um zumindest ein grobes Bild der Zugriffsmöglichkeiten auf Musik zu ›zeichnen‹.

Zunächst ist festzustellen, dass die deutschen Haushalte in hohem Maße mit Musikmedien ausgestattet sind (vgl. Tab. 9): 97,9 Prozent der Haushalte verfügen über mindestens ein Fernsehgerät, 98,7 Prozent über mindestens ein Radiogerät. Stereoanlage, CD-Player sowie Kassettenrekorder sind in circa 70 Prozent der Haushalte vorhanden, lediglich

TABELLE 9
Ausstattung mit Musikmedien (in %)

Personen aus Haushalten mit ...	Jahr 1997	Jahr 2004
Fernsehgerät	98,7	97,9
Radiogerät	98,8	98,7
Autoradio	77,2	84,1
Plattenspieler [1]	49,5	29,0
Kassettenrekorder [1]	71,5	65,1
CD-Spieler [1]	61,6	69,8
Stereoanlage [2]	74,6	-
Videorekorder	62,5	67,0
PC	21,0	57,5
Modem, ISDN-Anschluss [2]	-	49,4

[1] Erhoben mit dem Zusatzkriterium »als Teil einer Stereoanlage«, [2] Nicht in allen Jahren erhoben. Quelle: Arbeitsgemeinschaft der ARD-Werbegesellschaften 2004: 63

Plattenspieler findet man (auch aufgrund der sinkenden Bedeutung von Platten als Tonträger) nur noch in einem Drittel der Haushalte. Personal-Computer sind mittlerweile in mindestens jedem zweiten Haushalt verfügbar. Und fast jede zweite Person verfügt zu Hause entweder über ein Modem oder geht über ISDN in das Internet, das unzählige Möglichkeiten des Musikhörens und des Musik-Downloads ermöglicht (vgl. Kap. 4.1). Wie der Vergleich zwischen den Jahren 1997 und 2004 zeigt, ist insbesondere im Bereich der Computerausstattung ein enormer Zuwachs zu verzeichnen; aber auch die Ausstattung mit traditionellen Musikmedien wie dem CD-Player steigt immer noch merklich an.

Die JIM-Studie 2002 (vgl. FEIERABEND/KLINGLER 2003) hat neure Daten zum Musikmedienbesitz 12- bis 19-jähriger Jugendlicher erbracht (vgl. Tab. 10):

TABELLE 10
Musikmedienbesitz Jugendlicher, 12-19 Jahre (in %)

Medium	Mädchen (n = 532)	Jungen (n = 560)	Gesamt (n = 1092)
Hifi-Anlage/Stereoanlage mit CD-Player	90	85	88
Fernsehgerät	62	70	66
einzelner CD-Player	50	52	51
Computer/PC	39	54	47
Videorekorder	28	35	31
Internetzugang	20	35	28
Mini-Disc-Rekorder	17	17	17
MP3-Player	3	11	7
DAT-Rekorder	2	2	2

Quelle: Feierabend/Klingler 2003: 454

Danach verfügen (im Sinne von besitzen) 88 Prozent der Jugendlichen über eine eigene Hifi-/Stereoanlage, 66 Prozent über ein eigenes Fernsehgerät, 51 Prozent über einen einzelnen CD-Player (unabhängig von der Stereoanlage), 47 Prozent über einen eigenen Computer/PC, 31 Prozent über einen Videorekorder. Mini-Disc-Player, DAT-Rekorder und MP3-Player sind eher die Ausnahme. Dafür hat immerhin ein Viertel der Jugendlichen über Modem oder ISDN Zugang zum Internet.

Dass die Jugendlichen mit ihrem Computer nicht nur nach Informationen im Internet surfen, sondern in hohem Maße Musik hören und downloaden, wird allein mit Blick auf die Computerausstattung deutlich (vgl. Tab. 11; vgl. zur Nutzung Kap. 5.3.1). Schon 2001 verfügten 40 Prozent der Jugendlichen mit Computer über einen CD-Brenner, 29 Prozent über ein DVD-Laufwerk und 94 Prozent über Lautsprecher. Auch TV- und Radiokarten sind zu einem beachtlichen Anteil in den Rechnern vorhanden, sodass der PC für viele Jugendliche ein universelles Multimedium darstellen dürfte, das mehrere Musikmedien vereint. Die Zahlen zeigen darüber hinaus, dass die Jungen zu einem höheren Anteil als die Mädchen über eigene Computer, Internetzugang und MP3-Player verfügen, sodass die jugendlichen Musik-Downloader zum größten Teil aus Jungen bestehen dürften.

TABELLE 11
Ausstattung des Computers Jugendlicher in %

Komponenten	Mädchen (n = 743)	Jungen (n = 865)	Gesamt (n = 1608)
CD-ROM-Laufwerk	98	97	97
Lautsprecher	93	95	94
Internetzugang, Modem/ISDN	72	77	75
CD-Brenner	32	46	40
DVD-Laufwerk	28	30	29
TV-Karte	13	25	20
Radio-Karte	14	15	14

Quelle: Feierabend/Klingler 2002: 20

Diese Zahlen (in Kombination mit den Nutzungszahlen in Kap. 5.3.1) lassen darauf schließen, dass insbesondere Jugendliche nicht nur zahlreiche Musikmedien, sondern durch den Zugang zum Internet auch die Möglichkeit besitzen, sich jederzeit jede gewünschte Musik zu besorgen.

Wie groß das Repertoire an unterschiedlicher Musik insgesamt ist, auf das die Deutschen im Durchschnitt zu Hause zurückgreifen können, kann anhand dieser Zahlen freilich nicht genau beziffert werden. Entsprechende Fragen zum Tonträgerbesitz in den Studien dieser Arbeit werden darüber näheren Aufschluss geben.

Was die *Neuerwerbung* von Tonträgern betrifft, sind nur circa vier Prozent der Deutschen zu den Intensivkäufern zu zählen, die mehr als neun Tonträger pro Jahr kaufen. Die Durchschnittskäufer (4-9 Stück pro Jahr) machen zehn Prozent, die Extensivkäufer (1-3 Stück pro Jahr) 29,9 Prozent aus. 59,9 Prozent der Deutschen kaufen keine Tonträger. Mindestens die gleiche Anzahl wird zusätzlich auf CD-Rohlinge gebrannt (Bundesverband Phonographische Wirtschaft 2004). Tabelle 12 zeigt, dass im Tonträgersegment Dance die Jugendlichen bis 29 Jahre, in den Segmenten ›Pop‹ und ›Rock‹ insbesondere die 20- bis 49-Jährigen und in den Segmenten ›Schlager/Volksmusik‹ sowie ›Klassik‹ die älteren Personen ab 50 Jahren sehr stark vertreten sind.

TABELLE 12

Altersstruktur der Tonträgerkäufer bestimmter Musikgenres (in %)

Musikgenre	10-19 Jahre	20-29 Jahre	30-39 Jahre	40-49 Jahre	50 Jahre und mehr
Pop	14,3	22,6	30,2	21,4	10,5
Rock [1]	16,5	30,2	30,5	17,0	5,7
Schlager/ Volksmusik [2]	6,6	14,6	21,3	18,7	38,9
Dance [3]	26,0	40,6	17,6	12,3	3,5
Klassik	1,5	3,4	12,9	26,9	55,2

[1] inkl. Heavy-Metal und Deutsch-Rock, [2] inkl. Deutsch-Pop, [3] inkl. HipHop und Rap
Quelle: Bundesverband Phonographische Wirtschaft 2004: 36

Obwohl diese Zahlen nur Hinweise geben, welche Personengruppe welche Musikgenres präferiert und kauft, dürfte die Zusammensetzung der verfügbaren Musik hinsichtlich der Musikgenres bei den betreffenden Altersgruppen ähnlich sein.

Im Hinblick auf den gezielten Zugriff auf Musik zum Zweck der Stimmungsregulation dürften sowohl jüngere wie auch ältere Personen in der Regel genügend Auswahloptionen haben; die Jüngeren, weil sie mit Musikmedien in hohem Maße ausgestattet sind und mit dem Internet sozialisiert wurden; die Älteren, weil sie über die Jahre und Jahrzehnte hinweg Musiktonträger angesammelt haben und im Vergleich zu Jugendlichen über die größere Musiktonträgersammlung verfügen dürften. Bei den älteren Personen kommt noch hinzu, dass sie über Jahrzehnte hinweg zahlreichere Erfahrungen mit verschiedenster Musik sammeln konnten und im Vergleich zu den Jugendlichen in einem höheren Maße – um die Terminologie der Mood-Management-Theorie aufzugreifen – auf die Wirkung spezifischer Musik konditioniert wurden. Sie dürften also trotz vergleichbarer Verfügbarkeit von Musik zielgerichteter auf Musik zum Zwecke des Mood Managements zugreifen dürfen, was aber streng genommen kein Aspekt der Verfügbarkeit mehr ist.

5.2.2 Motive der Musikrezeption

Bevor spezifische Motive der Musikrezeption genannt werden, soll zunächst ein breiterer Blick auf Medienrezeptionsmotive erfolgen. Folgende zentrale Motive der *Medien*rezeption wurden (zumeist in Uses-and-Gratifications-Studien mit Fokus auf die Fernsehrezeption) immer wieder nachgewiesen (MCQUAIL 1983: 82-83; MEYEN 2001: 16):

1. Informationsbedürfnis (Orientierung in der Umwelt, Ratsuche, Neugier, Lernen, Sicherheit durch Wissen)
2. Bedürfnis nach persönlicher Identität (Bestärkung persönlicher Werte, Suche nach Verhaltensmodellen, Identifikation mit anderen, Selbstfindung)
3. Bedürfnis nach Integration und sozialer Interaktion (Zugehörigkeitsgefühl, Gesprächsstoff, Geselligkeits-/Partner/-ersatz, Rollenmodell, Kontaktsuche)
4. Unterhaltungsbedürfnis (Wirklichkeitsflucht, Ablenkung, Entspannung, kulturelle und ästhetische Erbauung, Zeitfüller, emotionale Entlastung, sexuelle Stimulation)

Es ist zu vermuten, dass für die *Musik*rezeption insbesondere der zweite Motivblock (Bedürfnis nach persönlicher Identität) und der vierte Motivblock (Unterhaltungsbedürfnis) von besonderer Relevanz sind. Die Motive für die Zuwendung zu Musik dürften sehr variantenreich sein, sind bisher jedoch nur unzureichend empirisch erforscht. Eine erste überwiegend induktive Zusammenstellung von zentralen Motiven der Musik- und Radiorezeption wurde von mir basierend auf diversen Annahmen und Studien aus der Musikpsychologie, Medienpsychologie und Kommunikationswissenschaft bereits an anderer Stelle vorgenommen (vgl. SCHRAMM 2004) und soll im Folgenden nochmals dargelegt werden (vgl. Tab. 13).

Ein zentrales Motiv der Musikrezeption, das auch in dieser Arbeit fokussiert wird, ist die *Stimmungsregulation*, also das Verstärken, Abschwächen, Kompensieren oder Aufrechterhalten von Stimmungslagen, die – je nach Person und Situation – als angenehm/positiv oder unangenehm/ negativ empfunden werden. Dass dieses Motiv relevant für die Musikrezeption ist, konnten zahlreiche Studien (z.B. BEHNE 1984, 1986a; GEMBRIS 1990; KNOBLOCH/ZILLMANN 2002; SCHAUB 1981; WÜNSCH 2001) zeigen. In welchen Stimmungen die Musikhörer zu welcher Musik greifen, soll allerdings an dieser Stelle nicht weiter vertieft werden (vgl. hierzu Kap. 5.5.4). Jedoch ist zu vermuten, dass die Stimmungsregulation als Motiv für die Radiorezeption weniger bedeutsam sein dürfte als für die Rezeption von selbstselektierbarer Musik (auf Tonträgern), da über die Wahl des Radiosenders allenfalls noch die Musikfarbe bzw. das Musikformat, aber keine spezifischen Musiktitel mit bestimmten Ausdrucksstimmungen auswählbar sind, die gezielt zur Regulierung von Stimmungszuständen beitragen könnten.

Ein weiteres zentrales Motiv, über das viele Menschen im Zusammenhang mit dem Hören von Musik berichten, ist *Entspannung*. Der Grund für das Bedürfnis nach Entspannung ist das Gefühl der Anspannung, das durch Stress bei der Arbeit, Stress mit dem Partner, schwierige Lebenssituationen, Prüfungs- und Versagensängste etc. ausgelöst werden kann. Dass Menschen Musik dazu nutzen, Anspannung abzubauen und zu entspannen, haben beispielsweise Studien von Gembris (1985), Flath-Becker (1987), Flath-Becker und Konecni (1984) sowie Karrer (1999) gezeigt. Für das Entspannen dürfte das Radio eine ebenso große Rolle spielen wie die Musiktonträger; einerseits, weil das Radio – zum Beispiel auf dem Weg von der Arbeit nach Hause – in Situationen des Stresses und der Anspannung oft leichter verfügbar ist als diverse Musiktonträger; andererseits, weil zum Zwecke der Entspannung Musik oft diffus im Hintergrund gehört wird. Da es in diesen Fällen weniger wichtig ist, welche Musik man hört, als vielmehr, dass man überhaupt Musik hört, ist das Radio als ›Nebenbeimedium‹ geradezu prädestiniert für das diffuse Hören von Musik (vgl. PETERS 2003).

Vor dem Hintergrund der Emotionstheorie Thayers bzw. den beiden Dimensionen ›entspannt-angespannt‹ und ›energielos-energiereich‹ lässt sich mit der soeben erläuterten ›Entspannung‹ nicht nur ein Rezeptionsmotiv festhalten, das die erste Dimension berührt, sondern ein weiteres Motiv, das die zweite Dimension tangiert: *Aktivierung*. Fühlen sich die Rezipient/-innen energielos, so verfolgen sie diverse Strategien

(vorausgesetzt, sie empfinden diese Energielosigkeit als keinen wün-
schenswerten Zustand), um diesen Zustand zu kompensieren und sich
zu aktivieren. Dabei hat sich Musik gut bewährt, sei es im Vorfeld von
Sportwettkämpfen, bei denen viele Sportler kurz vor ihrem ›Start‹ noch
den Walkman aufsetzen, um sich mit Musik zu ›pushen‹, sei es im Vorfeld von Rockkonzerten, um den Fans richtig ›einzuheizen‹ und sie auf
›Betriebstemperatur‹ zu bringen (HAFEN 1997). Insbesondere bei Jugend
lichen und im Kontext von Partys und Disco-Besuchen spielt das Aktivieren durch Musik eine große Rolle (EBBECKE/LÜSCHPER 1987), aber auch
zum Beispiel beim Autofahren: Motte-Haber und Rötter (1990) konnten
zeigen, dass Musik bei monotonen Fahrten mit dem Auto in dem Sinne
aktivierend wirkt, dass Reaktionszeiten (und damit auch die Wahrscheinlichkeit von Unfällen) gesenkt werden können.

Ein weiteres Motiv ist die *Begleitung von diversen Tätigkeiten*. Hinter diesem Motiv ›stecken‹ selbstverständlich – je nach Situation und Tätigkeit
– jeweils wieder spezifische Motive: Das Begleiten monotoner Hausarbeit
dient der *Ablenkung* von der Arbeit und damit der subjektiven *Erleichterung*
der Arbeit sowie der Zeitverkürzung. Das Begleiten eines romantischen
Essens zu zweit dient der Schaffung einer romantischen Atmosphäre
und der Überbrückung von ›peinlicher‹ Stille. Die Funktion von Musik
wird von vielen Menschen wie selbstverständlich an diverse Aktivitäten
geknüpft:»Participants found it natural to link functions to activities,
often mentioning both in the same sentence (e.g. on arrival home from
work ›music lifts the stress of work: it has an immediate healing effect‹).«
(SLOBODA/O'NEILL 2001: 419; für eine Übersicht über Aktivitäten zu Musik
vgl. Kap. 5.3.1; vgl. zum Zusammenhang zwischen Stimmungen und
Aktivitäten auch STRATTON/ZALANOWSKI 2003).

Die Motive für das bewusste Zuwenden zu spezifischer Musik liegen bei
vielen Personen darin, dass sie sich der Musik in hohem Maße emotional,
assoziativ und kognitiv hingeben sowie von der Musik emotional, assoziativ und kognitiv angeregt und gefordert werden wollen. So greifen Menschen zum Beispiel zu besonders emotional geladener Musik, um musik-
immanente (und vielleicht auch text-immanente) Gefühle mit zu erleben,
um sich für den Zeitraum der Rezeption auf eine Art ›Gefühlsreise‹ einzulassen, um Gefühle ausleben und zeigen zu dürfen, die ihnen im Alltag teilweise oder ganz verwehrt bleiben (WELLS 1988). Da sich die Rezipient/-innen
in diesen Fällen emotional in hohem Maße auf die Musik einlassen, ist der
Begriff ›*emotionales Involvement*‹ passend.

Ebenso geben Rezipient/-innen oft ein ›*assoziatives Involvement*‹ als Rezeptionsmotiv an (vgl. SLOBODA/O'NEILL 2001) – und zwar dann, wenn sie Musik hören, um sich an ›alte Zeiten‹, Personen, vergangene Begebenheiten und Situationen zu erinnern. Der Grund dafür, dass Musik mit diversen Erinnerungen in Verbindung gebracht wird, liegt in der Omnipräsenz von Musik (vgl. Kap. 5.3.1.) und in ihrem verstärkten Einsatz zu besonderen Anlässen – also beispielsweise einer Feier (Geburtstag, Hochzeit, Konfirmation etc.) oder einem romantischen Abend. Insofern fungiert Musik als eine Art Zeitzeuge – ähnlich wie ein guter Freund, mit dem man sich zusammen an vergangene Tage und Erlebnisse erinnert. In diesem Zusammenhang sind die ›*memory emotions*‹ (OATLEY/KERR 1999) von besonderer Bedeutung. Durch das Erinnern an Vergangenes werden auch die damals durchlebten Gefühle wieder aktualisiert. Auch der andere Weg ist denkbar: Durch das Wachrufen damaliger Gefühle durch die Musik können sich die Musikhörer/-innen besser und detaillierter an das betreffende Ereignis erinnern.

Wenn Musikhörer/-innen sich weder besonders emotional noch assoziativ der Musik hingeben, sondern sich darauf konzentrieren, ihre kompositorische Struktur und Sinnhaftigkeit zu entdecken, so könnte man von einer Form des ›*kognitiven Involvements*‹ sprechen. Mit diesem Involvement geht das strukturelle bzw. analysierende Hören einher (vgl. Kap. 5.3.2); es muss sich jedoch nicht mit den anderen Formen des Involvements ausschließen. Ein emotionales und zugleich kognitives Involvement ist ohne Weiteres denkbar (RÖTTER 1987; zu Involvementverläufen vgl. VORDERER 1994). Alle Formen des Involvements verbindet, dass die Rezeption selbst Zuwendungsgrund ist, die Rezeption also intrinsisch motiviert ist, was auf die meisten der folgenden Rezeptionsmotive nicht zutrifft. Überdies dürften alle Formen des Involvements bei der Rezeption von Musik (über Tonträger) als Motiv ausgeprägter sein als bei der Rezeption von Radioprogrammen, da die Zuhörer/-innen beim Einschalten des Radios nie ganz genau wissen, welche Musik sie erwartet. Wenn sie zum Beispiel bestimmte Musik hören wollen, die sie an vergangene Erlebnisse erinnert, so ist die Wahrscheinlichkeit, dass sie diese Musik zu hören bekommen, wenn das Radio einschalten, wesentlich geringer, als wenn sie die betreffende Musik-CD einlegen. »Musik ist aber nicht in jedem Fall an Erinnerungen gebunden, sondern kann spontan und situationsspezifisch zu verschiedensten Assoziationen bei den Hörer/-innen führen. Die Hörer/-

69

innen lassen in diesem Fall meist ihren Gedanken freien Lauf bzw. die Musik ohne besondere kognitive und emotionale Aktivität auf sich wirken. Bonfadelli (1980) beschreibt dieses Phänomen mit dem Begriff des ›Tagtraums‹« (SCHRAMM 2001: 132).

TABELLE 13
Motive der Musik- und Radiorezeption

Motive	Rezeption von Musik	Rezeption von Radioprogrammen
emotionales Involvement	○	○
assoziatives Involvement	○	○
kognitives Involvement	○	○
Stimmungsregulation	○	○
Entspannung	○	○
Aktivierung	○	○
Begleitung von Tätigkeiten	○	○
Kompensation von Langeweile	○	○
Lebenshilfe	○	○
Sozialer Vergleich, Distinktion	○	○
Impression-Management	○	
Selbstverwirklichung	○	
Informationsbedürfnis		○
Integrationsbedürfnis	○	○
Parasoziale Interaktion/Beziehung		○

○ = Motiv meist stark ausgeprägt x = Motiv meist ist schwach ausgeprägt

Quelle: Schramm 2004: 451

Ein weiterer Block von Motiven thematisiert im weitesten Sinne die ›Psychohygiene‹ der Musikhörer: Menschen vergleichen sich ständig mit anderen Menschen auf verschiedensten Dimensionen, um sich selbst zu definieren und in der Gesellschaft verorten zu können. Menschen haben überdies ein großes Bedürfnis, sich von anderen Menschengruppen abzugrenzen, sich zu distinguieren (vgl. BOURDIEU 1982; SCHULZE 1992). Auch Musik kann zur *sozialen Distinktion* (DIAZ-BONE 2002) oder zum *sozialen Vergleich* (KNOBLOCH/WEISBACH/ZILLMANN 2004) in hohem

---

2   Leichte Modifikationen vorgenommen im Vergleich zur Tabelle in SCHRAMM 2004: 451

Maße >benutzt< werden. Jugendliche beispielsweise definieren sich zum einen sehr stark über ihren Musikgeschmack, grenzen sich zum anderen dabei nicht nur untereinander (KNOBLOCH/VORDERER/ZILLMANN 2000), sondern vor allem gegenüber den Erwachsenen ab (DOLLASE 1997). Auch der Klassik-Liebhaber kultiviert oft seine Zugehörigkeit zum Hochkulturschema (vgl. SCHULZE 1992), indem er sich bewusst und explizit von solchen Personen distinguiert, die dem breiten Massengeschmack bzw. der Pop- und Rockmusik zugeneigt sind. Ein Motiv, das große Nähe zur sozialen Distinktion aufweist, ist das *Impression-Management*: Hierbei hören Menschen meist in der Weise Musik, dass andere Menschen dies registrieren bzw. die betreffende Person mit der zu hörenden Musik in Verbindung bringen können. Ziel ist es dabei, einen Eindruck der eigenen Person/des Selbstbildes der Umwelt zu vermitteln bzw. Eindruck zu >schinden<. Ein Beispiel ist das Hören lauter Heavy-Metal-Musik im Auto bei geöffneten Fenstern, ein weiteres das lautere Hören von klassischer Musik bei geöffneter Bürotür: Im ersten Fall könnte die Botschaft sein: »Hört her! Ich bin ein cooler, harter, männlicher Typ!« Die Botschaft im zweiten Fall könnte sein: »Hört her! Ich kenne mich aus mit klassischer Musik. Ich bin ein Mensch der Kultur und des feinen, intellektuellen Geschmacks!« Für viele Menschen steht beim Hören bestimmter Musik aber weniger das Impression-Management im Vordergrund als vielmehr das individuelle Lebensgefühl, das durch die Musik ausgedrückt und geformt wird. Musik ist in solchen Fällen sowohl Ausdruck der eigenen Identität als auch Mittel zur >Arbeit< an der eigenen Identität (vgl. zum Begriff der *Identitätsarbeit*: VORDERER 1996b: 322), trägt also zur Selbstfindung und zur Selbstverwirklichung bei.

Für viele Menschen stellt Musik sogar *Lebenshilfe* dar (GIBSON/AUST/ZILLMANN 2000; RÖSING 1992). Über das Hören von Musik können beispielsweise Erlebnislücken des eigenen Lebens kompensiert werden. Die Musik kann dazu beitragen, zumindest für die Dauer der Rezeption aus dem >grauen< Alltag auszusteigen und in eine Phantasiewelt zu entfliehen. Musik und insbesondere das Radio in Gestalt der Radiomoderator/-innen können als *sozialer Ersatz* fungieren und dazu beitragen, dass Hörer/-innen sich weniger einsam fühlen. Die hier genannten Motive sind *eskapistischer* (zum Phänomen des Eskapismus vgl. KATZ/FOULKES 1962; HENNING/VORDERER 2001) oder auch *parasozialer* Natur (HORTON/WOHL 1956; VORDERER 1996a; SCHRAMM/HARTMANN/KLIMMT 2002; zum Phänomen im Kontext der Radiorezeption vgl. RUBIN/STEP 2000).

Insgesamt sind für die Rezeption von Musik also in erster Linie *affekti-ve* Motive entscheidend (SLOBODA/O'NEILL 2001; vgl. zur Radiorezeption: KELLER 1992). Beim Radio kommt zu den oben genannten Motiven noch das Bedürfnis nach *Informationen* und persönlicher *Integration* hinzu, das unter anderem die Rezeption von Nachrichten und (regionalen) Magazinen erklärt (vgl. zu Motiven der Hörfunknutzung im Überblick: ECKE 1991; ECKHARD 1986; EHLERS 1989; RADIO MARKETING SERVICE 1995).

5.2.3 Auswahl von Musik durch ›Selective Exposure‹, Routinen und Nutzungsmuster sowie Musikpräferenzen

Die Forschung in der Tradition des Uses-and-Gratifications-Ansatzes geht davon aus, dass sich Mediennutzer/innen ihrer Bedürfnisse überwiegend bewusst sind und geeignete Medieninhalte bewusst und zielgerichtet auswählen, um die gewünschten Gratifikationen zu erhalten. Der Selective-Exposure-Ansatz (ZILLMANN/BRYANT 1985b) sieht dieses Verhalten eher als die Ausnahme. In der Regel seien sich die Rezipient/-innen ihrer Bedürfnisse nicht bewusst. Mediennutzung werde nur insofern geplant, als dass die Entscheidung getroffen werde, überhaupt die Medien zu nutzen. Die nachfolgende Wahl eines speziellen Medieninhalts werde, obwohl mit Absicht vollzogen, ohne Kenntnis der zugrunde liegenden Bedürfnisse getätigt. Wenn, so die Annahme, der gewählte Inhalt die Rezipient/-innen anspricht und ihre Bedürfnisse befriedigt, bleiben sie dabei, wenn sie der Inhalt langweilt und ihre Bedürfnisse nicht befriedigt, wenden sie sich der nächsten Option zu (ZILLMANN/BRYANT 1985a). Abgelehnte Optionen werden im Gedächtnis behalten und in der Folge vermieden, während sich die Rezipient/-innen an das für sie in der jeweiligen Situation optimale Medienangebot herantasten. Die Wahl des Medieninhalts erfolgt also eher nach dem Ausschlussprinzip und nicht in der Form eines gezielten Anwählens bestimmter Medienangebote (obwohl Zillmann und Bryant diese Möglichkeit auch nicht ausschließen). Auch bei der Musikrezeption könnte dieser Mechanismus greifen: Haben die Hörer/-innen beispielsweise das Bedürfnis, sich nach einem stressigen Arbeitstag zu beruhigen, werden sie wahrscheinlich eher nach ruhiger, nicht aggressiver Musik suchen. Sie werden also aus ihrer CD-Sammlung nacheinander verschiedene Musik einlegen, bis sie auf eine

Musik stoßen, die ruhig ist und ihrem Stress entgegen wirken kann. Diejenige Musik, die in dieser Situation als nicht passend empfunden wird, dürfte in Zukunft in vergleichbaren Situationen bzw. bei vergleichbarer Bedürfnislage vermieden werden. Diejenige Musik, die aus dem Auswahlprozess als ›Sieger‹ hervorgeht, hat auch in Zukunft gute Chancen, bei Stress eingelegt zu werden.

Wichtig für die Auswahl von Musik sind zudem *Nutzungsmuster* und *Routinen*. »Die Herausbildung von Routinen ist ein entscheidendes Instrument, um wichtigen Bedürfnissen und Aufgaben im Alltag einen festen Platz zu schaffen, ohne diese täglich neu organisieren zu müssen« (SCHRAMM/HASEBRINK 2004). Diese Routinen sind im Bereich der Fernsehrezeption intensiv untersucht worden (vgl. z.B. BARWISE/EHRENBERG 1988; GOODHARDT/EHRENBERG/COLLINS 1987) und sind teilweise auf die Musikrezeption zu übertragen. So ist beim Fernsehen von dem Phänomen der *Kanaltreue* die Rede: Rezipient/-innen zeigen die Tendenz, unabhängig vom konkreten Inhalt die Angebote bestimmter bevorzugter Fernsehkanäle eher zu sehen als die anderer Kanäle. Damit zusammen hängen die so genannten *Vererbungseffekte*. Zwischen zwei aufeinander folgenden Sendungen eines Kanals bestehen besonders hohe Publikumsüberlappungen. Programmplaner/-innen versuchen, solche Effekte gezielt auszunutzen, um optimale ›audience flows‹ zu erreichen. Auch im Bereich der Musikrezeption werden diese Mechanismen ausgenutzt: Radiohörer/-innen weisen zum Beispiel eine hohe Treue zu ihrem Lieblingsradiosender auf. Zu bestimmten Anlässen (Autofahrt zur Arbeit) oder Tageszeiten (morgens beim Aufstehen) schalten die meisten Radiohörer/-innen immer die gleichen Sender und Programme ein, weil sie wissen, welche Inhalte und welche Musik ihnen wann und auf welchen Sendeplätzen geboten werden. Sie möchten sich auf die Programme verlassen können und keine ›bösen‹ Überraschungen mit ungewohnter oder ungeliebter Musik erleben. Das Umschalten beim Radiohören ist daher eher selten (PETERS 2003). Auch bei der Nutzung von Tonträgern ist eine Art *Treue* der Hörer/-innen auszumachen: Hat man sich erst einmal für ein bestimmtes Musikgenre und bestimmte Bands und Interpret/-innen entschieden, so bleibt man ihnen in der Regel lange Zeit treu. Das äußert sich zum Beispiel darin, dass man die CD-Regale im Plattenladen immer nach den gleichen Kategorien absucht oder dass man Neuerscheinungen von bestimmten Bands prinzipiell kauft, ohne sie zuvor angehört zu haben. Dies ist sicher auch mit dem Musikgeschmack an sich zu erklären, ist aber gleichermaßen eine Strategie, sich im großen Angebot an Musik zurechtzufinden sowie ein positives Gefühl der Vertrautheit und Gewohnheit zu bekommen.

Eine weitere Parallele zur Fernsehforschung liegt im Befund, dass Rezipient/-innen ein eingeschränktes persönliches Kanalrepertoire (›relevant set‹) aus etwa sieben bis zehn Kanälen aufweisen, in dem sie sich zumeist bewegen (BARWISE/EHRENBERG 1988; GOODHARDT/ EHRENBERG/COLLINS 1987). Man kann hier von so genannten ›Kanalheimaten‹ sprechen, auf die sich die Zuschauer/-innen konzentrieren und in denen sie sich gut auskennen. Bei der Musik dürfte es ähnlich sein: Die meisten Hörer haben ein überschaubares persönliches Repertoire bzw. ›relevant set‹ an Musikquellen/-kategorien, aus denen sie sich bedienen. Fragt man Personen danach, welche Musik sie im Allgemeinen so hören, werden in der Regel tatsächlich nur eine Hand voll Kategorien genannt. Zwar haben die meisten de facto eine größere Anzahl unterschiedlicher Musik zu Hause verfügbar, greifen dann aber doch immer wieder zu den gleichen Tonträgern. Das ›relevant set‹ kann sich im Verlauf der Zeit ändern, bleibt aber insbesondere bei älteren Personen über Jahre hinweg sehr stabil, da diese Personengruppe durch neue Musikeinflüsse entweder nicht erreicht wird oder sich ihnen verschließt.

Das ›relevant set‹ an Musik impliziert, dass es sich dabei um die Lieblingsmusik der Hörer/-innen handelt. Eng verbunden mit den Routinen und Nutzungsmustern sind somit die *Musikpräferenzen* und der *Musikgeschmack* (im Überblick: BEHNE 1986b, 1993a). Abeles (1980) schlägt vor, *aktuelle* Entscheidungen zugunsten spezifischer Musik als ›Präferenzen‹ und *langfristige* Orientierungen an Musik als ›Geschmack‹ zu bezeichnen. Für die dieser Arbeit zugrunde liegenden Fragestellungen sind darüber hinaus die *situativen Präferenzen* von besonderer Bedeutung. Hierbei ist nicht nur von Interesse, welche Musikgenres in welchen Situationen von welchen Personengruppen präferiert werden, sondern insbesondere, welche Funktionalität die Musik in den jeweiligen Situationen übernimmt (vgl. Kap. 5.2.4). »Der Vorschlag von Schulten (1990: 52), auch den gegenteiligen Begriff der ›Postreferenzen‹ zu verwenden, verdient deshalb Beachtung, weil musikalische Abneigungen sich in der Praxis oft mindestens ebenso stark auswirken wie Präferenzen und weil ihnen ›Energien‹ innewohnen können, die zum Verständnis des Gesamtphänomens unerläßlich sind« (BEHNE 1993a: 340).

Entscheidend für die Entwicklung individueller Präferenzen ist zum einen die Sozialisation in die Eigenarten der Musik des betreffenden

Kulturkreises (in der westlichen Welt zum Beispiel: 12-stufige Tonskala, Tonalität, durchlaufendes Metrum), zum anderen die auswählende Orientierung an einem Teil des verfügbaren Musikangebots. Die erstgenannte Sozialisation vollzieht sich im ersten Lebensjahrzehnt, der Höhepunkt der Orientierung am Musikangebot ist im zweiten Lebensjahrzehnt anzusetzen, wobei Eltern, Gleichaltrige (›peer groups‹), die/der Einzelne selbst sowie die Medien diesen Entwicklungsprozess beeinflussen können – die Eltern meist noch bis zum zehnten Lebensjahr, während der Pubertät dann fast ausschließlich die anderen Instanzen (BEHNE 1993a: 345-346).

Generell zeichnen sich Präferenzunterschiede in Abhängigkeit personenbezogener Größen wie etwa des Geschlechts, des Alters, des Sozialstatus, der Bildung oder der Persönlichkeit ab (vgl. im Überblick auch GEBESMAIR 2001). So lieben Männer tendenziell eher ›härtere‹ Musikgenres wie Rock und Heavy Metal, Frauen ›weichere‹ Genres wie Schlager, Pop und Evergreens (BONFADELLI 1986). Auch beurteilen Frauen klassische Musik in der Regel positiver, was sich unter anderem darauf auswirkt, dass sie von den Männern attraktiver wahrgenommen werden, während die Attraktivität von Männern gegenüber Frauen steigt, wenn sie vorgeben, Heavy Metal zu mögen (ZILLMANN/BHATIA 1989). Der Einfluss des Musikgeschmacks auf die Wahrnehmung anderer Menschen im Hinblick auf Attraktivität macht sich schon im Jugendalter bemerkbar. Knobloch, Vorderer und Zillmann (2000) konnten zeigen, dass wahrgenommene Musikpräferenzen den Wunsch nach Freundschaft unter Jugendlichen beeinflussen. Allerdings sind in diesem Alter die geschlechtskonformen Stereotypen (wie in der Studie von ZILLMANN/BHATIA 1989) noch nicht so stark ausgeprägt, obwohl bereits Unterschiede zwischen Mädchen und Jungen vorliegen. In Bezug auf Jugendliche konnte Behne (1986b) zeigen, dass Mädchen oft ›angepasstere‹ Musikpräferenzen nennen und sich eher am ›Mainstream‹ orientieren, Jungen dagegen oft eine Tendenz ins Ausgefallene, Nonkonforme aufweisen. Finnäs (1987) wies in diesem Zusammenhang darauf hin, dass ›männliche‹, ausgefallene, nonkonforme Musikpräferenzen hinsichtlich ihres Stellenwerts oft überschätzt werden und von Heranwachsenden stärker als Orientierungsmodell herangezogen werden. Christenson und Peterson (1988) konnten zeigen, dass Frauen und Männer sich oft nur marginal in ihren verbalen Musikpräferenzen (zu den verschiedenen Ebenen von Musikpräferenzen vgl. BEHNE 1986b) unterscheiden, dass Musik aber für Frauen und Männer oft unterschiedliche Funktionen übernimmt. So würde Musik zum Beispiel von Frauen in stärkerem Maße als von Männern zur Stimmungsregulation benutzt. Hinsichtlich der Zusammenhänge zwischen der Persönlichkeit und Musikpräferenzen weisen Einzelbefunde darauf hin, dass die Persönlichkeit sicher nicht unbedeutend ist. Jedoch können allgemeingültige Aussagen bisher nur schwer getroffen werden. Empirisch wurden bisher ein negativer Zusammenhang zwischen Intelligenz und der Präferenz für Schlager (MAYR/PÜRMAYR 1985), ein negativer Zusammenhang zwischen ›Sensation Seeking‹ und der Präferenz für Filmmusik sowie ein positiver Zusammenhang zwischen ›Sensation Seeking‹ und der Präferenz für Rock und klassische Musik (LITLE/ZUCKERMAN 1986; vgl. zum Begriff des Sensation Seekings: ZUCKERMAN 1979) belegt. Außerdem korreliert ein aggressives Wesen mit der Präferenz für Heavy Metal (PARKER 1986).

Mit Blick auf das Alter als Einflussgröße lässt sich beobachten, dass Modifikationen des Musikgeschmacks vereinzelt bis ins hohe Alter möglich sind. Allerdings ist es nach einer Studie von Holbrook und Schindler (1989) wohl die Musik, die wir im Alter von 23,5 Jahren gehört haben,»die uns [ein Leben lang] nicht aus den Ohren will« (BEHNE 1993a: 346). Darüber hinaus ist es selbstverständlich entscheidend für den Musikgeschmack, in welcher Zeit bzw. in welchen Jahrzehnten man mit Musik sozialisiert wurde. So sind Musikpräferenzunterschiede zwischen Menschen verschiedenen Alters nicht nur auf die so genannten *Alterseffekte* (mit steigendem Alter steigt in der Regel die Präferenz für klassische Musik und sinkt die Offenheit für neue Musikrichtungen), sondern in erster Linie auf die so genannten *Generationseffekte*, die sich aus der zeitgeschichtlichen Entwicklung von Musik(stilen) und den entwicklungspsychologischen Phasen des Umgangs mit Musik (DOLLASE 1997) ergeben, zurückzuführen (vgl. in diesem Sinne auch LEHMANN 1994: 114f.).

Bedeutend für die Ausbildung von Musikpräferenzen ist auch der Sozial- und Bildungsstatus, der wiederum vom Sozial- und Bildungsstatus der Eltern geprägt wird. Haben die Eltern eine musikalische Ausbildung an einem Instrument genossen, so werden die Kinder in der Regel auch an ein Instrument herangeführt (BASTIAN 1991). Damit einhergehend steigt die Präferenz für klassische Musik. Abiturient/-innen haben weiterhin eine höhere Präferenz für klassische Musik als Volks- und Hauptschüler/-innen. Diese haben dagegen eine höhere Präferenz für Popmusik als die Abiturient/-innen (BONFADELLI 1986). Diese Zusammenhänge sind gesellschaftlich ›gewachsen‹ und unterliegen ökonomisch-soziokulturellen Einflüssen (BOURDIEU 1982). Die Präferenz und Postferenz für bestimmte Genres dient der sozialen Distinktion bzw. der Abgrenzung von und Zuordnung zu bestimmten Milieus (BOURDIEU 1982; DIAZ-BONE 2001; SCHULZE 1992) und geht mit bestimmten kognitiven Schemata einher, die im Menschen angelegt werden (SCHULZE 1992). So zeichnet sich das ›Harmoniemilieu‹ durch eine vermehrte Präferenz für Schlager und Volksmusik aus, während das ›Niveaumilieu‹ mit ausgeprägten Präferenzen für Jazz und klassischer Musik einhergeht. Letzteres ist auch im ›Hochkulturschema‹ angelegt, während Schlager im ›Trivialschema‹ und Rockmusik im ›Spannungsschema‹ verortet sind (SCHULZE 1992).

Selbstverständlich lässt sich auch personenübergreifend der Musikgeschmack größerer Gruppen oder ganzer Völker und Nationen beschreiben. So hörten im Jahr 1999 zum Beispiel 34,7 Prozent der deutschen Erwachsenen mehrmals in der Woche Popmusik, 26,8 Prozent hören mehrmals Rockmusik und 26,2 Prozent Volksmusik. Schlager und Evergreens wurden sogar von 37,3 Prozent, klassische Musik hingegen nur von 10,9 Prozent mehrmals in der Woche gehört (ARBEITSGEMEINSCHAFT DER ARD-WERBEGESELLSCHAFTEN 1999: 69). Die Country-Musik zum Beispiel spielt dagegen in Deutschland nur eine marginale Rolle, rangiert dagegen in den USA unter den beliebtesten und meist gehörten Genres.

5.2.4 Musikauswahl nach Iso- und Kompensationsprinzip

Im speziellen Kontext der Musikauswahl zum Zwecke des Mood Managements lässt sich ein Konzept aus der Musiktherapie anfügen, das ebenfalls eine Stimmungsregulation – jedoch nicht bewusst oder unbewusst von den Rezipient/-innen ausgehend, sondern von Therapeut/-innen initiiert – beschreibt. Die Rede ist vom Isoprinzip.

> Das Prinzip des Iso besagt, daß für einen musiktherapeutischen Handlungsansatz die syntaktische und semantische Beschaffenheit der verwendeten musikalischen Parameter dem aktuellen psychischen Status des Patienten entsprechen muß. [...] Wenn also ein Patient depremiert ist, so wird sich eine traurige, in Moll gehaltene Melodie seiner Stimmung am besten anpassen, während eine heitere Musik ihn unter Umständen am Anfang sogar noch depremierter machen kann. [...] Wenn aber die Musik der Stimmung des Patienten angeglichen ist, läßt er sich zu einer andersartig gestimmten Musik hinführen. [...] Unter lerntheoretischem

und kommunikationstheoretischem Aspekt läßt sich das Prinzip des Iso interpretieren als eine Strategie, die beim Patienten diejenigen gelernten Kommuni-
kationsmuster aufsucht, über die eine Interaktion möglich ist unter Vermeidung
zunächst derjenigen Kommunikationsebenen, die auf Grund des pathologischen
Status zu einer Bekräftigung des pathologischen Verhaltens führen würden. [...]
[Das Isoprinzip versucht also eine] musikalische Ausgangsbasis für musiktherapeutische Handlungsvollzüge zu schaffen, die dem Patienten im Interesse der
therapeutischen Zielfunktion die Voraussetzung ermöglicht, seine eigenen Aktivitäten zur Überwindung der spezifischen pathologischen Beeinträchtigungen zu
mobilisieren (SCHWABE 1986: 161-162).

Ein *Kompensationsprinzip* hingegen wird in der Literatur meist gar
nicht genannt. Es müsste in Anlehnung an das Isoprinzip eine Kompensation der jeweiligen Stimmung durch den anfänglichen Einsatz *konträrer*
Musik beschreiben. Streng genommen bezieht sich das ›Iso‹ und die
›Kompensation‹ in der Bezeichnung der beiden Prinzipien nur auf die
Musik*auswahl*, denn Ziel bzw. Effekt der Musikauswahl und des nachfolgenden Hörens ist bei der Therapie stets die Kompensation eines negativen Zustandes. Nun ist es ja nicht in jedem Fall so, dass Rezipient/-innen
ihre Stimmung stets kompensieren wollen. Entscheidend dürfte im
Sinne Behnes (1984) sein, ob sie mit ihrer aktuellen Stimmung zufrieden
sind oder nicht. Nur im zweiten Fall wird eine Kompensation erfolgen.
Demnach könnte man eine Musikauswahl auch im Hinblick darauf beurteilen, ob eine Stimmung im Sinne eines *Isoeffektes* beibehalten oder ob
die Stimmung im Sinne eines *Kompensationseffektes* gewechselt werden
soll (vgl. hierzu: BEHNE 1984). Betrachtungsebene ist hier also die Wirkung der Musik und nicht die Passung der Musik zur Ausgangsstimmung. Diese beiden Differenzierungsebenen werden speziell in der zweiten Studie dieser Arbeit wieder aufgegriffen (vgl. Kap. 8).

Während in Kapitel 3.4 schon auf die *kommunikationswissenschaftlichen* Studien eingegangen wurde, die sich mit Mood Management durch
Medien im Allgemeinen und durch Musik im Speziellen beschäftigten,
soll an dieser Stelle ein kurzer Überblick über die *musikpsychologischen*
Studien mit Implikationen für das Mood Management durch Musik
erfolgen. Dieser Überblick ist insbesondere an dieser Stelle angebracht,
da die meisten der folgenden Studien unter dem Blickwinkel des Iso- und
Kompensationsprinzips standen und in dieser Weise auch ausgewertet
wurden. Geradezu vorbildlich nehmen die Studien Bezug aufeinander
und ergänzen sich somit in ihren Ergebnissen. Konecni (1979, 1982)

untersuchte als Erster unter dem Paradigma der New Experimental Aesthetics (BERLYNE 1974) den Einfluss von (variierten bzw. experimentell manipulierten) Stimmungslagen auf das ästhetische Wahlverhalten. Er konnte zum Beispiel zeigen, dass verärgerte Personen, die Gelegenheit haben, sich abzureagieren, anschließend komplexere Musik bevorzugen als Personen, die keine Gelegenheit zum Abreagieren haben. Die externe Validität der Ergebnisse ist jedoch aufgrund der Künstlichkeit der Untersuchungssituationen und der dabei eingesetzten computergenerierten musikalischen Stimuli eingeschränkt.

Schaub (1981) untersuchte Musikwünsche in Abhängigkeit von der aktuellen Stimmung der Hörer und wollte damit explizit das Isoprinzip überprüfen. Demnach hätten zum Beispiel Personen, die sich traurig fühlten, eher ein trauriges als ein fröhliches Musikstück, und Personen, die sich erschöpft fühlen, eher ein ›müdes‹, langsames als ein belebtes, schnelles Musikstück präferieren müssen. Er konnte belegen, dass Personen, die sich traurig fühlten, vergleichsweise weniger heitere Musik präferierten als Personen, die freudig gestimmt waren (SCHAUB 1981: 272). Damit konnte er das Isoprinzip nur *relativ*, aber nicht absolut bestätigen, da sowohl die traurigen als auch die fröhlichen Personen mehr freudige als traurige Musik auswählten. Das absolute Isoprinzip konnte hingegen bei keiner der vier abgefragten Stimmungsdimensionen nachgewiesen werden. Wer sich angespannt fühlte, wünschte sich keine erregende, sondern eher beruhigende Musik. Wer sich aggressiv fühlte, wünschte sich keine aggressive, sondern eher friedvoll-weiche Musik. Wer sich erschöpft fühlte, wünschte sich primär lebhafte und heitere Musik, und wer sich traurig fühlte, wollte eher frohe Musik hören.

Behne (1984) erhob zusätzlich noch die individuelle Zufriedenheit seiner Proband/-innen mit deren aktueller Befindlichkeit, also die Meta-Emotion (vgl. Kap. 3.3). Er konnte zeigen, dass nur diejenigen, die mit ihrer eigenen Befindlichkeit zufrieden waren, Musik entsprechend des Isoprinzips auswählten. Insgesamt konnte Behne mehr Musikwünsche nach dem Isoprinzip als Schaub finden, was er darauf zurückführt, dass seine Stichprobe etwas besser gestimmt und mit dieser Stimmung zufriedener waren als bei der Stichprobe Schaubs.

In einer zweiten Studie (BEHNE 1986a) mit 391 Schüler/-innen konnte Behne zeigen, dass die Musikwünsche insbesondere bei negativen Stimmungen wie Trauer und Ärger interindividuell auseinander fallen (vgl. Abb. 9). Der Grund hierfür liege nicht nur in der Zufriedenheit oder

Unzufriedenheit mit einer Stimmung, sondern auch in dem spezifischen Motiv des Musikhörens. So würde der Musikwunsch C34 (vgl. Abb. 9) beispielsweise in einer direkt angestrebten Kompensation der Trauer ohne jegliche kognitive Verarbeitung bzw. Trauerarbeit begründet liegen, während Musikwunsch C103 ein Aufrechterhalten der Trauer und eine damit eventuell einhergehende Verarbeitung nahe legt. Aufgrund des unspezifischen Profils C77 sei darüber hinaus zu vermuten, dass die betreffenden Schüler/-innen hier de facto gar keine Musik hören wollten (diese Option sollte bei Studien dieser Arbeit stets mitbedacht werden). Behne weist als Fazit auf die hohe Bedeutung der Persönlichkeitsstruktur von Menschen hin, die einen großen Einfluss auf die situativen Musikwünsche und Motive des Musikhörens habe.

Diesen Gedanken griff wiederum Gembris (1990) in seiner Studie auf und untersuchte Zusammenhänge zwischen befindlichkeitsspezifischen Musikpräferenzen und Persönlichkeitsmerkmalen. Zunächst ermittelte er wie Behne unterschiedliche Musikpräferenzprofile für die vier Befindlichkeiten Freude, Trauer, Ärger und Zufriedenheit und verschiedene Clusterprofile für jede dieser vier Stimmungen. So gab es auch bei ihm bezogen auf die Stimmungslage Trauer verschiedene Gruppen von Hörer/-innen. Cluster 1 (›friedvoll-Expressive‹) hört streng nach dem Isoprinzip traurige, gefühlvolle, langsame, weiche Musik, um die Trauer auszuleben und sich durch die Musik verstanden zu fühlen. Cluster 3 (›aggressive Verdränger‹) bevorzugt schnelle, sehr aggressive und gleichzeitig traurige, lebhafte und erregende Musik. Hier ist also Traurigkeit mit Aggressivität und Härte verbunden, und viele der Personen aus diesem Cluster gaben an, damit der Trauer mit Härte entgegenzutreten und sie zu verdrängen. Cluster 2 (›zurückhaltend-Expressive‹) liegt zwischen Cluster 1 und 3: Personen dieser Gruppe präferieren eher langsame, leicht aggressive und erregende, aber insbesondere traurige Musik – eine Musik, die vielleicht am besten mit ›ausgeglichener‹ Musik beschrieben werden kann. Nach den Kommentaren der betreffenden Personen soll diese Musik der Trauer nicht radikal entgegenstehen, sie aber kontrollierbar machen (für einen detaillierten Vergleich zwischen den Ergebnissen der Behne-Studie und der Gembris-Studie vgl.: GEMBRIS 1990: 86-88). Gembris analysierte im Anschluss die Ausprägungen der Persönlichkeitsmerkmale in den einzelnen Clustern und stellte fest, dass sich in den Stimmungen Trauer/Depression sowie Zufriedenheit hinsichtlich der Persönlichkeitsmerkmale kaum nennenswerte Unterschiede zwischen

ABBILDUNG 9
Ausdrucksstimmungsprofil vier ausgewählter Musikwünsche bei Trauer

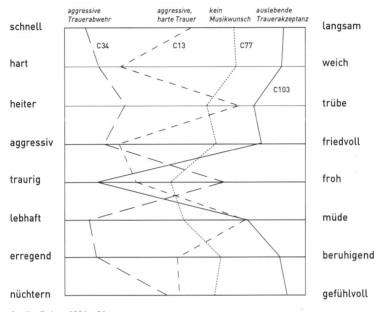

	aggressive Trauerabwehr	aggressive, harte Trauer	kein Musikwunsch	auslebende Trauerakzeptanz	
schnell					langsam
hart					weich
heiter					trübe
aggressiv					friedvoll
traurig					froh
lebhaft					müde
erregend					beruhigend
nüchtern					gefühlvoll

Quelle: Behne 1986a: 21

den Gruppen ergaben. In Situationen der Erleichterung/Freude hingegen neigen Personen mit einem Hang zu Erregbarkeit, Aggressivität und Emotionalität dazu, das Gefühl der Freude durch eine entsprechende Musik zum Ausdruck zu bringen. In Situationen der Wut und des Ärgers tendieren dagegen gehemmte Personen eher dazu, die Wut durch beruhigende Musik zu dämpfen, statt sie zum Ausdruck zu bringen. Je nach Situation können also unterschiedlichste Persönlichkeitsmerkmale zur Varianzaufklärung beitragen. Gembris argumentiert weiter, dass Persönlichkeitsmerkmale im Gegensatz zu situativen Musikpräferenzen durch situationsübergreifende Erfahrungen geprägt sind und daher auch eher situationsübergreifende Musikpräferenzen erklären können. Zu diesem Zweck mittelte er die Musikwünsche über die vier Situationen hinweg und korrelierte sie mit den Persönlichkeitsmerkmalen. Tabelle 14 gibt Aufschluss über die Zusammenhänge. Danach – berücksichtigt man bei der Interpretation die Polung der Ausdrucks-Items – bevorzugen Personen zum Beispiel umso aggressivere, erregendere, trübere und traurigere Musik, desto emotional labiler (hohe Emotionalität) sie sind (weitere Zusammenhänge sind entsprechend aus der Tabelle zu lesen).

TABELLE 14
Zusammenhänge zwischen Persönlichkeitsmerkmalen und situationsübergreifenden Musikpräferenzen

	Aggressivität	Emotionalität	Körperliche Beschwerden	Lebenszufriedenheit	Soziale Orientierung	Gesundheitssorgen	Gehemmtheit
aggressiv-friedvoll	-.29 ~	-.29 ~					
erregend-beruhigend	-.27 ~	-.27 ~					
schnell-langsam			-.30 *				
heiter-trübe		.32 *		-.42 **	-.31 *	.35 *	
traurig-froh		-.35 *		.44 **	.29 ~	-.29 ~	
lebhaft-müde			-.28 ~				.36 *

**: p ‹ .01; *: p ‹ .05 ~:p ‹ .10; Pearsons r. Quelle: Gembris 1990: 92-93

   Die Proband/-innen in den Studien von Schaub, Behne und Gembris konnten über ihre situativen Musikpräferenzen bzw. über die Musik, die sie in bestimmten Stimmungslagen gerne hören würden, allerdings nur Vermutungen anstellen; sie haben die Musik keineswegs tatsächlich ausgewählt und gehört. Hier liegt eventuell ein kleines Defizit der musikpsychologischen Forschung in diesem Bereich. Die meisten der vorliegenden Ergebnisse beziehen sich lediglich auf (von den Befragten) vermutete Musikauswahlprozesse. Diese Ergebnisse dürften – wie Behne (1984) auch in Bezug auf situative Musikpräferenzen einräumt – aufgrund stereotyper Musikwünsche und naiver Theorien über die Wirksamkeit von Musik in hohem Maße von den Konstruktionen der Befragten verzerrt sein (vgl. hierzu auch: CLEMENS 1985). Sie bilden somit Kognitionen, aber keine Handlungen im Sinne von realen Musikselektionen ab. Es stellt sich somit die Frage, ob die Proband/-innen in der Realität in einer vergleichbaren Stimmung tatsächlich zu der Art von Musik greifen, die sie mittels der semantischen Differenziale in den Studien angeben. Denn in der Realität bestimmen viele zusätzliche Faktoren in Interaktion miteinander, welche Musik eingelegt und gehört wird (z. b. soziale Situation: ist noch jemand anderes anwesend; z. b. Verfügbarkeit der Musik: habe ich die gewünschte Musik gerade griffbereit oder muss ich auf eine Alternative ausweiche). Dazu kommt, dass die Proband/-innen eine zweite kognitive Leistung vollbrachten, indem sie sich vorstellen mussten, in den jeweiligen Stimmungslagen zu sein. Ob sich die Unterschiede in den Profilen der situativen Musikpräferenzen ebenfalls in dieser Weise zeigen, wenn die Proband/-innen tatsächlich die entsprechende Stimmung aufweisen, ist eine weitere empirische Frage.

5.3 Kommunikative Phase: Musikrezeption im engeren Sinn

Wie bereits zu Beginn des Kapitel 5 erwähnt wurde, ist die eigentliche Rezeptionsphase von zentraler Bedeutung für die Stimmungsregulation. Denn allein das Motiv, die Stimmung zu regulieren, und das Auswählen spezifischer Musik verändern noch keine Stimmungslage. Die Musik muss in jedem Fall gehört werden. Erst während der Rezeptionsphase entscheidet sich also, ob (auch für die post-kommunikative Phase) eine Stimmungsveränderung erreicht werden kann. Im Folgenden werden somit Merkmale der Musikrezeption im engeren Sinne beschrieben. Zunächst erfolgt ein Überblick über die generelle Nutzung von Musik im Alltag, der unter anderem Hinweise gibt, welche Personengruppen mehr oder weniger Musik (eventuell auch zum Zweck der Stimmungsregulation) hören und welche Musikmedien wie stark genutzt werden (Kap. 5.3.1). Die Rezeptionsphase wird nicht nur durch die Hördauer, sondern insbesondere auch durch die Art des Musikhörens – den Rezeptionsmodus bzw. die Hörweise – determiniert. Da vermutet wird, dass bestimmte Hörweisen auch die stimmungsregulierende Wirkung von Musik begünstigen können, erläutert Kapitel 5.3.2 die wichtigsten Erkenntnisse in diesem Bereich. Abschließend wird in Kapitel 5.3.3 die Perspektive auf den Rezeptionsprozess nochmals geweitet, indem unterschiedliche Zeitperioden, in denen sich Musikrezeption verändern kann, angesprochen werden.

5.3.1 *Alltägliche Nutzung von Musik*

Welchen Stellenwert das Hören von Musik über Radio und Tonträger im Vergleich mit der Nutzung anderer Medien und sonstiger Freizeitaktivitäten hat, zeigt Tabelle 15. Danach hören immerhin 82 Prozent aller Bundesbürger ab 14 Jahren mehrmals pro Woche Radio und 43,1 Prozent hören mehrmals pro Woche Tonträger. Das Lesen von Zeitungen verzeichnet eine ähnlich hohe Reichweite (80,1%) wie die Radionutzung, nur das Fernsehen hat eine größere Bedeutung (89,2%). Sport treiben (39,2%) und Ausgehen (10,4%) sind hingegen von wesentlich geringerer Bedeutung. Anhand der Geschlechterdifferenzierung erkennt man, dass ein wenig mehr Frauen als Männer das Radio mehrmals pro Woche nutzen, dass die Männer jedoch die Tonträger zu einem etwas höheren Prozentsatz mehrmals pro Woche nutzen. Bei der Altersgruppendifferenzierung fällt auf, dass der Anteil derjenigen, die mehrmals pro Woche Tonträger hören, mit steigendem Alter stets abnimmt, dass Tonträger also mit steigendem Alter eine geringere Rolle in der alltäglichen Musiknutzung spielen. Bei der Radionutzung tritt dieser Effekt wiederum nicht ein. Die höchsten Zahlen (oberhalb von 80%) weisen die Altersgruppen zwischen 30 und 69 Jahren auf, was darauf zurückzuführen sein könnte, dass diese

TABELLE 15

Mediennutzung und Freizeitbeschäftigung in %

Mehrmals in der		Geschlecht		Alter (Jahre)						
Woche ...	Ges.	Mann	Frau	14-19	20-29	30-39	40-49	50-59	60-69	70+
Zeitungen lesen	80,1	80,5	79,7	51,4	65,0	73,7	84,5	89,3	91,6	88,2
Zeitschriften lesen	36,0	35,0	36,8	31,7	30,7	30,4	33,7	39,0	40,6	43,8
Bücher lesen	36,9	27,3	45,7	32,4	35,2	34,7	36,2	36,0	38,9	42,9
Fernsehen	89,2	87,5	90,7	89,0	81,8	84,6	86,1	90,8	95,2	96,0
Radio hören	82,0	81,4	82,6	74,1	75,3	82,0	85,7	86,0	86,5	78,3
Tonträger hören	43,1	44,5	41,9	77,3	65,3	52,9	43,2	36,6	27,7	18,9
Videokass. ansehen	8,3	9,4	7,3	14,7	12,2	8,7	7,1	6,7	7,0	5,7
Sport treiben	39,2	41,1	37,5	65,4	44,6	36,0	37,5	35,2	40,4	29,6
Ausgehen	10,4	13,2	7,8	32,7	21,6	9,1	6,1	5,6	6,1	5,5

Personen ab 14 Jahren; Quelle: Arbeitsgemeinschaft der ARD-Werbegesellschaften 2004: 69

Altersgruppen in der Regel berufstätig sind und auf dem Weg zur Arbeit/ von der Arbeit in einem höheren Maße regelmäßig Radio hören.

Nun sagt diese Tabelle 15 lediglich etwas über den Anteil der Personen mit mehrmaliger Nutzung von Radio/Tonträger pro Woche aus, aber nicht über die Nutzungsdauern. Wie viel Zeit pro Tag insgesamt für das Hören von Musik verwendet wird, ist nur annähernd zu beziffern. Tabelle 16 gibt erste Anhaltspunkte: Im Durchschnitt hörte im Jahr 2004 ein Erwachsener (im Alter von 14 Jahren oder älter) in Deutschland 196 Minuten Radio pro Tag. Vergleicht man die Jahre 2002, 2003 und 2004, ist ein leichter Rückgang der Radionutzung zu erkennen. Männer hören circa fünf Minuten länger Radio pro Tag als Frauen. Die Altersgruppen von 30 bis 59 Jahren weisen mit fast vier Stunden Radionutzung pro Tag die höchsten Werte auf – wahrscheinlich wiederum bedingt durch die Berufstätigkeit. Bei Jugendlichen im Alter von 14 bis 19 Jahren spielt die Radionutzung mit durchschnittlichen 122 Minuten am Tag eine vergleichsweise geringere Rolle.

Für diese junge Altersgruppe sind andere Musikmedien relevanter, was sich unter anderem auch in der Tonträgernutzung zeigt: Die Jugendlichen haben mit durchschnittlichen 75 Minuten pro Tag den höchsten Wert. Mit steigendem Alter sinkt die tägliche Tonträgernutzung auf durchschnittlich sieben Minuten bei Personen im Alter von 70 Jahren und älter. Hier spielen sicher nicht nur Alterseffekte, sondern auch Generationeneffekte bzw. die geringere Sozialisation der älteren Generationen mit Tonträgern eine entscheidende Rolle. Deshalb ist nicht davon auszugehen, dass die heutigen Jugendlichen einen ähnlich starken Rückgang in der Tonträgernutzung zeigen, wenn sie älter werden.

Die Tonträgernutzung wird jedoch angesichts dieser Zahlen unterschätzt, denn es wurde nur die Nutzung von Schallplatten, Kassetten, CDs und Tonbändern erfasst. Alternative bzw. neuere Tonträger wie MiniDisc, DVD, MP3-Chips oder Musikvideos sind nicht erfasst. Und es ist mittlerweile bekannt, dass zumindest die Jugendlichen einen nicht unerheblichen Teil ihrer Musik auf der Computerfestplatte abgespeichert haben, also einen Großteil ihrer Musiknutzung auf den PC und das Internet entfällt: Im Jahr 2002 hörten mittlerweile 52 Prozent der Jugendlichen mehrmals die Woche/täglich Musik mit dem PC und 35 Prozent luden darüber hinaus mehrmals die Woche/täglich Musik aus dem Internet herunter (FEIERABEND/KLINGLER 2003: 457 u. 460). Jedoch hören nur 17 Prozent der erwachsenen Onlinenutzer (im Frühsommer 2003 waren dies 53,5% der bundesdeutschen Bevölkerung ab 14 Jahren

TABELLE 16
Zeitbudget für Radio und Tonträger

	Jahr 2002	Jahr 2003	Jahr 2004
Radio gesamt	202	196	196
Männer	207	201	199
Frauen	197	191	194
14-19 Jahre	127	113	122
20-29 Jahre	195	187	185
30-39 Jahre	234	221	221
40-49 Jahre	239	231	225
50-59 Jahre	224	222	222
60-69 Jahre	192	196	200
70 Jahre und älter	149	147	150
Tonträger* gesamt	23	24	24
Männer	24	24	29
Frauen	21	23	27
14-19 Jahre	53	60	75
20-29 Jahre	46	46	56
30-39 Jahre	28	31	32
40-49 Jahre	20	21	25
50-59 Jahre	14	14	18
60-69 Jahre	10	10	12
70 Jahre und älter	5	6	7

* Unter Tonträger fallen hier: Schallplatten, Kassetten, CDs, Tonbänder; in Min. pro Tag, 5:00-24:00 Uhr, Mo-So; Personen ab 14 Jahren; Quelle: Arbeitsgemeinschaft der ARD-Werbegesellschaften 2004: 68

bzw. 34,4 Millionen Personen) mindestens einmal pro Woche per Internet Audiodateien an; und die Internetradios werden sogar von nur sieben Prozent der erwachsenen Onlinenutzer mindestens einmal wöchentlich gehört (VAN EIMEREN/GERHARD/FREES 2003: 344). Gemessen am überwältigenden Musikangebot im Internet und der intensiven Nutzung anderer Musikmedien, fällt die Nutzung von Musik im Internet demnach also noch vergleichsweise gering aus.

Vor dem Hintergrund, dass Kapitel 5.1 und 5.2 schon auf diverse interindividuelle Unterschiede in der *Zuwendung* zu Musik bzw. den *Motiven* der Musiknutzung eingingen, unterstreichen diese Zahlen überdies interindividuelle Unterschiede in dem *Ausmaß* des Musikkonsums und

TABELLE 17
Aktivitäten beim Musikhören (n = 76)

Rang	Funktionen	Anteil der Befragten (in %)
1.	Arbeiten im Haus	22
2.	Autofahren, Joggen, Fahrrad fahren	22
3.	Arbeiten am Schreibtisch/Büroarbeit	14
4.	im Bett liegen, Einschlafen	14
5.	Essen	12
6.	Aufwachen/Aufstehen	6
7.	Mitsingen	6
8.	Lesen	6
9.	ein Bad nehmen	4
10.	Home-Fitness	4
11.	geselliges Beisammensein	4
12.	sexuelle/romantische Aktivitäten	4
13.	unterwegs sein mit öffentlichen Verkehrsmitteln (→ Walkman-Nutzung)	4
14.	bei der Ankunft zu Hause nach der Arbeit	2

Quelle: Sloboda/O'Neill 2001: 420; Übersetzung vom Autor

der *Nutzung* verschiedener Musikmedien. Bezüglich Art und Ausmaß der Musiknutzung lassen sich nicht nur Unterschiede mit Blick auf soziodemografische Merkmale feststellen, sondern auch mit Blick auf Persönlichkeitsmerkmale: Wünsch (2001) hat beispielsweise herausgefunden, dass extrovertierte Personen hochsignifikant mehr Musik hören als introvertierte Personen (zumindest in den von ihm untersuchten Zeitabschnitten von 45 Minuten; vgl. Kap. 3.4).

Nun wird Musik im Alltag meist nicht ihrer selbst wegen gehört, sondern erfüllt bestimmte Funktionen beim Verrichten anderer Tätigkeiten. Deshalb wird die alltägliche Nutzung von Musik nicht nur über das zeitliche Ausmaß, sondern in hohem Maße auch durch die Paralleltätigkeiten beim Musikhören charakterisiert. Eine detaillierte Aufschlüsselung möglicher Paralleltätigkeiten beim Musikhören liefern Sloboda und O'Neill (2001, vgl. Tab. 17).

Danach gaben in einer Studie 22 Prozent der befragten Personen an, Musik zu hören, während sie Arbeiten im Haus verrichten. Ebenso viele Personen fahren beim Musikhören Auto, Joggen oder fahren Fahrrad. 14

Prozent erledigen Büroarbeiten mit Musik im Hintergrund oder hören Musik im Bett bzw. beim Einschlafen. Weitere 12 Prozent hören Musik beim Essen (um hier nur einmal die meist genannten Aktivitäten beim Musikhören zu nennen).

Nun kann von der Prozentzahl der Personen, die bestimmte Aktivitäten beim Musikhören verrichten, nicht zwangsläufig auf den zeitlichen Stellenwert dieser Paralleltätigkeiten geschlossen werden. So ist zum Beispiel anzuzweifeln, dass auch 14 Prozent der Zeit beim Musikhören mit Einschlafen und dem Liegen im Bett verbracht wird. Hinweise darauf, wie sich die Zeit auf die verschiedenen Tätigkeiten verteilt, gibt eine Aufschlüsselung von Klingler und Müller (2004: 415) in Bezug auf das *Radiohören*. Da Musikhören den größten Teil des Radiohörens ausmacht, ist anzunehmen, dass die zeitliche Verteilung folgender Paralleltätigkeiten auf das Musikhören an sich zu übertragen ist.

Von den 196 Minuten, die ein Erwachsener im Durchschnitt täglich Radio hört, verbringt er demnach 30 Minuten mit Essen, 38 Minuten mit Arbeiten im Haus, 46 Minuten mit Arbeiten außer Haus, 30 Minuten mit Auto fahren

TABELLE 18

Radiohören und Tätigkeiten
(Mo-So, Personen ab 14 Jahren)

Radiohören und ...	Ges.	Geschlecht		Alter (Jahre)						
		Mann	Frau	14-19	20-29	30-39	40-49	50-59	60-69	70+
Hördauer in Min.										
Essen	30	27	33	15	16	24	28	35	45	37
Arbeit im Haus	38	19	55	9	18	32	39	46	59	42
Arbeit außer Haus	46	64	29	25	81	78	70	48	7	2
Auto fahren	30	38	23	13	34	43	43	37	21	9
sonst. Tätigkeiten	39	39	38	37	21	32	34	42	54	47
Reichweite in %										
Essen	50,4	48,1	52,6	40,1	32,9	43,7	49,7	58,6	63,9	56,1
Arbeit im Haus	24,2	13,3	34,3	8,1	11,9	20,2	25,0	28,6	35,7	29,6
Arbeit außer Haus	10,7	14,4	7,2	5,9	17,9	17,7	16,6	11,6	1,8	0,6
Auto fahren	38,7	44,2	33,7	21,0	45,8	54,1	54,0	45,6	27,1	11,3
sonst. Tätigkeiten	27,1	27,4	26,8	29,5	17,7	22,7	25,0	29,1	34,7	30,8

Quelle: Klingler/Müller 2004: 415

und 39 Minuten mit anderen Paralleltätigkeiten. Bei Frauen nehmen die Arbeiten im Haus, bei Männern die Arbeiten außer Haus die meiste Zeit beim Musikhören ein. Mit steigendem Alter nimmt überdies die Hördauer beim Essen und den Arbeiten im Haus zu, während sie bei Arbeiten außer Haus abnimmt, was aber auch auf die generelle Zu-/Abnahme dieser Tätigkeiten bei steigendem Alter zurückzuführen sein kann. Die Reichweitenzahlen geben darüber hinaus Aufschluss, dass zum Beispiel mehr als die Hälfte aller Erwachsenen (im Alter von 14 Jahren und älter) täglich beim Essen Musik hört, dass aber nur 10,7 Prozent täglich Arbeiten außer Haus verrichten, wenn sie Musik hören. Nur einige Paralleltätigkeiten verzeichnen also hohe Tagesreichweiten bei gleichzeitig großen Hördauern. Selbstverständlich wird je nach Situation und Tätigkeit tendenziell unterschiedliche Musik präferiert (NORTH/HARGREAVES 1996b).

5.3.2 Rezeptionsmodi

Im Vergleich zum vorherigen Abschnitt, der Aufschluss darüber gab, wie oft, wann oder wie lange Musik von welchen Personen gehört wird, soll nun der Blick dafür geschärft werden, *wie* Musik gehört wird. Bei dem ›wie‹ geht es um kognitive, affektive und konative Differenzierungen im Zugang/in der Verarbeitung/im Erleben von Musik, genauer: um Rezeptionsprozesse und um Rezeptionsmodi bzw. Hörweisen. Vorderer (1992) unterscheidet im Kontext der Rezeption von Filmen zwei prototypische Modi:

> Ich will (...) unter einer ›involvierten Rezeption‹ diejenige Rezeptionshaltung verstehen, bei der die Rezipienten kognitiv und emotional derart in das fiktive Geschehen (...) involviert werden, daß sie sich der Rezeptionssituation selbst nicht mehr bewußt sind, sondern quasi im Wahrgenommenen ›mitleben‹.
>
> Unter einer ›analysierenden Rezeption‹ soll hingegen eine distanzierte Haltung gegenüber dem fiktiven (...) Geschehen verstanden werden, aus der heraus die Fernsehzuschauer als (an diesem Geschehen weitgehend unbeteiligte) Beobachter am Aufbau des Films, an den Schauspielern, am Drehort und insbesondere an bestimmten – vom Film angesprochenen – Themen interessiert sind. (VORDERER 1992: 83)

Während bei Vorderer (1992) diese beiden prototypischen Rezeptionsmodi bis zu einem gewissen Grad auch gleichzeitig ablaufen können, da der eine Modus den anderen nicht zwingend ausschließt, verstehen zum Beispiel Charlton und Borcsa (1997) die beiden Modi als Pole eines Kontinuums. Beide Modi lassen sich gut auf die Musikrezeption übertragen:

Bei der *involvierten* Rezeption ist die Distanz zwischen Hörer/in und Musik aufgrund einer emotionalen Verbundenheit aufgehoben, was sich in mitfühlender Mimik, Gestik und Körpersprache äußert. Ein gutes Beispiel hierfür ist das Mitsingen, Tanzen und Ausgelassensein bei einem Rockkonzert. Bei der *analysierenden* Rezeption hingegen bewahren Hörer/innen eine emotionale Distanz zur Musik, um sie kognitiv und strukturell zu analysieren. Ein gutes Beispiel für diesen Modus, der sich durch unbeteiligte Mimik, Gestik und Körpersprache auszeichnet, ist das üblicherweise recht starre und ritualisierte Verhalten der Zuhörer bei klassischen Konzerten (vgl. RÖSING/BARBER-KERSOVAN 1993; Zitat aus SCHRAMM 2004).

Die Medienpsychologie liefert weitere Differenzierungen von Rezeptionsmodi (vgl. z. B. SUCKFÜLL 2004; SUCKFÜLL/MATTHES/MARKERT 2002), die sich jedoch wegen der Fokussierung auf die audio-visuelle Rezeption (Fernsehen, Film) nur bedingt auf die Musikrezeption übertragen lassen. Die Musikpsychologie hat hier im Verlauf der letzten 35 Jahre die für die Musikrezeption angemesseneren Typologien entwickelt.

Allgemein kann das Erleben/Hören von Musik durch das Zusammenwirken von *drei* Ebenen beschrieben werden (vgl. GUSHURST 2000: 100):

- geistig-intellektuelle Ebene (Musikstruktur, kompositorische Idee und Konstruktion)
- seelisch-gefühlhafte Ebene (Klanglichkeit, sinnliche Reizmomente)
- körperliche Ebene (besonders durch die rhythmische Komponente)

Je nach Ausprägung und Kombination dieser drei Ebenen beim Hören/Erleben von Musik – so könnte vermutet werden – sollten sich differenziertere Erlebensformen und Rezeptionsmodi ergeben. Welche Erkenntnisse haben die Musikwissenschaften und die Musikpsychologie im Besonderen hier bereits gewonnen?

Eine der ersten Typologien, die jedoch nicht empirisch, sondern auf Basis von Überlegungen erarbeitet wurde, ergibt sich aus den Ausführungen Adornos (1962) zum Musikhören. Er unterscheidet zwischen dem ›analytisch-strukturell hörenden Experten‹, dem ›guten Zuhörer‹ (Kenner), dem ›Bildungskonsumenten‹, dem ›emotionalen Hörer‹, dem ›Ressentiment-Hörer‹, dem ›Jazz-Fan‹, dem ›Unterhaltungshörer‹ und dem ›gleichgültigen antimusikalischen Hörer‹, wobei nach Meinung Adornos gerade einmal die ersten beiden Gruppen Musik angemessen (das heißt nach dem Wahrheitsgehalt von Musik suchend) hören könnten und alle anderen Gruppen dazu nicht in der Lage wären. Diese kulturkritische Betrachtung des unterschiedlichen Umgangs mit Musik wird jedoch seit Jahrzehnten schon nicht mehr aufrechterhalten. Eine erste differenziertere, ebenfalls theoretisch und nicht empirisch begründete Einteilung von Hörweisen legte Rauhe (1975) vor (vgl. Abb. 10).

ABBILDUNG 10
Rezeptionskategorien und ihre Bezüge

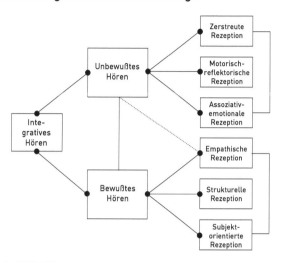

Quelle: Rauhe 1975: 142

Die unbewußte, ›zerstreute‹ Rezeption [...] bewegt sich auf der elementarsten Ebene subjektiver Wahrnehmung und beschränkt sich auf die unstrukturierte, unverarbeitete, vorbewußte Perzeption klanglicher Sekundär- und Tertiärkomponenten. [...] Die *motorisch-reflektorische* [...] Rezeption besteht im unwillkürlichen Ansprechen auf bestimmte rhythmisch-motorische Phänomene der Musik, die unbewußt spontan in entsprechende körperliche Bewegung [...] umgesetzt werden. [...] Die *assoziativ-emotionale* Rezeptionsweise [...] ist charakterisiert durch die unbewußte ›automatische‹ Verknüpfung (Assoziation) subjektiv bedeutsamer Erfahrungen, Erlebnisse, Erinnerungen und Gefühle. [...] Die *empathische* Rezeption überschneidet sich zum Teil mit der assoziativ-emotionalen [...]. Ihr entscheidender Unterschied besteht erstens darin, daß sich der Hörer bei der empathischen Rezeption bewußt einer bestimmten Musik hingibt [...], sich einfühlend in sie hineinversetzt [...], und zweitens darin, daß die empathische Rezeption tendenziell ganzheitlich orientiert, d.h. auf ein ›naives‹ Erfassen eines Werkganzen gerichtet ist [...]. [Bei der *strukturellen*] Rezeption [geht es] um ein mitdenkendes, reflektierendes Hören, das seine Aufmerksamkeit ganz auf das Erfassen der musikalischen Struktur lenkt.

[...] Das spezifische Interesse und Schwergewicht der *subjektorientierten* Rezeption [liegt] bei der Selbsterkenntnis des hörenden Subjekts, das sich in seiner Erfahrungs-, Einstellungs- und Wahrnehmungsstruktur gleichsam im Objekt widergespiegelt findet (RAUHE 1975: 138ff.; Hervorhebungen im Original).

Rauhe unterscheidet also *unbewusstes* und *bewusstes* Hören, wobei das empathische Hören in vielen Fällen mit einem assoziativen Hören einhergehen und dadurch sowohl bewusste wie unbewusste Höranteile aufweisen dürfte. Rösing (1985) schlägt daher statt der Einteilung in *unbewusstes* und *bewusstes* Hören die Unterteilung in *aufmerksames* und *unaufmerksames* Hören bzw. in *konzentriertes* und *unkonzentriertes* Hören vor.

In einer umfangreichen empirischen Untersuchung zur Typologie des jugendlichen Musikgeschmacks ermittelte Behne (1986b) neben spezifischeren verbalen und klingenden Musikpräferenzen auch allgemeine Umgehensweisen mit Musik bzw. Hörweisen im Sinne Rauhes. Auf Basis eines 31-Item-Fragebogens ergab eine Variablen-Clusteranalyse acht verschiedene Hörweisen – im Folgenden in der Reihenfolge ihrer Bedeutung für das Musikerleben der befragten Jugendlichen:

1. motorisches Hören
2. kompensatorisches Hören
3. vegetatives Hören
4. diffuses Hören
5. emotionales Hören
6. sentimentales Hören
7. assoziatives Hören
8. distanzierendes Hören

Behne (1986b) konnte also das subjektorientierte Hören, das Rauhe zumindest theoretisch vermutete, in seinen Daten nicht finden, darüber hinaus aber das *vegetative* Hören, das sich in einer unwillkürlichen körperlichen Reaktion (wie etwa Gänsehaut oder erhöhtem Herzschlag) zeigt, und das *kompensatorische* Hören, bei dem Musik bewusst und zum Zweck der Stimmungsregulierung gehört wird. Das empathische Hören Rauhes entspricht bei Behne im Sinne eines sich gefühlvollen Hingebens zur Musik der *emotionalen* Hörweise. Die Hörweise, bei der vergangene Ereignisse und Erinnerungen zum Tragen kommen und die Rauhe assoziativ-emotional bezeichnete, kommt dem *sentimentalen* Hören Behnes sehr nahe.

Insgesamt konnte also die Behne-Studie, ohne dass dies ihr primäres Ziel gewesen wäre, große Teile der intuitiv erstellten Typologie Rauhes empirisch bestätigen, wobei Behne durch eine weiter gehende Analyse darüber hinaus noch Aussagen über die Korrespondenz oder Komplementarität der Hörweisen machen konnte. Danach wird Musik meist in Kombination mehrerer Hörweisen rezipiert, wobei diese sich nicht nur ergänzen, sondern manchmal auch beeinflussen. In diesem Zusammenhang hat Rötter (1987) beispielsweise belegt, dass sich analytisches Hören auf das emotionale Erleben von Musik auswirkt. In Bezug auf das Zusammenwirken aller Hörweisen spricht Rauhe (1975) vom *integrativen* Hören, Rösing (1993a) vom *Hörkonzept* als einer spezifischen Mischung dieser Hörweisen. Musik wird also meist unter gleichzeitiger Anwendung verschiedener Rezeptionsmodi gehört, wobei die Art des Musikhörens weniger von der Musik selbst als vielmehr von situativen und individuellen Faktoren determiniert wird:

> Die Untersuchungsergebnisse von Klaus-Ernst Behne über »Hörertypologien und die Psychologie jugendlichen Musikgeschmacks« haben unmißverständlich belegt, daß Art und Weise des Musikhörens größtenteils »vielschichtig und ganzheitlich« ausgerichtet ist, und daß vor allem keine Grenzen zwischen U- und E-Musik gezogen werden. [...] Die unterschiedlichen Hörweisen [...] werden in Abhängigkeit von der augenblicklichen Stimmungslage, von persönlichen Gefallensurteilen, der aktuellen Hörsituation und vor allem der Funktionalisierung der gehörten Musik im Hinblick auf persönliche Wünsche, Erwartungen, Bedürfnisse weit mehr beeinflußt als durch den Typ der gehörten Musik selbst. Dazu Behne:»Das gängige Vorurteil, daß ›bloß‹ emotionales oder assoziatives Hören das Schicksal bedauernswerter Pop und Schlagerhörer sei, ist damit gründlich widerlegt« (RÖSING 1994: 70).

Die Musikkategorie bzw. das Musikgenre bestimmt also nicht den Rezeptionsmodus (vgl. z. B. BEHNE 1986b; SCHRAMM 2001), was sich unter anderem darin zeigt, dass dieselbe Musik von verschiedenen Personen ganz unterschiedlich wahrgenommen und erlebt werden kann.

> Die Annahme, dass klassische Musik immer strukturell und Popmusik immer emotional, assoziativ oder motorisch-reflektorisch wahrgenommen wird, ist daher als naiv zu bezeichnen. Nichtsdestotrotz sind Zusammenhänge zwischen Musik und Hörweisen nicht zu leugnen: Im Vergleich zu anderen Musikgenres wird Techno eher ein motorisch-reflektorisches Hören, werden Oldies eher ein sentimentales Hören und wird klassische Musik eher ein strukturelles Hören begünstigen (SCHRAMM 2004).

Rauhe (1974: 37f.) weist in diesem Zusammenhang auf die Bedeutung von Primär-, Sekundär- und Tertiärkomponenten hin:[3]

---

3 Unter Primärkomponenten versteht Rauhe (1974: 17f.) die Elemente einer Musik, die dem Notentext zu entnehmen sind, also zum Beispiel Rhythmik, Harmonik und Form. Sekundärkomponenten bezeichnen die Instrumentalisierung und das Arrangement, Tertiärkom-

Die Analyse spezifischer Rezeptionsweisen und ihrer Korrespondenz mit musikalischen Strukturmerkmalen der Popularmusik beweist, daß die Sekundär- und Tertiärkomponenten, die das Klangbild der Popularmusik mehr bestimmen als die Primärkomponenten, wegen ihrer starken elementaren Klangreizung beziehungsweise ihrer Aggressionssignifikanz vorwiegend *motorisch-reflexiv*, *assoziativ-emotional* oder *passiv-stimmungshaft* rezipiert werden. Durch ihr Vorherrschen wird die auditive Aktivität des Hörers derart stark absorbiert, dass für die *cogitative* Rezeption kaum noch Wahrnehmungskraft verbleibt. So vermag z. b. der normale Schlagerhörer die Primärkomponenten nicht mehr zu erfassen, sofern sie sich nicht auf einfachste Phänomene beschränken. Er wird also vom aktiven Musikdenken abgehalten und lässt sich mehr oder weniger passiv und zerstreut berieseln (Hervorhebungen im Orig.).

Zusammenfassend lässt sich also festhalten, dass *deterministische* Zusammenhänge zwischen Musikart und Rezeptionsmodus auszuschließen sind, dass Merkmale und Parameter der Musik jedoch bestimmte Hörweisen zumindest nahe legen. Dies impliziert, dass ein und dieselbe Musik bestenfalls von einem Großteil der Personen ähnlich gehört wird, dass sie aber über alle Personen hinweg höchst unterschiedlich wahrgenommen und verarbeitet wird.

Des weiteren lassen sich Zusammenhänge zwischen den Rezeptions*modi* und den Rezeptions*motiven* vermuten:

Dass Rezeptionsmodalitäten in einem engen Zusammenhang mit Rezeptionsmotiven stehen, ist unmittelbar einsichtig. Ein Zuschauer, der aus einer spezifischen Motivation heraus [zum Beispiel] ins Kino geht, wird auch entsprechende Strategien während der Rezeption anwenden. Wer beispielsweise in eine andere Welt abtauchen will, wird auch entsprechende Strategien des »Sich-fallen-lassens« während der Rezeption anwenden [...] Wenn umgekehrt ein Zuschauer hauptsächlich analysiert, wird diese Erfahrung in die Formierung von Rezeptionsmotiven einfließen, die die Angebotsselektion wesentlich bestimmen (SUCKFÜLL/MATTHES/MARKERT 2002: 206).

Übertragen auf die Musikrezeption würden demnach Personen, die sich zum Beispiel mittels Musik an bestimmte Personen und Ereignisse erinnern wollen, primär das assoziative Hören anwenden, während dagegen Personen, die zum Beispiel körpermotorisch aktiv werden und z.b. tanzen wollen, wohl primär einen motorisch-reflexiven Hörmodus einschlagen würden.

ponenten die Interpretation einer Musik sowie die Aufnahme- und Wiedergabeverfahren. Quartiärkomponenten betreffen überdies noch die Verpackung (z. B. Gestaltung der CD-Hülle), Vermarktung und Distribution.

Auch im Hinblick auf die Stimmungsregulation durch Musik ist davon auszugehen, dass – je nachdem, in welcher Stimmungslage man sich befindet und welche Zielstimmungslage man nach der Musikrezeption anpeilt – spezifische Rezeptionsmodi förderlich für die angesteuerte Stimmungsveränderung sein können (vgl. LEHMANN 1994). Fühlt sich eine Person beispielsweise träge und energielos und will diesem Zustand entgegenwirken, so sollte ein motorisch-reflexives Hören förderlicher zur Erreichung dieses Ziels sein als ein zerstreutes oder assoziatives Hören.

Welche Hörweisen bei der Stimmungsregulation durch Musik tatsächlich erfolgreich sind, müssten weiter gehende Studien zeigen, die in jedem Fall sowohl die Rezeption als auch die Wirkung der Musik mit erfassen. Da die Studien dieser Arbeit den Fokus jedoch auf die Musikauswahl in Abhängigkeit von Stimmungen und gewünschten Stimmungslagen und damit auf die prä-rezeptive Phase legen, werden die Hörweisen lediglich in Form von generellen bzw. situationsunabhängigen Umgangsweisen mit Musik in die Konzeption und Analyse der Studien einfließen (vgl. hierzu auch LEHMANN 1994). Analysiert man, welche dieser situationsunabhängigen Hörweisen bei Gruppen von Personen zusammenfallen bzw. hoch miteinander korrelieren, so erhält man Hörertypen. Behne (1986b) ermittelte bei der Untersuchung von Jugendlichen neun dieser Typen, darunter den *intensiv-hingebungsvollen* Hörer, den *motorisch-diffusen* Hörer oder den *oberflächlichen* Hörer, der Musik fast ausschließlich nebenbei hört, ohne dabei motorische Reaktionen (wie Tanzen, Mitsingen etc.) zu zeigen.

Aufschluss über das generelle Hörverhalten beim *Radiohören* geben auch hier erste Hörertypologien, auf die jedoch an dieser Stelle nicht weiter eingegangen werden soll (vgl. hierzu z. B. HOFFMANN/BOEHNKE/ MÜNCH/GÜFFENS 1998; SCHÜRMANNS 1995).

5.3.3 *Musikrezeption in synchroner Perspektive*

Die Art des Musikhörens ist nicht nur abhängig von bestimmten individuellen, situativen und musikimmanenten Komponenten (ROSS 1983; zu situativen Rezeptionsmodi vgl. LEHMANN 1994; MÜLLER 1990), sondern unterliegt auch temporären Schwankungen. Eine eher kürzere Zeiteinheit, die auch für die Planung von Radioprogrammen relevant ist, wird durch den Tag definiert. Der Ablauf eines Tages bedingt, dass Personen, wenn sie sich vom Radio beispielsweise wecken lassen, dieses anders wahrnehmen, als wenn sie es beim Frühstück, auf dem Weg zur Arbeit, während der Arbeit oder auf dem Weg von der Arbeit nach Hause hören. Morgens wird das Radio eher als Muntermacher, während der Arbeit zur Arbeitserleichterung und nach der Arbeit zur Entspannung gehört. Daher werden morgens auch relativ gesehen mehr schnelle Musiktitel als nachmittags gespielt. Auch der Wochenablauf und die besondere Stellung des Wochenendes finden sich in den Musikprogrammen wieder. Eine weitere für die Radioplanung relevante Zeiteinheit ist das Jahr. Im Herbst und speziell zur Weihnachtszeit ist das sentimentale und assoziativ-emotionale Hören ausgeprägter als zum Beispiel im Sommer. Die Musikredaktionen gehen darauf ein, indem sie vermehrt jahreszeitentypische Musiktitel spielen (HAAS/FRIGGE/ZIMMER 1991). Zur Planung der Musikprogramme setzen die Musikredaktionen Computerprogramme ein, die zahlreiche Parameter und Charakteristika der Musiktitel speichern (NEU/BUCHHOLZ 1991). Unter Vorgabe von so genannten Programmuhren und Rotationszyklen kann der Computer schließlich ein passendes Musikprogramm zusammenstellen, das unter Umständen von erfahrenen Musikredakteur/-innen nochmals kontrolliert und gegebenenfalls korrigiert wird (MÜNCH 1998).

Sogar in lebenszeitlicher Perspektive jedes einzelnen Menschen verändert sich die Art und das Ausmaß des Musikhörens. Hinsichtlich des Musikkonsums schreibt Dollase (1997: 356): »Bezogen auf die Quantität des Musikkonsums gibt es eine *Anstiegsphase* von etwa 10 bis 13 [Jahren], die in eine *Plateauphase* bis etwa 20 mündet und jenseits der 25 wieder deutlich abnimmt (*Abschwungphase*) [...] Den drei Phasen entsprechen auch qualitativ unterschiedliche Erlebensweisen und Funktionen von Musik« (Hervorhebungen im Original). Dollase (1997) weist weiter darauf hin, dass sich in Abhängigkeit von individuellen Eigenarten in der Lebensgestaltung die oben beschriebenen Altersangaben verschieben können. So geht die Abschwungphase meist mit der Gründung einer Familie und den ersten Berufsjahren einher. Kognitive Kapazitäten und Zeit, die vorher für die Beschäftigung mit Musik gebraucht wurden, werden nun für andere zentrale Lebensaufgaben benötigt. Wenn eine Person jedoch bis zum 30. Lebensjahr studiert und sich erst danach diesen Lebensaufgaben zuwendet, so kann die Abschwungphase auch erst zu diesem späteren Zeitpunkt einsetzen.

Behne (1997, 2001) fand in einer Längsschnittstudie Hinweise dafür, dass die oben beschriebenen Phasen des Musikkonsums keineswegs

ABBILDUNG 11

Veränderungen dreier musikalischer Umgangsweisen im Zeitverlauf; von Herbst 1991 über 7 Befragungen bis Frühjahr 1997; n = 150

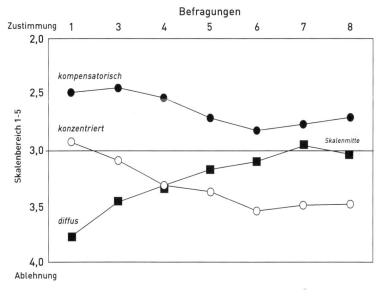

Quelle: Behne 2001: 144

Aussagen über die Entwicklung der Art der musikalischen Hörweisen bei Jugendlichen erlauben. Denn bei Jugendlichen in den 1990er-Jahren hat im Verlauf ihres zweiten Lebensjahrzehnts das diffuse Hören zugenommen (vgl. Abb. 11), obwohl bei Jugendlichen in den 1980er-Jahren noch der gegenteilige Effekt zu beobachten war und sowohl die Jugendlichen in den 1980er- als auch in den 1990er-Jahren einen Anstieg des Musikkonsums während ihres zweiten Lebensjahrzehnts verzeichneten.

Lissa (1975) und Gembris (1999) weisen überdies darauf hin, dass Rezeptionsweisen auch einem historischen und gesellschaftlich-kulturellen Wandel über Jahrzehnte und Jahrhunderte unterliegen und dass die Rezeptionsforschung daher einer historischen Perspektive bedarf. Ein Beispiel: Die Oper *Hochzeit des Figaro* wird der Musikgattung ›opera buffa‹ zugerechnet, die als abendfüllende, bürgerliche und heitere Oper das Gegenstück zur ›opera seria‹ bildete (MICHELS 1991: 375) und von Mozart seinerzeit zur *Unterhaltung* der Zuschauer/-innen komponiert

97

wurde. Sie dürfte gegen Ende des 18. Jahrhunderts somit primär involviert, empathisch und emotional und nicht analysierend und distanziert rezipiert worden sein. Heutzutage ist dies anders, zumal Opern von den meisten Menschen generell der ernsten Kunstmusik und nicht der Unterhaltungsmusik zugerechnet und aufgrund dieser Einordnung auch entsprechend ›ernst‹ rezipiert werden.

5.4   Post-kommunikative Phase: Wirkungen von Musik

Die Tatsache, dass Musik oft zum Zweck des Mood Managements eingesetzt wird, lässt darauf schließen, dass Musik mit hoher Wahrscheinlichkeit eine stimmungsregulierende Wirkung hat oder zumindest in bestimmten Situationen haben kann. Hätten die betreffenden Menschen, die zwecks Verbesserung ihrer Stimmung zu Musik greifen, nicht in ihrer Vergangenheit öfter die Erfahrung gemacht, dass Musik positiv auf ihre Stimmung wirkt, so würden sie wahrscheinlich auf andere Regulatoren ausweichen. Insoweit kann man davon ausgehen, dass die Menschen im Sinne der Mood-Management-Theorie auf die Wirkung von Musik ›konditioniert‹ wurden bzw. Erfahrungen mit ihr gemacht haben, auf die – unbewusst oder unbewusst – in vergleichbaren Situationen wieder zurückgegriffen wird. Folgt man dieser Logik, so würde es – ganz im Sinne Zillmanns – in der Regel ausreichen, lediglich die Selektion von Musik in Abhängigkeit der Stimmung zu untersuchen, nicht aber die Wirkung in Abhängigkeit der Musikselektion, um Mood Management zu belegen.

Auch diese Arbeit wird die Wirkungen außen vor lassen und sich auf die Musikselektion in Abhängigkeit der Stimmung und des Ziels des Musikhörens fokussieren. Da – wie oben bereits erläutert – das Musikhören mit dem Ziel der Stimmungsregulation wohl nicht vollzogen werden würde, wenn die entsprechenden Wirkungen ausblieben, soll im Folgenden zumindest darauf eingegangen werden, ob und in welchem Ausmaß derartige Wirkungen überhaupt schon empirisch nachgewiesen wurden. Bevor empirische Beweise für die Veränderung von Stimmungen als spezifische Wirkung von Musik angeführt werden (Kap. 5.4.2), soll zuvor auf einer übergeordneten Ebene – auch im Sinne des Gesamtüberblicks über die Musikrezeption – die Wirkung von Musik allgemein hinterfragt sowie ein kurzer Gesamtüberblick über Wirkungen von Musik gegeben werden (Kap. 5.4.1).

5.4.1   Wirkung versus Wirkungslosigkeit von Musik

Die Frage, ob Musik wirkt oder nicht, bedarf zunächst eines Maßstabes, an dem mutmaßliche Wirkungen gemessen werden können, kurz: einer Definition von ›Wirkung‹. Kepplinger formulierte 1982 in Bezug auf die Medien im Allgemeinen:

> Es liegt [...] nahe, die Berichterstattung immer dann als eine Ursache der Konstanten oder Veränderungen zu betrachten, wenn sie eine notwendige Voraussetzung darstellt. Konstanten oder Veränderungen, für die die Berichterstattung eine solche Voraussetzung bildet, sind demnach Wirkungen der Berichterstattung. Der Begriff der ›Wirkung‹ wird mit Hilfe des Begriffes der ›Funktion‹ definiert: Ein Sachverhalt stellt eine Wirkung der Berichterstattung dar, wenn sie eine funktionale Voraussetzung für seine Existenz ist (KEPPLINGER 1982: 109).

Nach Kepplingers Verständnis können Wirkungen also sowohl Veränderungen als auch *Konstanten* sein, für die die Medieninhalte funktionale Voraussetzungen sind. Oder im Umkehrschluss: *Veränderungen* in den Vorstellungen, Einstellungen, Gefühlen und Verhaltensweisen der Rezipient/-innen bei der Mediennutzung müssen *nicht* zwangsläufig auf den Medienstimulus zurückzuführen sein. Dies macht die Identifikation von Medienwirkungen (vgl. im Überblick BONFADELLI 1999; SCHENK 1987; im Kontext von Medienrezeption: VORDERER/SCHRAMM 2002) selbstverständlich schwierig, da beispielsweise auch eine konstante Stimmung während der Rezeption einer Fernsehsendung oder einer Musik-CD eine positive Wirkung wäre, wenn die Stimmung ohne die entsprechenden Medienstimuli gesunken wäre. Diese Problematik sollte man sich bei Wirkungsstudien immer vergegenwärtigen. Für die Klärung der Frage, ob Musik nun wirkt oder nicht, muss dieser Punkt im Folgenden unberücksichtigt bleiben, da die zitierten Studien eine Veränderung in der Regel auch immer als Wirkung interpretiert haben.

> ›Wirkungen von Musik‹ sind für uns offenbar so selbstverständlich, dass der Hinweis auf ihre mögliche Wirkungslosigkeit irritiert. Wer allerdings beispielsweise im Jahrbuch Musikpsychologie nach Studien zur Wirkung von Musik im letzten Jahrzehnt sucht, wird zwar fündig, aber nicht unbedingt im erwarteten Sinne. In einschlägigen Untersuchungen wurden per Experiment bzw. Feldstudie entsprechende Effekte gesucht, aber nicht bestätigt (BEHNE 2001: 145).

Es stellt sich somit die Frage, wie es insgesamt um die empirische Bestätigung von Musikwirkungen bestellt ist (vgl. ABELES 1980; BEHNE 1993b, 1995a, 1995b; LEHMANN 1997; SLOBODA 1992). Behne (1999) hat überdies zu diesem Zweck eine Meta-Analyse von 153 Musikstudien, die zwischen dem Jahr 1911 und 1997 durchgeführt wurden, vorgenommen. Er hat sich dabei auf diejenigen Studien konzentriert, die Wirkungen von *Hintergrundmusik* untersucht hatten, da – so Behne – zumindest in den hochzivilisierten Ländern Musik meist nebenbei bzw. im Hintergrund gehört werde und diesen Studien daher eine höhere Alltagsrelevanz zuzuschreiben sei. Dass bei diesen Studien tatsächlich die Musik stets nebenbei und mit sekundärer Aufmerksamkeit gehört wurde, ist zu bezweifeln, aber die Studien bezogen sich auf Kontexte, in denen Musik von den meisten Menschen wohl eher im Hintergrund wahrgenommen wird, wie zum Beispiel beim Verrichten von Schularbeiten, beim Arbeitsplatz, an öffentlichen Plätzen, beim Sporttraining oder beim Autofahren.

Wie Tabelle 19 zeigt, konnten über den gesamten Zeitraum von 1911 bis 1997 ein Drittel der Studien keine Wirkungen der Musik belegen, und bei 23 Prozent der Studien deuteten die Ergebnisse lediglich auf schwache oder komplexe Wirkungen. Bei immerhin 44 Prozent der Studien konnten noch Wirkungen nachgewiesen werden. Betrachtet man aber nun die Ergebnisse in den verschiedenen Zeitintervallen, ist auffällig, dass der prozentuale Anteil derjenigen Studien, die Wirkungen belegen können, von Zeitintervall zu Zeitintervall sinkt, während der Anteil der Studien, die keine Wirkungen belegen konnten, von Intervall zu Intervall zunimmt.

TABELLE 19
Ergebnisse von 153 Studien zur Wirkung von Hintergrundmusik

		Jahre 1911-1969	Jahre 1970-1979	Jahre 1980-1989	Jahre 1990-1997	Gesamt
Wirkungen	n	17	19	18	13	67
eindeutig belegt	%	45,9	51,4	43,9	34,2	43,8
komplexe bzw.	n	10	7	11	7	35
schwache	%	27,0	18,9	26,8	18,4	22,9
Wirkungseffekte						
eindeutig keine	n	10	11	12	18	51
intendierten	%	27,0	29,7	29,3	47,4	33,3
Wirkungen belegt						
Studien gesamt	n	37	37	41	38	153
	%	100	100	100	100	100

Quelle: Behne 1999

Zur Erklärung hierfür könnte zum einen die musikhistorische Hypothese angeführt werden, dass die zunehmende Verfügbarkeit und Omnipräsenz von Musik im Verlauf des letzten Jahrhunderts die Menschen hat unempfindlicher und unempfänglicher für Musik und ihre Wirkungen werden lassen. Zum anderen könnte der Grund auch in der wissenschaftlichen Veröffentlichungspraxis gesucht werden. Denn erst gegen Ende des 20. Jahrhunderts erhöhte sich der Wert und das Ansehen von Studien, die keine signifikanten Wirkungseffekte belegen konnten, und die Forscher gingen dazu über, auch solche Studien zu veröffentlichen.

Zieht man aber in Betracht, dass zu allen Zeiten solche Studien eher nicht publiziert wurden, so ist der ›wahre‹ Anteil der Studien, die keine Wirkungen belegen können, sogar um Einiges höher als das besagte Drittel einzustufen. Auf Basis dieser Meta-Analyse ließe sich argumentieren, dass Musik, wenn sie nebenbei oder im Hintergrund, mit sekundärer Aufmerksamkeit oder unbewusst gehört wird, meistens wohl keine oder nur schwache Wirkungen auf den Menschen zeigt. Dass dennoch einige Studien hier auch starke Wirkungen nachweisen können, deutet unter anderem darauf hin, dass ›Hintergrundmusik‹ in bestimmten Situationen/Sozialkonstellationen oder bei bestimmten Personen wirkt, oder dass die Musik in den besagten Studien eventuell gar nicht ›hintergründig‹, sondern ›vordergründig‹ wahrgenommen wurde.

Ein Grund für die zumeist ausbleibenden Wirkungen von Musik im Hintergrund dürfte die geringe Lautstärke sein. Laut Gembris (1977) treten erst ab einer Lautstärke von circa 65 Phon zwangsläufig *vegetative Reaktionen* in Gestalt von Kontraktionen kleiner Blutgefäße und der Veränderung des Herzschlagvolumens ein, ohne dass dabei psychische Reaktionen mit einhergehen müssen. Steigt die Lautstärke an, so kommt es vermehrt zu *ergotropen Reaktionen*, die kraft- und spannungsentfaltend sind und zu einer Aktivierung des Organismus führen. *Trophotrope Reaktionen* treten dagegen eher bei geringen Lautstärken auf und sind erholend und entspannend für den Organismus. Das Auftreten von ergo- und trophotropen Wirkungen geht nach Gembris (1977) mit weiteren spezifischen Parameterkonstellationen einher. Welche Wirkungen von Musik (im Hintergrund) sind außer den vegetativen Reaktionen noch empirisch belegt worden? Zahlreiche Effekte konnten beim Musikeinsatz in Kaufhäusern, Supermärkten und Restaurants beobachtet werden (vgl. im Überblick: NORTH/HARGREAVES 1997; VANACEK 1991). Smith und Curnow (1966) sowie Rötter und Plößner (1995) fanden jedoch widersprüchliche

Ergebnisse zum Einfluss von Musik auf die Verweildauer in Geschäften. North und Hargreaves (1996a) erhielten Hinweise, dass Musik mit gemäßigter Komplexität (im Gegensatz zu Musik mit niedriger oder hoher Komplexität) zu einer besseren Bewertung eines Restaurants und der Situation beim Essen führt, und dass Popmusik sowie klassische Musik die Atmosphäre und die Toleranz gegenüber höheren Preisen verbessern können (NORTH/HARGREAVES 1998). Ein weiterer Bereich der Forschung zu Hintergrundmusik ist der Einsatz und die Wirkung von Musik am Arbeitsplatz (vgl. im Überblick KUNZ 1991). 1937 konnten Wyatt und Langdon bei Fabrikarbeitern eine Leistungssteigerung zwischen fünf und zehn Prozent beobachten, wenn sie bei der Arbeit mit Musik beschallt wurden. Dieses Ergebnis spricht zunächst einmal für die Richtigkeit der *Aktivierungshypothese*, kann aber auch durch einen *Hawthorne-Effekt* erklärt werden:

Im Rahmen der sogenannten Hawthorne-Studien [...] konnte gezeigt werden, daß vermutlich jede Art von Veränderung am Arbeitsplatz (so auch eine Verschlechterung der Beleuchtung!) zu Steigerungen der Arbeitsleistung führen kann, sofern diese Maßnahmen an sich positiv interpretiert werden, etwa als Interesse der Firmenleitung an den Problemen der Arbeitnehmer. Viele vorgebliche Musik-Effekte sind deshalb zwanglos als *Hawthorne-Effekte* zu erklären (BEHNE 1995b: 339; Hervorhebungen Schramm).

Kunz (1991) fand auf den Dimensionen »Verbesserung des Arbeitsklimas«, »Motivation« sowie »Leistungssteigerung« in den meisten seiner Studien positive Effekte, was wiederum die Aktivierungshypothese stützt.

Ein weiterer Bereich der Forschung ist die Wirkung von Musik beim Lernen. Musik wirkt sich eher dann positiv auf konzentriertes Arbeiten und Lernen aus, wenn sie leise, wenig komplex bzw. wenig kognitiv fordernd ist und wenn sie mit den Musikpräferenzen des Hörenden übereinstimmt (DREWES/SCHEMION 2000; vgl. für spezifische Studien in diesem Bereich: SAVAN 1999; WALLACE 1994). Ein relevanter Bereich ist auch die Wirkung von Musik beim Autofahren, die Forschung hierzu ist allerdings noch recht defizitär. Motte-Haber und Rötter (1990) konnten zeigen, dass sich Musik bei einfachem, routinemäßigem Fahren (wie z.B. beim monotonen Fahren auf der Autobahn) positiv und bei schwierigem, anspruchsvollem Fahren (wie z.B. bei dichtem Stadtverkehr) negativ auf die Reaktionszeit auswirkt. Laute Musik würde außerdem zu schnellerem Fahren und langsamere Musik zu einer Verbesserung der Reaktionszeit bei Gefahrensituationen führen. Wenn die Musik als angenehm empfunden wird, reduziert sich die Anzahl der Fahrfehler. Nach Behne (1995b: 341) sind »Aktivation und Aufmerksamkeit [...] naheliegende Prinzipien, um solche [...] Wirkungen von Musik zu erklären.«

Spezifische Wirkungen von Musik sind darüber hinaus zu erwarten, wenn zusätzlich zum auditiven auch noch der visuelle Sinneskanal angesprochen bzw. die Musik audiovisuell vermittelt wird (z. B. bei CD-ROMs, Internet, Fernsehen, Kino). Behne und Müller (1996) stellen in diesem Zusammenhang heraus, dass TV-Musiksender von den Jugendlichen meist in der Funktion eines ›visuellen Radios‹ zur Begleitung zahlreicher Tätigkeiten zu Hause genutzt werden. Diverse Untersuchungen (GREESON/WILLIAMS 1986; HANSEN/HANSEN 1990; JOHNSON/JACKSON/GATTO 1995; PETERSON/PFOST 1989) zeigten zudem, dass Inhalte und Darstellungsweisen in Musikclips die kognitiven Schemata, Meinungen, Bewertungen und sozialen Verhaltensmuster der Jugendlichen beeinflussen und *primen* können. Nach Hansen und Hansen (2000) kann das häufige Aktivieren dieser Schemata durch Musikvideos sogar *stabile* Einstellungen und Verhaltensmuster zur Folge haben. Jugendliche finden an Musikvideos in der Regel mehr Gefallen als an der entsprechenden Musik ohne die Visualisierung, da sie die Interpreten sehen können, die physiologische Erregung daraufhin ansteigt und die Bilder den Songs eine Bedeutung geben, die den Jugendlichen beim reinen Hören der Musik meist verschlossen bleibt (HANSEN/HANSEN 2000). Altrogge (1994) konnte in diesem Zusammenhang Hinweise vorlegen, dass die Musik beim Rezipieren der Clips eher in den Hintergrund tritt und die Aussage der Musik fast ausschließlich durch die Bilder determiniert wird. Auch Behne (1990) konnte in einem Experiment zeigen, dass selbst für klassische Musik ein Musikvideo unter bestimmten Umständen und für bestimmte Aspekte sinnschärfend wirken kann. Kontraproduktiv kann das Zusammenspiel von Bildern und Musik jedoch dann wirken, wenn insgesamt ein von den Rezipient/inn/en als angenehm empfundener Grad an Komplexität und einwirkenden Reizquellen überschritten wird (JAUK 1995).

Bei den Musikclips wird Musik mit Bildern angereichert, bei der Filmmusik ist es eher umgekehrt: Die Bilder sind Ausgangspunkt des Gesamtwerks und werden mit Musik untermalt. Die Musik steht also im Dienst des Films und erfüllt verschiedene Funktionen. Man unterscheidet zwischen *dramaturgischen*, *epischen*, *strukturellen* und *persuasiven* Funktionen (BULLERJAHN 2001). Unter der dramaturgischen Funktion versteht man zum Beispiel das Abbilden von Stimmungen und Verstärken vom mimischen Ausdruck der Filmfiguren. Eine epische Funktion nimmt Musik dann ein, wenn sie Ablauf und Tempo der Narration unterstützt und bestimmt. Strukturell wirkt sie, wenn Schnitte, Einzeleinstellungen und Bewegungen verdeckt oder betont werden. Persuasive Wirkungen entfaltet sie, wenn die Bilder unabhängig von den oben skizzierten dramaturgischen Elementen emotional mit Musik aufgeladen werden, um beim Zuschauer zum Beispiel Identifikationsprozesse mit den Protagonisten zu fördern. Musik kann, obwohl sie eigentlich nur Beiwerk ist, die Bedeutung der Filmhandlung nachhaltig beeinflussen. Nicht nur, dass die einzelne Filmsequenz je nach Musikuntermalung anders interpretiert wird (BROSIUS/KEPPLINGER 1991); die gesamte nachfolgende Filmhandlung wird anders antizipiert (VITOUCH 2001).

Auch in der Werbung tritt Musik in unterschiedlichen Formen auf (vgl. im Überblick: TAUCHNITZ 1990): als musikalisches Kurzmotiv, als gesungener Slogan (Jingle), als Werbelied oder in Form von Hintergrundmusik (TAUCHNITZ 1993). Ziel des Einsatzes von Werbemusik ist eine Erhöhung der Aufmerksamkeit und Aktivierung während der Rezeption, eine bessere Bewertung des umworbenen Produkts, eine bessere Erinnerung an die Werbung und das Produkt sowie eine Steigerung der Kaufabsichten. Diese positiven Wirkungen gehen nicht zwangsläufig mit dem Einsatz von Musik einher, sondern hängen beispielsweise ab von der »Ausgangsaktivierung« (KAFITZ 1977), dem »Involvement« (PARK/YOUNG 1986), der »Bewertung der Musik« (GORN 1982), den »musikalischen Komponenten« wie zum Beispiel den eingesetzten Tonarten (STOUT/LECKENBY 1988) und der »Häufigkeit des Werbekontakts« (ANAND/STERNTHAL 1984) und zeigen sich manchmal nur auf einzelnen Dimensionen der oben skizzierten ›Wirkungskette‹. So führten bei Kafitz (1977) beispielsweise mit Musik unterlegte Radiowerbespots zu einer Erhöhung des Aktivierungsniveaus, aber zu einer geringeren Erinnerungsleistung an die Werbebotschaften.

Als eine generelle Tendenz bei der Wirkung von Musik lässt sich festhalten, dass positive Wirkungen dann eintreten, wenn die musikalische Komplexität den Gewohnheiten und der Verarbeitungskapazität der Hörer entgegenkommt, sie also nicht unter- und nicht überfordert. Motte-Haber (1996: 166f.) äußert sich unter Bezugnahme auf die in den 1960er-Jahren entwickelte Theorie von Berlyne (1974) in diesem Sinne: »[...] maximales Wohlgefallen wird bei einer mittleren Erregung und damit einer mittleren Komplexität empfunden; steigt die Aktivierung bei zu komplizierten Wahrnehmungsleistungen an, so sinkt das Wohlgefallen ab. Wirkt dagegen etwas so langweilig, daß es nicht aktiviert, so ist das Wohlgefallen gleich Null.«Aufgrund dieses individuell unterschiedlichen Zusammenhanges erweist es sich als sehr schwierig, massenkompatible Radioprogramme zu entwickeln (MÜNCH 1994). Der Komplexitätsgrad von Radioprogrammen wird daher tendenziell niedrig (RÖSING/MÜNCH 1993) und die damit einhergehende Musikforschung der Radiosender recht einfach gehalten (SCHRAMM/PETERSEN/RÜTTER/VORDERER 2002). Die Sender nehmen folglich mit ihrer Entscheidung, Musikprogramme auf kleinsten gemeinsamen Komplexitätsniveau zu entwerfen, eher in Kauf, Hörer/-innen zu langweilen als sie zu überfordern. Da beim Hören mehrerer Titel mit ähnlichem Komplexitätsgrad die Aktivierung schnell nachlässt, werden zumindest gewisse klanglich-strukturelle Kontraste zwischen den Titeln bzw. Wechsel zwischen schnellen, aktivierenden und langsamen, beruhigenden Titeln bei der Zusammenstellung der Radioprogramme berücksichtigt (MACFARLAND 1997).

5.4.2   Wirkung von Musik auf Stimmungen

Obwohl – und diese Kausalrichtung wird meist nicht mitbedacht – Stimmungen auch das Musikerleben bzw. die Wahrnehmung von Musik beeinflussen (vgl. PEKRUN/BRUHN 1986), ist von primärem Interesse für diese Arbeit die vermeintliche Wirkung der Musik auf Stimmungszustände. Diese Wirkung wird spontan von allen Menschen auf Basis ihrer Erfahrungen bestätigt – deshalb ist wohl nicht daran zu zweifeln, dass Musik tatsächlich unsere Stimmung beeinflusst. Würden die Menschen diese Wirkungen in Form von Stimmungsveränderungen – vor allem Stimmungsverbesserungen – nicht erfahren, so würde die Musikauswahl in verschiedenen Stimmungslagen sicher nicht so unterschiedlich ausfallen (vgl. Kap. 3.4 und Kap. 5.2.4). Genau diesen Gedanken verfolgten implizit auch Zillmann und seine Mitarbeiter/-innen bei ihren Experimenten zur Überprüfung der Mood-Management-Theorie, indem sie zumeist von der Art der ausgewählten Stimuli auf deren Wirkung schlossen. Eine Messung der Stimmungsveränderung wurde nur vereinzelt vorgenommen bzw. nur am Rande erwähnt. So heißt es bei Knobloch und Zillmann (2002: 261) lediglich:»The initial differentiation in mood had apparently dissipated during the 10-minute period in which the respondents could listen to the music they liked most of the accessible selections.« Die Tatsache, dass sich negative Stimmungen den positiven Stimmungen durch Musikhören angeglichen haben, kann nur mit Wirkungen der Musik erklärt werden.

Welche expliziten Belege für die Wirkung von Musik auf die Stimmung können angeführt werden? Zunächst sind noch einmal die in Kapitel 3.4 genannten Tagebuchstudien von Förster, Jarmus und Wünsch (1998) sowie Wünsch (1999, 2001) zu erwähnen. Insbesondere Letztere konnte Stimmungsveränderungen in Abhängigkeit von Ausgangsstimmungen, vom Ausmaß an Zuwendung zur Musik und von Persönlichkeitsmerkmalen empirisch nachzeichnen. Demnach können emotional labile, introvertierte Personen negative Stimmungen besonders erfolgreich verbessern und hören zu diesem Zweck auch länger Musik als andere Personengruppen.

Auch im Bereich der Musikpsychologie liegen bereits einige Studien zur *Wirkung* von Musik auf Stimmungen vor (z. B. DENORA 2000; NORTH/HARGREAVES 2000; RIGG 1983; SLOBODA/O'NEILL/IVALDI 2001; STRATTON/ZALANOWSKI 1989, 1991). Eine der ersten großen, systematischen Studien zum Einfluss von Musik auf Stimmungen wurde von Schoen und Gatewood (1927) vorgelegt. Die Stimmungsveränderungen wurden nicht über eine Vorher-Nachher-Messung mit entsprechenden Stimmungsinventaren erfasst, sondern mussten nach dem Musikkonsum von den Befragten selbstreflektiert auf einem Erhebungsbogen eingetragen werden (vgl. Abb. 12). Durch die offenen Fragen und das Ankreuzen von Stimmungskategorien im Sinne von ja/nein waren die Auswertungsmöglichkeiten selbstverständlich begrenzt. Die Feldphase ergab die enorme Anzahl von 20.000 ›Stimmungsberichten‹. Die Ergebnisse deuten darauf hin, dass Musik in den meisten Fällen die Stimmung verändert – und zwar positiv. Und in der Regel konnte dabei die gleiche Musik bei unterschiedlichen Personen an unterschiedlichen Orten und zu unterschiedlichen Tageszeiten die gleiche Wirkung erzielen. Mit Blick auf das erste Ergebnis muss selbstverständlich eingeräumt werden, dass die Studienanlage und der Erhebungsbogen die Proband/-innen quasi dazu aufforderte, Stimmungsveränderungen zu dokumentieren. Und in vielen Fällen werden sie dies auch getan haben, selbst wenn die Musik keine oder nur eine geringe Wirkung gezeigt hat.

ABBILDUNG 12

Erhebungsbogen zur Stimmungsveränderung durch Musik

MOOD CHANGE CHART

Date of Test	5. What was your mood immediately preceding test ?
1. Place .... {Home or Where}	(Mark x in square)
2. Time {Mark x in square} Morning ☐ Afternoon ☐ Evening ☐	Serious or ☐ Worried or ☐ Gay ☐ Care-free ☐
3. Weather (Mark x in square) Dull ☐ Cold ☐ Bright ☐ Warm ☐	Depressed or☐ Nervous or ☐ Exhilarated ☐ Composed ☐
4. What kind of music did you feel like hearing ? (Mark all words which describe such music with x)	
Tender ☐ Vivacious ☐ Joyous ☐ Majestic ☐ Solemn ☐ Soothing ☐ Weird ☐ Exciting ☐ Martial ☐ Dreamy ☐ Gay ☐ Simple ☐ Sad ☐	Fatigued or ☐ Sad or ☐ Unfatigued ☐ Joyful ☐ Discouraged ☐ or Optimistic ☐

6. As a result of the test, what were your most noticeable mood changes ?
(Serious to gay, gay to serious, worried to care-free, nervous to composed, etc.)

Mood Change	Selection causing such change
...........to...........	....
...........to...........	....
...........to...........	....

7. Please comment on manner in which mood changes occurred :
....
....
....

Signed ....

Quelle: Schoen/Gatewood 1999 [Neuauflage]: 132

Da an dieser Stelle nicht auf alle Studien eingegangen werden kann, die sich mit der Wirkung von Musik auf Stimmungen oder Emotionen befassen, sollen zumindest noch zwei Untersuchungen aus der jüngeren Vergangenheit skizziert werden, die den Anspruch hatten, die Musiknutzung besonders alltagsnah zu erfassen. DeNora (1999) konnte in Befragungen und Beobachtungen von Frauen im Alltag Mood-Management- sowie Mood-Adjustment-Prozesse ausmachen, wie sie von Knobloch und Zillmann (2002) bzw. Knobloch (2003) experimentell untersucht wurden. Die Frauen beschrieben detailliert, wie es ihnen im Alltag gelingt, mit Musik ihre Stimmungen und positiven Energien aufrechtzuerhalten und sogar zu verbessern (experimentell bestätigt auch von NORTH/ HARGREAVES 2000) und sich auf entsprechende Tätigkeiten und Anlässe wie Hausarbeit und Treffen mit anderen Menschen stimmungsmäßig optimal einzustellen.

Sloboda, O'Neill und Ivaldi (2001) erfassten mittels der Experience-Sampling-Methode Daten über den Gebrauch und die Wirkung von

Musik in Alltagsepisoden. Diverse Items zur Messung der Stimmungs-zustände der Proband/-innen vor und während des Musikgebrauchs in diesen Episoden wurden zu drei Dimensionen verdichtet (im Original hießen die Dimensionen ›positivity‹, ›present mindedness‹ sowie ›arousal‹; sie wurden von mir anhand der Itemzuordnung bestmöglich mit deutschen Pendants übersetzt). Auf der Dimension ›Valenz‹ berichteten die Proband/-innen beispielsweise Veränderungen von ›traurig‹ zu ›fröhlich‹, von ›unsicher‹ zu ›sicher‹ oder von ›angespannt‹ zu ›entspannt‹, auf der Dimension ›Lebenszugewandtheit‹ Veränderungen von ›gelangweilt‹ zu ›interessiert‹, von ›allein stehend‹ zu ›integriert‹ oder von ›nostalgisch‹ zu ›gegenwartsbezogen‹, auf der Dimension ›Erregung‹ von ›müde/schlapp‹ zu ›energetisch/aktiv‹ oder von ›schläfrig‹ zu ›(hell)wach‹. Tabelle 20 zeigt nun, in wie vielen Episoden positive und negative Veränderungen der Stimmungen auf den eben genannten drei Dimensionen berichtet wurden. Insgesamt überwiegen die positiven Veränderungen, wobei in Bezug auf die ›Valenz‹ und die ›Erregung‹ genauso oft keinerlei Veränderungen bemerkt werden. Die meisten negativen Veränderungen werden auf der Dimension ›Lebenszugewandtheit‹ verzeichnet, was jedoch auch daran liegen kann, dass viele Menschen aus *nostalgischen* Gründen Musik hören und dieses Item dem negativen Pol der übergeordneten Dimension zugerechnet wurde.

TABELLE 20

Anzahl und Richtung der Stimmungsveränderungen in Episoden mit Musik

Stimmungs-dimension	Anzahl an Musik-Episoden mit ...		
	positiven Veränderungen	keinen Veränderungen	negativen Veränderungen
Valenz	71	71	11
Lebenszugewandtheit	90	9	48
Erregung	63	82	5

Quelle: Sloboda/O'Neill/Ivaldi 2001: 20

Außerdem konnten Sloboda, O'Neill und Ivaldi (2001) zeigen (vgl. Tabelle 21), dass die Veränderungen der Stimmungen umso größer wurden, desto mehr die Proband/-innen die gehörte Musik selbst und frei bestimmen und desto mehr sie dadurch ihre Stimmungen in die gewünschte

Richtung regulieren konnten. Die Proband/-innen mussten vor und nach dem Musikhören ihre Stimmungslage auf elf bipolaren Items, jeweils siebenfach gestuft, einschätzen. Tabelle 21 zeigt, dass die Proband/-innen mit einem hohen Grad an freier Musikwahl ihre Stimmungslage in Bezug auf die ›Valenz‹ um 2,3 Skalenpunkte, in Bezug auf die ›Lebenszugewandtheit‹ um 3,2 Skalenpunkte und in Bezug auf die ›Erregung‹ um 1,8 Skalenpunkte steigern konnten. Die Proband/-innen mit niedrigem Grad an freier Musikauswahl steigerten ihre Stimmungslage in Bezug auf die ›Valenz‹ jedoch nur um 0,8 Skalenpunkte, in Bezug auf die ›Lebenszugewandtheit‹ um 0,6 Skalenpunkte und in Bezug auf die ›Erregung‹ um 0,8 Skalenpunkte. Die Proband/-innen mit mittlerem Grad an freier Musikauswahl lagen mit ihren Stimmungsveränderungen – die ›Valenz‹ einmal ausgenommen – zwischen den soeben genannten Gruppen. Die Veränderungen der Stimmungslage auf diesen drei Dimensionen der Stimmungslage unterschieden sich zwischen den drei Gruppen signifikant (vgl. F-Werte, Tab. 21).

TABELLE 21

Stimmungsveränderungen in Abhängigkeit von Freiheitsgraden beim Auswählen der Musik

Mittlere Veränderung auf der Dimension ...	Grad an freier Musikauswahl			F-Wert
	niedrig	mittel	hoch	
Valenz	0,8	0,3	2,3	5,3 **
Lebenszugewandtheit	0,6	3,0	3,2	6,7 **
Erregung	0,8	1,2	1,8	3,8 *

**: $p < .01$ *: $p < .05$; Quelle: Sloboda/O'Neill/Ivaldi 2001: 21

Unzweifelhaft ist Musik also im Stande, Stimmungen zu beeinflussen und zu verändern. Nach den bisherigen Erkenntnissen ist dies im Besonderen der Fall, wenn die Ausgangsstimmung eine negative Valenz aufweist oder zumindest auf der Meta-Ebene negativ erlebt wird, wenn die Musikhörer introvertiert, neurotisch bzw. emotional labil sind und wenn sie die Musik selbst auswählen und bestimmen können. Stimmungen können je nach Kontext mittels Musik auf ein der sozialen Situation und der Aktivität angemessenes, möglichst optimales Niveau justiert werden, das aber im Hinblick auf die Valenz keineswegs die höchsten Ausprägungen aufweisen muss.

6. EMPIRISCHE STUDIEN ZU
MOOD MANAGEMENT DURCH MUSIK

6.1 Herleitung von Forschungsfragen und Hypothesen

Die Studien zum Mood Management (Kap. 3.4), zum Iso- und Kompensationsprinzip (Kap. 5.2.4) sowie zur Wirkung von Musik auf Stimmungen (Kap. 5.4.2) geben eine Fülle von Hinweisen auf die Mechanismen
des Mood Managements durch Musik. Angereichert mit Belegen aus
verwandten Forschungsgebieten (z.b. generelle Musikpräferenzunterschiede zwischen Frauen und Männern) lassen sich Zusammenhänge
zwischen Stimmungslagen, Musikauswahlprozessen, Motiven des
Musikhörens, Wirkungen und personenbezogenen Faktoren skizzieren.
Diese Arbeit hat zum Ziel, in einer Reihe von aufeinander aufbauenden
und sich ergänzenden Studien, eine Vielzahl dieser Zusammenhänge
nochmals offen zu legen, sie zu ergänzen und zu differenzieren. Da
im Fokus der Studien die Fragen stehen werden, welche Musik bei
welchen Stimmungen zu welchem Zweck gehört wird, bietet es sich
an, die ›Tradition‹ von Schaub (1981), Behne (1984, 1986a) und Gembris
(1990) weiter zu führen und die ausgewählte Musik entsprechend des
Iso-/Kompensationsprinzips auszuwerten. Der Vorteil dieser Label
liegt darin, dass je nach Kontext bzw. Stimmung den beiden Begriffen
eine andere Bedeutung zukommt, ohne dass sie dabei unpräzise wären.
Wünscht man sich bei Freude Musik nach dem Isoprinzip, muss der
Stimmungsausdruck der besagten Musik nicht detailliert beschrieben
werden. Der interessierte Leser versteht unmittelbar, dass es sich wohl
um freudige, fröhliche Musik handeln muss. Genauso würde ein Leser

sofort ›traurige Musik‹ assoziieren, wenn er das Isoprinzip im Zusammenhang mit der Stimmung Trauer interpretieren sollte. Im Gegensatz zu den oben genannten Wissenschaftlern möchte ich hingegen auch das Ziel des Musikhörens bzw. den Grund, warum bestimmte Musik in bestimmten Stimmungslagen gewünscht wird, im Sinne des Iso- und Kompensationsprinzips labeln und auswerten und spreche aus Gründen der Abgrenzung dann von Iso- und Kompensations*effekten*. Die Forschungsfragen und Hypothesen, die zunächst im Folgenden abgeleitet werden, sollen bereits diese Termini enthalten.

Schaub (1981), Behne (1984, 1986a) und Gembris (1990) haben insgesamt und über alle Situationen hinweg mehr Musikwünsche nach dem Isoprinzip identifizieren können. Das heißt, dass die Mehrheit der Personen Musik präferierte, die der momentanen Stimmung entsprach – wahrscheinlich, um die betreffende Stimmung musikalisch zu stützen und zu verstärken. Bei Schaub gab es ein leichtes Übergewicht des Kompensationsprinzips, was darin begründet lag, dass seine Proband/-innen psychisch krank waren und mit ihrer momentanen Stimmung weniger zufrieden waren als die ›gesunden‹ Proband/-innen der Behne-Studie. Behne entdeckte ja die Zufriedenheit mit der Stimmung als entscheidende Größe für die Erklärung der situativen Musikwünsche. Nun kann man davon ausgehen, dass die meisten Menschen mit positiven Stimmungen wohl zufrieden sind und diese nicht kompensieren. Bei den negativen Stimmungen – und dies zeigten auch die Ergebnisse von Gembris (1990) – ist es oft ambivalent: Viele Menschen können negativen Stimmungen anscheinend auch etwas Positives abgewinnen (positive Meta-Emotion), sind daher bestrebt, diese Zustände durchaus eine Weile aufrechtzuerhalten, und nutzen dazu Musik, die der negativen Stimmung entspricht – also zum Beispiel traurige Musik bei Trauer und Melancholie. Geht man davon aus, dass die positiven und negativen Stimmungen über alle Personen und Situationen hinweg in etwa gleich oft auftreten, dürfte die Musikauswahl nach dem Isoprinzip dennoch in der Summe überwiegen. Die erste und allgemeinste Hypothese lautet daher:

H_1:   Über alle Personen und Situationen hinweg wird Musik öfter nach dem Isoprinzip gehört, um die entsprechende Stimmung aufrechtzuerhalten oder sie zu verstärken (Isoeffekt), als nach dem Kompensationsprinzip, um die entsprechende Stimmung abzuschwächen oder zu kompensieren (Kompensationseffekt).

Laut Mood-Management-Theorie und den Ergebnissen diverser Studien sind Menschen in der Regel jedoch primär bemüht, negative aversive Stimmungen zu vermeiden oder zu kompensieren und positive Stimmungen zu unterstützen und zu verstärken. Diejenigen, die negative Stimmungen beispielsweise aus Gründen der positiven Meta-Emotionen aufrechterhalten, dürften also zumindest in der Minderheit sein. Darüber hinaus dürfte es nahezu keine Personen geben, die positive Stimmungen kompensieren. Hieraus ergeben sich folgende Hypothesen:

H_2: In positiven Stimmungen wie Ruhe/Zufriedenheit und Freude/ Glück hören nahezu alle Menschen Musik nach dem Isoprinzip, um die entsprechende Stimmung aufrechtzuerhalten oder sie zu verstärken (Isoeffekt).

H_3: In negativen Stimmungen wie Trauer/Melancholie oder Wut/Ärger hört der Großteil der Menschen Musik nach dem Kompensationsprinzip, um die entsprechende Stimmung abzuschwächen und sie zu kompensieren (Kompensationseffekt).

Aufgrund bisheriger Erkenntnisse können darüber hinaus auch noch interindividuelle Unterschiede vermutet werden. Hierbei ist von besonderem Interesse, welche Personen negative Stimmungen eher aufrechterhalten und verstärken. An dieser Stelle sollte man zwischen den negativen Stimmungen differenzieren, da zum Beispiel die negative Stimmung ›Wut/Ärger‹ von anderen Personengruppen unterstützt werden dürfte als die negative Stimmung ›Trauer/Melancholie‹. So ist zu vermuten, dass Männer aufgrund ihrer Präferenz für aggressive Musik (ZILLMANN/BHATIA 1989) auch eine höhere Affinität zu Wut und Ärger aufweisen. Es stellt sich allerdings die Frage, ob sie in Zuständen der Wut/des Ärgers diese Musik hören, um die Stimmung zu kompensieren oder sie zu unterstützen. Da Männer eher dazu neigen, Emotionen zu unterdrücken und sich nicht mit ihnen auseinanderzusetzen (»Represser«), Frauen dagegen Emotionen häufig sensibler wahrnehmen und auch bewusster und intensiver ausleben (»Sensitizer«; vgl. VITOUCH 1993, 1995; OLIVER 2000; OLIVER/WEAVER/SARGENT 2000), dürften Männer Wut und Ärger unterdrücken und kompensieren wollen, während Frauen sich eher damit aktiv und konstruktiv auseinandersetzen sollten.

Frauen, die insgesamt eine höhere Präferenz für sanftere, gefühlvolle, melancholische Musik (ZILLMANN/BHATIA 1989) aufweisen, haben überdies eine höhere Affinität zu Stimmungslagen der Trauer und Melancholie (OLIVER 2000, 2003). Es ist anzunehmen, dass sie in solchen Stimmungen stärker als Männer zu trauriger und melancholischer Musik greifen, um die Trauer und Melancholie auszuleben und zu verstärken.

H_4: In Stimmungslagen der Wut/des Ärgers hören Männer zu einem größeren Anteil als Frauen Musik nach dem Isoprinzip, um sich abzureagieren und um die Stimmung zu kompensieren (Kompensationseffekt).

H_5: In Stimmungslagen der Trauer/Melancholie hören Frauen zu einem größeren Anteil als Männer Musik nach dem Isoprinzip, um die Stimmung aufrechtzuerhalten oder sie zu verstärken (Isoeffekt).

Jugendliche haben ein sehr emotionales Verhältnis zu Musik (WELLS/ HAKANEN 1991) und tendieren zu extremen Formen der Musik (ZILLMANN/GAN 1997) – insbesondere in negativen Stimmungslagen. Es ist darüber hinaus bekannt, dass Jugendliche dazu neigen, negative Stimmungen zunächst auszuleben und teilweise sogar zu verstärken (WELLS/HAKANEN 1991). Sie dürften daher in Zuständen der Wut eher aggressive Musik präferieren, um die Wut auszuleben, und in Zuständen der Trauer eher traurige Musik hören wollen, um in Traurigkeit zu schwelgen. Ältere Menschen hingegen tendieren eher zu ruhigerer, harmonischerer und fröhlicherer Musik (BEHNE 1993a) – und dies sicher auch, weil sie insgesamt extreme Stimmungszustände eher vermeiden. Es ist anzunehmen, dass ältere Menschen negative Stimmungen verstärkt kompensieren wollen, und dass ihnen dies aufgrund ihrer größeren Erfahrung mit stimmungsverändernden Wirkungen von Musik bzw. – um in den Worten Zillmanns zu bleiben – aufgrund einer größeren Anzahl von ›memory traces‹ besser gelingt (vgl. hierzu auch schon die abschließenden Überlegungen in Kap. 5.2.1). Diese Überlegungen legen folgende Hypothesen nahe:

H_6: In Stimmungslagen der Wut/des Ärgers hören Jugendliche zu einem größeren Anteil als ältere Menschen Musik nach dem Isoprinzip, um die Stimmung aufrechtzuerhalten oder sie zu verstärken (Isoeffekt).

H_7: In Stimmungslagen der Trauer/Melancholie hören Jugendliche zu einem größeren Anteil als ältere Menschen Musik nach dem Isoprinzip, um die Stimmung aufrechtzuerhalten oder sie zu verstärken (Isoeffekt).

Insbesondere die Ergebnisse aus der Wünsch-Studie (1999, 2001) haben Zusammenhänge zwischen Mood-Management-Prozessen und Persönlichkeitsmerkmalen wie Neurotizismus und Extraversion (erhoben mit dem NEO-Fünf-Faktoren-Inventar nach COSTA/MCCRAE 1989) erkennen lassen. Stimmungsverbesserungen durch das Hören von Musik waren vor allem bei hoch-neurotischen und introvertierten Menschen zu vermerken. Introvertierte – so meine Vermutung – nehmen negative Stimmungen wohl intensiver wahr, da sie weniger auf externe als auf interne Reize und Veränderungen ausgerichtet sind. Sie leiten in der Folge wahrscheinlich viel öfter bewusst Mood-Management-Prozesse ein als Extrovertierte. Neurotische bzw. emotional labile Menschen dagegen dürften negative Stimmungen schlechter ›ertragen‹ als emotional stabile Menschen. Sie sollten daher in negativen Stimmungen verstärkt zu Musik nach dem Kompensationsprinzip greifen, um sich emotional zu stabilisieren, während emotional stabilere Menschen diese Stimmungszustände eher ertragen oder ihnen vielleicht sogar etwas Positives abgewinnen dürften.

H_8: Je emotional labiler/neurotischer Personen sind, desto mehr hören sie in negativen Stimmungslagen der Wut/des Ärgers oder der Trauer/Melancholie Musik nach dem Kompensationsprinzip und desto mehr versuchen sie, der Stimmung entgegen zu wirken (Kompensationseffekt).

Beim Merkmal der Extraversion könnten zweierlei Effekte eintreten. Zum einen sind Personen mit geringer Extraversion bzw. introvertierte Personen weniger gesellig, aktiv und gesprächig (BORKENAU/OSTENDORF 1993). Sie haben deshalb weniger Möglichkeiten und ein geringeres Verlangen, negative Stimmungen durch den Kontakt mit anderen Menschen zu kompensieren und könnten alternativ verstärkt auf nicht-menschliche Stimuli wie Musik zurückgreifen. Dies würde dafür sprechen, dass introvertierte Menschen verstärkt zu Musik nach dem Kompensationsprinzip greifen, um ihre negativen Stimmungen abzubauen. Gleichzeitig zeichnen sich introvertierte Menschen auch durch geringen Optimismus aus (BORKENAU/OSTENDORF 1993). Dies könnte wiederum dafür sprechen, dass sie bei negativer Stimmung wenig Anlass sehen bzw. wenig Zuversicht zeigen, aus diesem ›Tal‹ herauszukommen, und in der Folge sogar verstärkt zu Musik nach dem Isoprinzip greifen, um die negative Stimmung beizubehalten. Mit den beiden ›Lesarten‹ im Hinterkopf soll daher diesbezüglich zunächst nur eine Forschungsfrage formuliert werden:

F_1: In welchem Zusammenhang steht die Intro- oder Extrovertiertheit von Personen mit ihrem Prinzip der Musikauswahl und den Zielen des Musikhörens in negativen Stimmungen?

Nicht nur bei den Musikpräferenzen, sondern auch beim Umgang mit Musik im Alltag wurden Unterschiede im Hinblick auf den Bildungsstatus der Menschen beobachtet. Personen mit höherer Bildung entwickeln im Laufe ihres Lebens andere Musikvorlieben als Personen mit niedrigerer Bildung. In der Regel ist auch die Sozialisation mit klassischer Musik sowie die Musikausbildung eine relevante Determinante für die Entwicklung von Musikpräferenzen sowie von musikalischen Aktivitäten und Fähigkeiten. Es stellt sich die Frage, ob Menschen mit höherer Bildung Musik in bestimmten Stimmungen anders ›gebrauchen‹ und in diesen Situationen vielleicht auch zu anderer Musik greifen als Menschen mit niedriger Bildung. Gleiches ist mit Blick auf die ›Musikexpertise‹, die Musikalität, musikalische Aktivitäten und Fähigkeiten von Interesse. Zu fragen ist, ob das Mood Management durch Musik bei musikalischeren Menschen und musikalisch aktiven Menschen anders abläuft als bei weniger musikalischen und musikalisch inaktiven Menschen.

F_2: Unterscheiden sich formal gebildetere und formal ungebildetere Personen bezüglich des Prinzips der Musikauswahl und des Ziels des Musikhörens in verschiedenen Stimmungslagen?

F_3: Unterscheiden sich musikalische und unmusikalische Personen bezüglich des Prinzips der Musikauswahl und des Ziels des Musikhörens in verschiedenen Stimmungslagen?

Wie in Kapitel 5.3 beschrieben wurde, prägen den alltäglichen Umgang mit Musik auch die musikalischen Umgangsweisen bzw. Hörweisen. Es ist zu vermuten, dass die an sich situationsübergreifenden Hörweisen in verschiedenen Situationen mehr oder weniger angewendet werden. So verlangt der Aufenthalt in einer Disko quasi ein motorisches Hören, während das Hören von Musik bei der Hausarbeit vielleicht eher ein diffuses Hören fordert. Im Kontext des Mood Managements durch Musik dürfte das emotionale, sentimentale und kompensatorische Hören von höherer Relevanz sein, denn nur wenn die Hörer in der Lage sind, sich emotional auf die entsprechende Musik einzulassen, dürften sie ihre Stimmungen auch in die gewünschte Richtung lenken können. Es liegt daher folgende Forschungsfrage nahe:

F_4: In welchem Zusammenhang stehen die musikalischen Umgangsweisen/Hörweisen eines Menschen mit dem Prinzip der Musikauswahl und dem Ziel des Musikhörens in verschiedenen Stimmungslagen?

Die Mood-Management-Theorie thematisiert ähnlich wie das Modell medialer Gratifikationen von Palmgreen und Kollegen die Verfügbarkeit von und Erfahrungen mit Medienangeboten. Ob man in einer gegebenen Situation die für seine Bedürfnisse passendste Musik hören kann, ist unter anderem eine Frage der Verfügbarkeit. Die Anzahl an Tonträgern, die man besitzt, ist daher vielleicht ein guter Indikator für die Wahlmöglichkeiten und die Verfügbarkeit unterschiedlichster Musik. Es könnte angenommen werden, dass ein Mensch für sein Mood Management eine umso passendere Musik findet, je mehr Musik er zur Auswahl und zur Verfügung hat. Dieser Zusammenhang muss aber nicht zwangsläufig vorliegen, denn vielleicht sind für die meisten Menschen 20 bis 30 verschiedene Musiktonträger ausreichend, um in jeder möglichen Stimmungssituation die gewünschte Regulationsstrategie einschlagen zu können. Ähnlich verhält es sich mit dem Musikkonsum insgesamt. Je mehr ein Mensch Musik hört, je mehr Erfahrungen sollte er mit Musik sammeln. Die These, dass ein Mensch in der Folge umso besser seine Stimmungen mit Musik regulieren können sollte, desto mehr Musik er im Allgemeinen hört, klingt somit recht plausibel. Jedoch verrichten die Menschen mit großer Hördauer in der Regel viele andere Aktivitäten beim Musikhören. Die Musik wird nebenbei wahrgenommen und diffus gehört, was nicht mit dem Sammeln von immer neuen musikalischen Erfahrungen einhergehen muss. Die Ergebnisse der Studien dieser Arbeit sollen daher Antworten geben auf folgende abschließende Forschungsfragen:

F_5: In welchem Zusammenhang steht die Verfügbarkeit von Musik mit dem Prinzip der Musikauswahl und den Zielen des Musikhörens in verschiedenen Stimmungslagen?

F_6: In welchem Zusammenhang steht der alltägliche Umfang des Musikhörens mit dem Prinzip der Musikauswahl und den Zielen des Musikhörens in verschiedenen Stimmungslagen?

6.2 Methodisches Vorgehen

Zunächst sollte vor der konkreten Konzeption von Forschungsdesigns und Studien das methodische Vorgehen vor dem Hintergrund der zugrunde liegenden Theorie reflektiert werden. So geht die Mood-Management-Theorie von einem eher passiven, behavioristischen Menschenbild aus: Rezipient/-innen seien sich ihrer Bedürfnisse in der Regel nicht bewusst, würden auf die Wirkung spezifischer Medieninhalte (z. B. Musik) durch Sammeln von Erfahrungen mit ihnen konditioniert werden und würden bei entsprechender Bedürfnislage auf passende, die Bedürfnisse befriedigende Medieninhalte (z. B. Musik) mehr oder weniger unbewusst zurückgreifen. Zillmann ist daher der Meinung, dass man Rezipient/-innen nicht nach ihren Bedürfnissen und nach der Zielsetzung ihrer Medienauswahl befragen kann und Bedürfnisse und Motive daher nur indirekt über den experimentellen Zugang ermitteln sollte (ZILLMANN 1985). Der Uses-and-Gratifications-Ansatz hingegen geht eher von einem aktiven, in vielen Situationen rational denkenden Menschen aus, der sich seiner Bedürfnisse meist bewusst ist und der in der Regel überlegt und zielgerichtet spezifische Medieninhalte zur Bedürfnisbefriedigung einsetzt. Anhänger/-innen dieses Ansatzes wählen in der Regel die Befragung als methodischen Zugang, da sie davon ausgehen, dass die Rezipient/-innen sich ihrer Bedürfnisse und Motive nicht nur bewusst sind, sondern dass sie selbige auch artikulieren können. Als Kritikpunkte an diesem Ansatz, die hier nicht weiter ausgeführt werden sollen, werden seine Theorielosigkeit, seine zu enge Anbindung an die funktionale Theorie und seine Vorstellung von einem rein rationalistischen Publikum genannt und diskutiert (vgl. z. B. MCQUAIL 1984; VORDERER 1992; VORDERER/GROEBEN 1992; WINDAHL 1981; im Überblick: SCHLÜTZ 2002). Auch sind seine Gemeinsamkeiten mit der und seine Gegensätze zur Mood-Management-Theorie bereits aufgearbeitet worden (WÜNSCH 1999).

Festzuhalten bleibt, dass die Mood-Management-Theorie nicht *gänzlich* mit dem Uses-and-Gratifications-Ansatz unvereinbar ist. Zumindest haben beide den Anspruch, die Zuwendung zu Medieninhalten erklären zu können, und beide gehen dabei auf diverse Faktoren ein, die diese Zuwendung beeinflussen. Auch wenn aus dem Uses-and-Gratifications-Ansatz – aus meiner Sicht – weniger konkrete Aussagen über die Auswahl von Medien (und Musik im Speziellen) zum Zwecke der Stimmungsregulation ableitbar sind (hierfür benötigte ich eine spezifische Theorie wie die Mood-Management-Theorie), so haben seine theoretischen Überlegungen in Form des »General media gratifications model« (PALMGREEN/ WENNER/ROSENGREN 1985) zu Beginn des Kapitels 5 zumindest zusätzliche Faktoren der Musikauswahl zum Zwecke der Stimmungsregulation nahe gelegt, auf die Zillmann in seiner Theorie nicht eingeht. Ein Beispiel: Ob man in einer gegebenen Situation auf die gewünschte Musik zurückgreifen kann, hängt auch von ihrer situativen (oder auch generellen) Verfügbarkeit ab.

Das entscheidende Argument für den ›kombinierten‹ *methodischen* Rückgriff auf sowohl die Mood-Management-Theorie als auch den Uses-and-Gratifications-Ansatz im Rahmen dieser Arbeit wurde bereits in Kapitel 3.3 (Stimmungsregulation) genannt. Der aktuelle Stand der Forschung zu Modellen und Mechanismen der Stimmungsregulation geht sowohl von automatischen, unbewussten als auch von rational gesteuerten, bewussten Prozessen aus. Es gibt nach den aktuellen Erkenntnissen keine Grundlage für eine strikte Ablehnung des Befragungszugangs, um Mechanismen des Mood Managements zu erforschen. Aus diesem Grund wird in dieser Arbeit methodisch so vorgegangen, dass sowohl unbewusste Prozesse als auch bewusste Prozesse der Musikauswahl abgebildet werden können.

Nach diesen methodologischen Überlegungen bietet sich als Nächstes eine Abwägung der konkreten methodischen Vorgehensweise an. Vor dem Hintergrund der empirischen Vorarbeiten auf diesem Forschungsgebiet und der damit verbundenen Tatsache, dass neben offenen Forschungsfragen auch schon eine Vielzahl von Hypothesen abgeleitet werden konnten, würde sich eventuell ein rein hypothesenprüfendes Vorgehen mit standardisierten Erhebungsinstrumenten sowie ein Verzicht auf explorative Ansätze und qualitative Verfahren anbieten. Dies würde jedoch die Bedeutung verkennen, die explorativen Methoden im Vorfeld von hypothesenprüfenden quantitativen Methoden zukommt – auch wenn Erkenntnisse zum Forschungsgegenstand bereits vorliegen. So erlangt der Forscher über eine offene, qualitative Erhebung einen unverstellteren, natürlicheren und ganzheitlicheren Zugang zum Forschungsthema und den Proband/-innen. Mit verschiedenen Menschen über ihre musikalischen Erlebnisse, ihren Musikgeschmack und ihre Musiksozialisation zu sprechen, Zusammenhänge anhand von konkreten Beispielen aus deren Leben nachzuvollziehen und an interessanten Punkten flexibel nachfragen zu können, eröffnet ein tieferes Verständnis vom Umgang der Menschen mit Musik, das dem Forscher bei der Konzeption nachfolgender Studien und der Interpretation von Daten aus diesen Studien sehr hilfreich sein kann. Gleichzeitig könnten die gewonnenen Ergebnisse dazu dienen, Forschungsfragen und Hypothesen zu modifizieren und Entscheidungen für oder gegen die Erhebung spezifischer Aspekte in den nachfolgenden quantitativen Studien zu stützen. Zuletzt können qualitative Verfahren auch Hinweise für angemessene standardisierte Operationalisierungen in Folgestudien geben. Die qualitative Vorarbeit erbringt somit eine Schärfung des Blicks sowohl für den Forschungsgegenstand selbst als auch für die angemessene methodische Annäherung an ihn (BORTZ/DÖRING 1995; LAMNEK 1995).

Zu diesem Zweck wurden zuerst Leitfadeninterviews (vgl. Kap. 7) mit einer bewussten Auswahl von Interviewten im Sinne des ›theoretical sampling‹ als qualitativer Zugang gewählt. Diese Leitfadeninterviews sollten eher breit angelegt sein, um einen Gesamtblick auf Musiknutzung im Allgemeinen und deren vermeintlich relevante Einflussbereiche zu erhalten. Dabei sollen die Ergebnisse insbesondere für eine erste ›Überprüfung‹ der Hypothesen 1 bis 3 herangezogen werden, obwohl sie sicher auch Implikationen für andere Hypothesen und Forschungsfragen aufweisen werden.

Um die Ergebnisse aus den Leitfadeninterviews an einer repräsentativen Stichprobe zu überprüfen und um spezifische Faktoren, die in den restlichen Hypothesen und Forschungsfragen angesprochen werden, differenzierter und standardisierter zu erfassen, wird als zweite Studie eine halbstandardisierte Befragung über Telefon initiiert (vgl. Kap. 8). Diese Studie sollte die Hypothesen 1 bis 7 überprüfen sowie die Forschungsfragen 2, 3, 5 und 6 beantworten können.

Da nicht alle relevanten Informationen/Merkmale per das Telefon abfragbar waren (u. a. weil die Interviewdauer sonst über das Telefon nicht zumutbar gewesen wäre) und da die Befragten in zweierlei Hinsicht kognitiv gefordert waren – sie mussten sich zunächst in verschiedene Situationen versetzen, um sich dann vorzustellen, welche Musik sie in den betreffenden Situationen hören würden – sollte eine dritte Studie diese Ergebnisse durch Einbeziehen zusätzlicher Variablen anreichern und differenzieren sowie ihre Validität erhöhen. Das abschließende Experiment (vgl. Kap. 9) hatte gegenüber der Telefonbefragung den Vorteil, dass die Befragten ihre Musikauswahl nicht in imaginierten, sondern in tatsächlichen (experimentell manipulierten) Stimmungen vornehmen konnten. Außerdem konnten umfangreichere Itembatterien zur Erfassung von Musikrezeptionsstilen und Persönlichkeitsfaktoren eingebunden werden. Die Ergebnisse des Experiments sollten schließlich zur Überprüfung aller Hypothesen und Beantwortung aller Forschungsfragen beitragen können.

Studie 1 und 2 gehen auf das DFG-Projekt »Musikselektion: Explorative und experimentelle Untersuchungen situativer und individueller Einflüsse auf die Auswahl von Musik« (VORDERER 1999a) zurück. Dankenswerter Weise darf ich die Studien für diese Arbeit verwenden und sie im Hinblick auf meine Hypothesen und Fragestellungen auswerten. Studie 3 ist nach Abschluss des DFG-Projekts als eigenständige Folgestudie im Rahmen einer Lehrveranstaltung (»Das Experiment«) am Institut für Journalistik und Kommunikationsforschung der Hochschule für Musik und Theater Hannover unter meiner Leitung im Wintersemester 2002/03 entstanden.

7. STUDIE 1:
LEITFADENINTERVIEWS

Das Hauptziel dieser ersten explorativen Studie war es, zunächst einen natürlichen, ganzheitlichen Zugang zum Forschungsgegenstand durch eine breit angelegte qualitative Befragung zu gewinnen. Dabei galt es, fremde Musiklebenswelten nachzuvollziehen, um nicht nur auf Basis der eigenen Erfahrungen mit Musik und den Vermutungen darüber, wie andere Menschen mit Musik umgehen, zu forschen.

Oberstes Gebot beim Interviewen war daher ein offenes, flexibles und individuelles Eingehen auf die Befragten, um neue Aspekte des Umgangs mit Musik zu entdecken. Da jedoch relevante Dimensionen bereits vor der Studie vermutet werden konnten, sollten die Interviews nicht unstrukturiert, sondern anhand eines Leitfadens und eines theoretischen Konzepts erfolgen. Die Dominanz der ›Konzeptgenerierung‹ sollte aber bei den Interviewten verbleiben. Den Befragten waren durch Nachfragen und dem Anreizen zum intensiven Nachdenken seitens der Interviewer/-innen Informationen und Erkenntnisse zu entlocken, denen sie sich vor dem Interview nicht vollends bewusst waren. Die Interviewinhalte ergaben sich somit aus einer Wechselwirkung von (theoretischer) Deduktion und (empirischer) Induktion (vgl. LAMNEK 1995: 78).

Ein nachgeordnetes, weiteres wichtiges Ziel dieser ersten Studie war es, Hinweise für die Operationalisierung spezifischer Konstrukte in nachfolgenden Studien zu erhalten. Zum Beispiel sollte geklärt werden, in welchen Kategorien die Befragten Musik wahrnehmen und beschreiben. Sind es Musikgenres, Interpreten/Bands, Songtitel/Werke oder musikalische Parameter wie Tempo, Rhythmus, Lautstärke, Instrumentalisierung, die für die mentale Einordnung von Musik entscheidend sind? Hiermit sollte die Frage geklärt werden, ob im Sinne der Hypothesen und Forschungsfragen in den Studien 2 und 3 die Musikauswahl in bestimmten Situationen tatsächlich anhand der *Ausdrucksstimmung* der Musik abgefragt werden könnte.

Ein drittes Ziel lag darin, erste Hinweise im Hinblick auf Hypothesen und Forschungsfragen zu erhalten, um eventuelle Modifikationen und Ergänzungen vorzunehmen.

7.1   Methode

7.1.1   *Operationalisierung – Aufbau des Leitfadens*

Die Grundlage für die Interviews bildete ein Leitfaden (vgl. Anhang 1, einzusehen auf http://www.halem-verlag.de) mit den folgenden Dimensionen:

1. Musikgeschmack, Musikpräferenz,
2. musikalische Fähigkeiten und Aktivitäten,
3. Musiksozialisation,
4. Bedeutung von Musik,
5. Musik und Lebensstil, Musik und Image,
6. Musikrezeption, Musikhörer-Typ,
7. Erwartungen an Musik, Wirkungen von Musik,
8. Musikrezeption/-selektion und individuelle Situationen und
9. Musikrezeption/-selektion und soziale Situationen.

Der Leitfaden wurde auf der Basis von aus der Forschungsliteratur gewonnenen potenziellen Einflussfaktoren für die Auswahl von Musik entwickelt. Soziodemografische Merkmale und die generelle Nutzung und Beschaffung von Musik durch die Befragten wurden mittels eines standardisierten Kurzfragebogens am Ende des Interviews ermittelt (vgl. Anhang 2, einzusehen auf http://www.halem-verlag.de).

Der Leitfaden war insgesamt sehr breit angelegt und berührte auch Themenbereiche wie beispielsweise ›musikalische Fähigkeiten und Aktivitäten‹ oder die ›Musiksozialisation‹, deren Zusammenhang mit der Auswahl von Musik (dies war der Fokus des DFG-Projekts) oder auch mit der Nutzung von Musik zum Zweck der Stimmungsregulation (im Sinne dieser Arbeit) zunächst nicht ersichtlich ist. Vergegenwärtigt man sich jedoch, dass die frühe Sozialisation mit E-Musik, das Erlernen eines Instruments und das aktive Ausüben von Musik mit großer Wahrscheinlichkeit auch die Hörgewohnheiten und auch das Repertoire an Hörweisen prägt, und diesen wiederum unterstellt werden darf, dass sie einen Einfluss auf den situativen Umgang mit Musik haben, so ist der Zusammenhang nachvollziehbar.

Bei der Konzeption des Leitfadens wurde nicht nur darauf geachtet, alle relevanten Faktoren des situativen Umgangs mit Musik abzudecken, sondern diese auch in eine interviewpsychologisch zweckmäßige Reihenfolge zu bringen. Hierbei orientierte sich das Projektteam unter anderem an den Ausführungen von Wittkowski (1994: 34ff.) zur Vorbereitung halbstrukturierter Forschungsinterviews. Folgende Überlegungen standen dabei im Mittelpunkt:

- Um den Befragten den Einstieg zu erleichtern, wurde zu Beginn nach dem Musikgeschmack gefragt. Denn diese Dimension sollte für die Befragten weniger abstrakt, zugänglicher sowie zugleich nicht so sensitiv und persönlich wie nachfolgende Dimensionen sein.

- Die ›Bedeutung von Musik‹ für das eigene Leben einzuschätzen, ist eine schwierige und abstrakte Aufgabe. Um hier nicht von allen Befragten einheitliche Antworten im Stile von »selbstverständlich hat Musik eine ganz große Bedeutung in meinem Leben« zu erhalten, wurde ein ›reversed funneling‹ (WITTKOWSKI 1994: 34-36) konzipiert und die Leitfadendimensionen 1 bis 4 als eine Themenabfolge vom Konkreten zum Abstrakten angelegt, sodass die Fragen zu Dimension 4 (Bedeutung von Musik) auf Basis der Antworten zu den Fragen von Dimension 1 bis 3 fundierter und reflektierter beantwortet werden konnten.

- Jeder Dimension wurde die zentrale Frage/das zentrale Erkenntnisinteresse in eckigen Klammern vorangestellt, um den Interviewern die Möglichkeit zu geben, nur anhand dieser ›Eckpfeiler‹ die Dimensionen flexibel und unabhängig von den nachfolgenden detaillierten Fragen abzuhandeln.

- Die Dimensionen ›Bedeutung von Musik‹ und ›Musik und Lebensstil, Musik und Image‹ wurden als die abstraktesten Dimensionen eingestuft und sollten daher in der Mitte des Interviews, wenn die Befragten kognitiv rege (aber noch nicht ›müde‹) sind, thematisiert werden.

- Das Interview insgesamt steuerte auf seinen thematischen Höhepunkt in Dimension 8 (Musikrezeption/-selektion und individuelle Situationen) zu.

7.1.2 Durchführung

Die 21 Interviews wurden von vier Interviewer/-innen im Juni und Juli 2000 durchgeführt und dauerten im Durchschnitt etwa 45 Minuten. Es wurde darauf geachtet, die Interviews möglichst an für die Interviewten vertrauten und angenehmen Orten vorzunehmen, um eine natürliche und offene Interviewsituation herzustellen, in der die Befragten keine Scheu haben, Persönliches und Emotionales über sich zu erzählen. So wurden die Interviews in der Regel zu Hause bei den Befragten oder in Räumen am Arbeitsplatz, in denen man sich ungestört zu zweit unterhalten konnte, abgehalten. Vor dem Interview erfolgte eine Einleitung (im Sinne der Einleitung des Leitfadens; vgl. Anhang 1, einzusehen auf http://www.halem-verlag.de), die frei und auf den Befragten zugeschnitten vorgetragen wurde und in der die Interviewer/-innen kurz auf das Ziel des Interviews, Antwortverhalten und die anonyme Behandlung hinwiesen. Die Interviews wurden nach nach Absprache mit den Interviewten per Aufnahmegerät mitgeschnitten. Dabei war das Aufnahmegerät nach Möglichkeit mittig zwischen den Interviewer/-innen und den Interviewten aufgestellt, um eine gute Tonqualität beider Stimmen zu gewährleisten. Im Verlauf der Interviews zeigten sich wenige Probleme. Die Befragten gaben sehr gerne Auskunft über ihren Bezug zu Musik, ihren Umgang mit Musik und ihre persönlichen Erlebnisse mit Musik. Hier bewahrheitete sich die Annahme, dass ›Musik‹ ein Thema ist, zu dem jeder etwas zu sagen hat und vor allem auch sagen möchte. Lediglich beim Wechseln der Kassette im Aufnahmegerät traten kleine Unterbrechungen auf, sodass die Interviewten kurzzeitig in ihrem Redefluss gestoppt werden mussten mit der Bitte, ihre Gedanken festzuhalten und nach dem Wechsel der Kassette weiterzuführen. Nach Beendigung des eigentlichen Leitfadeninterviews wurde meist noch weiter über das Thema diskutiert und nebenbei der ergänzende Fragebogen zur Erfassung der Soziodemografie sowie der Daten zur Nutzung und Beschaffung von Musik unter Anleitung/Anwesenheit der Interviewer von den Befragten selbst ausgefüllt. Die Interviewer vermerkten zu einem späteren Zeitpunkt noch den Ort, die Zeit und die Dauer der Interviews, beschrieben kurz die Situation, in der die Interviews stattfanden, sowie den Interviewverlauf, machten Angaben zum Verhalten der Interviewten (Mimik, Gestik, Körpersprache, emotionaler Zustand) und skizzierten ihren subjektiven Eindruck über Persönlichkeit, Milieu und Lebensstil der Befragten.

7.1.3 Stichprobe

Bei der Rekrutierung wurde darauf geachtet, dass möglichst gleich viele
Frauen und Männer, alle Alterssegmente und Bildungsabschlüsse in der

TABELLE 22
Übersicht der Interviewten aus den Leitfadeninterviews

Nr.	Geschlecht	Alter	Bildungs-abschluss	Beruf	Musikbezug
1	weiblich	24	Abitur, auf Musikhoch-schule	Musikstudentin	Musik ist Hauptlebensinhalt, Hochkulturschema
2	weiblich	24	Realschule + Lehre	Industriekauffrau	kein Musikbezug
3	weiblich	26	Abitur, auf Universität	Medienmanage-mentstudentin	durchschn. Nutzung von Musik, Tanzen, Partys
4	weiblich	31	Realschule	Gastronomiefachfrau	kaum Musikbezug
5	weiblich	35	Universität	Journalistin	kein Musikbezug
6	weiblich	39	Abitur	Sängerin	hoher Bezug
7	weiblich	40	Universität	arbeitet im Verlag, Hausfrau	singt im Chor und mag Opern
8	weiblich	51	Abitur	Bibliothekarin	musikal. Ausbildung, kein besonderer Musikbezug
9	weiblich	56	Abitur + Lehre	Augenoptikerin, selbständig	kaum Bezüge, Gelegenheitshörerin
10	weiblich	60	Realschule	Hausfrau	hört viel Popmusik und tanzt aktiv
11	männlich	21	Realschule	Barkeeper	nur U-Musik
12	männlich	24	Abitur, auf Fachhoch-schule	BWL-Student	musikal. Ausbildung, sonst kein besonderer Bezug
13	männlich	26	Abitur + Lehre	Werbekaufmann	extrem starker »passiver« Musikbezug im U-Bereich
14	männlich	26	Realschule	Industriemechaniker	kein spezifischer Bezug
15	männlich	32	Abitur	Informatiker (ohne Hochschulabschluss)	früher Posaunenchormitglied, sonst nichts
16	männlich	44	Fachober-schule	Tontechniker	gesetzter ehemaliger Rockveteran, starker Musikbezug (Kenntnisse, Klangbeurteilung) durch Beruf
17	männlich	47	Realschule	kaufm. Angestellter	arbeitet im Tonträgerbereich
18	männlich	55	Universität	Freier Künstler	in höchstem Maße kunst- u. musik-bezogen
19	männlich	59	Volksschule	Hausmeister in Rente	singt im Dorf-Gesangsverein, sonst kein Bezug
20	männlich	66	Volksschule	Industriemeister	kein Bezug außer Männergesangsverein
21	männlich	68	Realschule	Kaufmann	kein Bezug zu Musik, nur Radiohörer

Stichprobe vertreten waren. Als zusätzliches Auswahlkriterium wurden
der Stellenwert und die Bedeutung von Musik für die befragten Personen herangezogen, um Musikexperten und Musiklaien, Personen mit
hohem und niedrigem Musikkontakt sowie verschiedene Musikhörer/-
innen- und Musikselektionstypen zu erfassen. Auswahlkriterien in
Bezug auf den Stellenwert und die Bedeutung von Musik waren das
Interesse an Musik, konkrete Musikpräferenzen, musikalisches Wissen,
musikalische Fähigkeiten und Tätigkeiten sowie die Qualität und Intensität des Musikkontakts. Diese Kriterien wurden jeweils von den Interviewern bei der Rekrutierung für ihre potenziellen Interviewpartner
eingeschätzt oder explizit erfragt. Es ergab sich schließlich eine erfreulich heterogene Stichprobe (vgl. Tab. 22) bestehend aus 21 Personen im
Alter zwischen 21 und 68 Jahren, davon zehn Frauen und elf Männer,
zehn Personen mit vergleichsweise niedrigeren Bildungsabschlüssen
(Volksschul-, Realschul-, Fachoberschulabschluss) und elf Personen mit
höheren Bildungsabschlüssen (Abitur mit/ohne Lehre, Fachhochschul-,
Hochschul-, Universitätsabschluss). Die Personen übten kaufmännische,
handwerkliche oder künstlerische Berufe aus und wiesen unterschiedlichste Bezüge zu Musik auf (kaum Bezug, Gelegenheitshörer/-innen,
Intensivhörer/innen ohne eigenes aktives Musizieren, Hobby-Musiker/-
innen, Berufsmusiker/-innen).

7.1.4 Transkription und Auswertung

Die Transkription und Auswertung der Interviews erfolgte in sechs
Schritten:

- Die Interviews wurden wörtlich inklusive umgangssprachlicher
  Begriffe, Füllwörter, Lautäußerungen wie Lachen und Redepausen
  transkribiert. Dialekte wurden nicht transkribiert, da sie für den
  Untersuchungsgegenstand nicht relevant waren.
- Danach wurden alle Interviews komplett gelesen und in Form
  eines Steckbriefes pro Interviewtem auf ein bis zwei Seiten zusammengefasst (vgl. Anhang 3, einzusehen auf http://www.halem-
  verlag.de). Diese Steckbriefe sollten einen schnellen Überblick
  über die Befragten ermöglichen.
- Die Projektmitarbeiter/-innen lasen daraufhin nochmals alle
  Interviews komplett und entwickelten auf Basis ihrer Eindrücke

und Notizen ein Codebuch, das sich primär an den Leitfadendimensionen orientierte.

- Das Codieren der Interviews wurde mit *ATLAS.ti*, einer Software für die Bearbeitung, Visualisierung und Analyse von qualitativen Daten, vorgenommen. Dabei erwiesen sich nach kurzer Zeit einige Kategorien des Codebuchs als zu breit, andere als zu schmal. *ATLAS.ti* ermöglichte in diesen Fällen eine schnelle, computergestützte Umkodierung. Obwohl zum Beispiel auch Dimensionen wie der Musikgeschmack, die Musiksozialisation und der allgemeine Umgang mit Musik vercodet wurde, stand die Kodierung der Musikauswahl und der Wirkung von Musik im Sinne des Iso- und Kompensationsprinzips im Mittelpunkt.

- Zuletzt konnten die Kategorien einzeln oder kombiniert ausgewertet sowie die entsprechenden Textpassagen angezeigt werden. So erhielt man zum Beispiel eine Liste aller Musikpräferenzen oder eine Liste aller Selektionen im Sinne des Kompensationsprinzips.

- Über Listen, die diese Kategorien getrennt nach Kriterien wie Geschlecht, Alter, Bildung oder Musikbezug anzeigten, wurden schließlich personengruppenspezifische Muster der Stimmungsregulation durch Musik deutlich. Die Tatsache, dass über *Atlas.ti* angezeigt wird, wie oft die einzelnen Kategorien vergeben wurden, ermöglichte eine Interpretation von Tendenzen auf quantitativer Basis (ohne dabei von repräsentativen Zahlenverhältnissen auszugehen; die Zahlen sollten lediglich Hinweise geben, ob beispielsweise das Iso- oder Kompensationsprinzip überwiegt), wie sie in einer generalisierenden Analyse von qualitativen Daten zumeist angestrebt wird (vgl. LAMNEK 1995: 109).

7.2 Ergebnisse

Zunächst wird in Abschnitt 7.2.1 der Frage nachgegangen, in welchen Kategorien die Musik von den Interviewten überhaupt beschrieben und mental abgebildet wird, um damit zu legitimieren, dass die Abfrage der *Ausdrucksstimmung* von situativ präferierter Musik (und nicht etwa das Genre präferierter Musik) ein methodisch akzeptabler Weg für die nachfolgenden Studien sein könnte. Da anvisiert wurde, dass Studie 3 (Experiment) auch Rezeptionsmodi erheben sollte, erfüllt Abschnitt 7.2.2 die

Aufgabe, die Relevanz spezifischer Hörweisen zu explorieren. Im Rahmen einer breiteren Betrachtungsperspektive auf das eigentliche Thema dieser Arbeit, die Stimmungsregulation durch Musik, wird im Folgenden nicht nur nach Motiven der Stimmungsregulation, sondern auch nach anderen Motiven der Musiknutzung Ausschau gehalten. Abschnitt 7.2.3 beschreibt daher kurz die Ziele/Funktionen des Musikhörens, die von den Interviewten geäußert wurden. Abschnitt 7.2.4 widmet sich dann abschließend speziell der Stimmungsregulation und arbeitet Tendenzen in den Zusammenhängen zwischen Stimmungslagen und präferierter Musik heraus. Dabei wird auch auf interindividuelle Unterschiede bzw. Diskrepanzen zwischen verschiedenen Personengruppen eingegangen.

7.2.1 Mentale Repräsentation von Musik

Die Forschungsfragen und Hypothesen thematisieren Zusammenhänge zwischen spezifischen Stimmungslagen und der Auswahl von Musik mit bestimmter Ausdrucksstimmung (und diesbezügliche interindividuelle Unterschiede). Wenn nun in den nachfolgenden Studien die Ausdrucksstimmung der ausgewählten Musik nicht von externen Beobachter/-innen bestimmt wird, sondern die individuelle Wahrnehmung der/des Musikhörenden entscheidend sein soll, dann ist in diesem Zusammenhang interessant, ob Musikhörende die Musik überhaupt in Kategorien der Ausdrucksstimmung mental repräsentiert haben. Denn nur in diesem Fall wäre der Befragungszugang legitim, da die Befragung als Methode lediglich Kognitionen, also die *Vorstellung* von der Ausdrucksstimmung der Musik, nicht aber die *empfundene* Stimmung der Musik ermitteln kann. Zu diesem Zweck wurde – eher ungewöhnlich für eine qualitative Studie – eine quantitative Auszählung der verschiedenen Kategorien, in denen Musik beschrieben wurde, über alle Interviewten hinweg vorgenommen. Tabelle 23 zeigt, dass die interviewten Personen Musik sehr häufig in Form von Genres spezifizierten ($n = 58$). Sie redeten also beispielsweise davon, dass sie generell gerne ›Klassische Musik‹ oder ›Soul und Funk‹ hören. Ebenso häufig wurde die Musik allerdings auch anhand von Ausdrucksstimmungen beschrieben ($n = 58$). Die Personen nannten zum Beispiel ›depressive‹ Musik oder ›ruhige‹ Musik. Danach folgen mit $n = 51$ die musikalischen Parameter. Da jedoch allein 30 Nennungen auf die Lautstärke von Musik entfielen, kann eine eher untergeordnete Rolle der musikalischen Parameter in der mentalen Repräsentation der Befragten vermutet werden. Wenn die Befragten überhaupt Musik anhand von Parametern abbildeten, dann also meist in Gestalt von ›lauter Musik‹ oder ›leiser Musik‹. Rhythmus, Tempo, Instrumentalisierung, Melodik, Harmonik und Kompositionsstruktur scheinen von geringerer Relevanz.

Erstaunlicherweise wurden auch Bands, Interpreten oder Komponisten nicht in dem Ausmaß genannt ($n = 24$), wie man das wohl zuvor vermutet hätte. Denn die meisten Menschen verbinden ja mit ihrer Lieblingsmusik auch unmittelbar dazu gehörige Bands, Interpreten und bestimmte Titel. In diesen Interviews wurde dies jedoch nicht so deutlich, was aber in der Art der Fragen des Leitfadens begründet liegen könnte. An dieser Stelle muss generell eingeräumt werden, dass die Relevanz der soeben beschriebenen Musikkategorien zu einem großen Teil auch auf den Leitfaden zurückzuführen ist. Denn Fragen wie »Gibt es Situationen, in denen Sie besonders gern laute Musik hören?« oder »Gibt es Situationen, in denen Sie Musik stört?« begünstigen selbstverständlich die Unterkategorie ›Lautstärke‹. Die Frage »Worauf achten Sie denn beim Musikhören? Text, Rhythmus, Harmonik, Melodie ... ?« hat sicher dazu geführt, dass überhaupt 51 Kommentare zu musikalischen Parametern vorlagen. Dass dennoch so wenige Nennungen im Bereich konkreter Bands und Interpret/-innen wie auch konkreter Songs und Werke gezählt werden konnten, obwohl im Block 1 des Leitfadens konkret danach gefragt wurde, spricht für wenig konkrete Vorstellungen und Präferenzen der meisten Menschen in Bezug auf Musik. Viele Menschen können zwar noch ungefähr angeben, ob sie eher Klassik, moderne Pop- und Rockmusik oder Schlager und Oldies mögen, vermögen aber keine differenzierteren Aussagen zu machen.

Nichtsdestotrotz bleibt der hohe Stellenwert der Kategorie ›Stimmung der Musik‹ ungetrübt, zumal einzig die Frage »Welches generelles Lebensgefühl drückt Ihre Lieblingsmusik für Sie aus?« eine entsprechende Antwort nahe legte. Diese Ergebnisse deuten insgesamt also darauf hin, dass die Ausdrucksstimmung von Musik neben dem Musikgenre die vorherrschende mentale Repräsentationskategorie ist, dass Menschen oft Musik entsprechend ihrer Ausdrucksstimmung auswählen, dass sie sich dessen oft bewusst sind und dass man aus diesem Grunde sie auch nach ihrer Musikauswahl mit Bezug zu der Ausdrucksstimmung fragen kann.

TABELLE 23
Kategorien der Beschreibung von Musik durch die Interviewten

Kategorie	Beispielzitate aus den Interviews	Anzahl an Nennungen
Musikgenre	›Klassik‹, ›Popmusik‹, ›Soul und Funk‹	58
Stimmung der Musik	›depressive Musik‹, ›leichte Musik‹, ›ruhigere und ausgeglichenere Musik‹	58
musikalische Parameter insgesamt	›nicht übermäßig laut‹, ›rhythmisch‹, ›schnellere Musik‹, ›bisschen melodischer‹	51
Lautstärke		30
Rhythmus		7
Tempo		6
Instrumentalisierung		4
Melodik		2
Harmonik		1
Komposition		1
Band, Interpret/-in, Komponist/-in	›The Cure‹, ›Karajan‹, ›Wagner‹	24
Medium	›Radio‹, ›Klassik-CD‹	21
Musikgattung	›Balladen‹, ›Oper‹, ›Operettenmelodien‹	10
Musiktitel/Werk	›Killing me softly‹, ›Parsifal‹	7

7.2.2 Rezeptionsmodalitäten

Mit Blick auf nachfolgende Studien war es interessant, welche generellen Hörweisen von den Befragten genannt wurden. Im Folgenden sollen dabei primär die Zitate aus den Interviews die verschiedenen musikalischen Umgangsweisen dokumentieren, da die Befragten hierzu sehr viel Persönliches gesagt haben.

So wurde vereinzelt über das *bewusste* Musikhören mit voller Hingabe zur Musik berichtet:

»Also dann kann ich mich richtig in Schmerz und Melancholie wälzen!«

»Also, da, ähm, Parsifal, da gibt's so eine Szene, die, wenn man die im Opernhaus sieht, da ... da haut sozusagen die Sicherung bei mir durch. Das ist sehr, sehr, sehr spannend.«

»Ich habe halt total Probleme damit, klassische Musik im Hintergrund zu hören. Ich muss mich wirklich hinsetzen und zuhören.«

Insbesondere bei den ›Musikprofis‹ weist das bewusste Musikhören einen Schwerpunkt auf dem *analytischen, strukturellen* Hören und weniger auf dem *hingebungsvollen, emotionalen* Hören auf. Dabei geht es den Musikprofis auch öfter um eine Beurteilung der Musik im Sinne von ›das ist gut gemachte, anspruchsvolle Musik‹, ›das ist schlecht gemachte, anspruchslose Musik‹:

»Also, ich würde eher sagen, dass mit mir so zum Beispiel ... also in jeder Epoche gab es halt, würde ich mal sagen, ist gute Musik komponiert worden, ist schlechte Musik komponiert worden. Und zum Beispiel, wenn ich jetzt weiß ich nicht Wagenseil, das war irgendwie so 'nen Typ, der ziemlich beliebige Musik komponiert hat so in ... so um die Beethoven-Ära rum, glaube ich, und ... so was kann ich mir dann schlecht anhören, weil es einfach nur so 'nen Geplänkel ist, so das ist halt ... es ist einfach zu gefällig, das muss ich mir dann nicht geben so, ne?!«

»Wenn man halt Stücke analytisch untersucht, auf ihre Bauweise hin untersucht [...], also [...] da gibt es unglaublich faszinierende Sachen, die da dann zu Tage kommen, die einem auch das Stück, also die Musik selbst einem selbst einfach auch begreiflicher machen, die das irgendwie öffnen, dass man plötzlich, plötzlich ... also, wenn man so dreidimensional plötzlich sieht, was vorher nur ne Fläche war. Als, wenn man plötzlich sich da so rein hört und plötzlich kapiert, [...] das hat man alles vorher ... das ist einfach an einem vorbei gegangen. Das hat man überhaupt nicht registriert. Und dann ist einem das aber mal gesagt worden und man hat darüber diskutiert und dann ... wird einem das klar und da hat man ein unglaubliches Erlebnis. Das ist wirklich ... das ist ganz toll.«

Die analysierende Hörweise trifft dabei nicht nur auf die professionellen Klassik-Musiker/-innen, sondern auch auf die professionellen Pop- und Rockmusiker/-innen zu:

»Musiker sind da vielleicht noch eher neugierig und dann stehen und dann sagen, es war eigentlich Scheiße, aber ich hör's mir jetzt trotzdem an, was machen die denn da und so ... ne, Du hörst Musik anders, wenn Du Musiker bist. Du hörst Musik, Du sezierst sie, ne, Du pflückst sie mehr auseinander so mit anderen Leuten, woran das jetzt liegt, dass das toll ist und, und, und ... welche Sounds sie benutzen, welche Echogeräte, was für'n Hall, was, was weiß ich, was für Gitarren, wie die Riffs gespielt sind und ja ... was für 'ne Drummaschine.«

Wesentlich häufiger wurde allerdings das *diffuse* Hören bzw. das Musikhören als Nebenbeibeschäftigung genannt:

»Also ähm, Klassik, denke ich, ist eher so was zum Entspannen und zum Nebenbeihören und ähm, finde ich zum Beispiel total schön, zu klassischer Musik zu essen oder abends irgendwie was zu lesen oder so, mache ich sehr sehr gerne.«

»Aber sonst so höre ich eigentlich Musik nur auf dem Wege von der Arbeit, zur Arbeit, in der Küche (Pause), dass da irgendwas rumdudelt (lacht).«

Die Befragten äußerten auch zahlreiche Beispiele für Erinnerungen, die mit dem Hören von Musik verbunden sind, bzw. das *assoziative* Hören:

»Du hörst irgend so 'nen Lied aus den Achtzigern und weißt noch genau, Mensch, da waren wir ja [...] zum Wandern, also, ja, so ein Beispiel.«

»Also man hat einfach 'nen ganz anderen ... Zugriff auf dieses Stück, wenn man das selber ... wenn man da wochenlang dran geprobt hat und selber im Orchester gesessen hat. Das ist was völlig anderes. Also, man hat viel mehr irgendwie ... ich kann das gar nicht beschreiben ... man hat einfach ... man empfindet viel, viel mehr einfach. So ist das. Und man erinnert sich natürlich auch, ist ja klar. Also, an die Leute und was da so los war, das ... also das hat so 'ne bestimmte Atmosphäre eingefangen von damals, die es dann halt transportiert und dann später wieder hört.«

Einige Befragte beschrieben die beruhigende Wirkung, die das Musikhören auf sie ausübt, und betonten, dass das Musikhören selbst oft sehr genussvoll erlebt wird, sodass gar keine extrinsische Motivation, die außerhalb des eigentlichen Musikhörens liegt, vorliegen muss. Insbesondere Ersteres könnte als *meditatives* Hören bezeichnet werden:

»Ja [...], also Klassik ist für mich wichtig zum Abschalten, Ruhe und so 'nen bisschen In-Sich-Gekehrtsein, ähm, ja meinetwegen auch mit 'nem guten Buch verbunden oder einfach nur ... naja, seine Gedanken schweifen lassen.«

»Hm, ja, ich komme dadurch ein bisschen zur Ruhe, eben wenn ich jetzt hier an diesen Sonntagvormittag denke, ne. Und es ist für mich eigen ... ja, es ist für mich sowieso ein, ein Gewinn, mal Zeit für mich zu haben. Und das kommt dann dazu, ne, wenn ich jetzt die schöne Musik höre, die für mich dazu gehört, dann ist das einfach, ja, (Pause) angenehm – Genuss.«

Dann wurde sowohl das *vegetative* Hören als auch das *motorische* Hören genannt – beides Hörweisen, die sich bei vielen Menschen unweigerlich einstellen, sobald Musik erklingt:

»Also, wirklich so aufregend, da ... Ich war ja zum Teil schwanger in der Oper, dass also mein Kind fast verrückt wurde, mein Ungeborenes, weil der Herzschlag so heftig wurde.«

»Wenn ich Musik höre, dann muss ich mich einfach bewegen. Nette, angenehme Musik, die mir gefällt, die mir zusagt, dann, weiß nicht, dann zucken mir die Füße dummdadumm, dann muss ich einfach dazu tanzen. Das geht nicht anders.«

»Also wenn ich arbeite zum Beispiel oder höre eine Melodie, dann pfeife ich zuweilen zum Leidwesen meiner Frau vor mich hin. Also ich pfeife auch oder ich singe auch manchmal auch so, was ich höre singe ich auch manchmal mit und variiere das.«

Überdies wurde in den Interviews das *innerliche* Hören von Musik thematisiert – eine »Hörweise«, die in der Literatur und Forschung bisher eher vernachlässigt wurde. Das innerliche Hören ist die einzige »Hörweise«, bei der Musik nur in der Vorstellung der Rezipient/-innen erklingt. Dies schließt die anderen Hörweisen jedoch nicht aus. Personen können gleichzeitig innerlich Musik hören und kognitiv oder emotional involviert sein, Erinnerungen assoziieren oder motorische wie vegetative Wirkungen erleben:

»... ich mein Beethoven war auch taub, hat auch gelebt und hat innerlich gehört.«

»Man kann sich das vielleicht auch so vorstellen oder versuchen vorzustellen, manchmal ist keine Musik an, sondern da habe ich nur eine Partitur vor mir liegen und dann lese ich die Partitur wie andere ein Buch lesen und höre, was da steht.«

»Kann ich natürlich im Konzert nicht machen, dann mache ich es in Gedanken, [...] also in Gedanken singe ich eine Melodie mit oder erfinde eine ... eine Paraphrase dazu, spiele mit dem Material, aber in Gedanken. Das macht man glaube ich, wenn man ... wenn man musikalisch ist, dann macht man das.«

Die aufgeführten Rezeptionsmodi sind – wie schon weiter oben erläutert – nicht auf einer Klassifikationsebene angeordnet, sondern überlagern sich teilweise oder schließen sich sogar gegenseitig ein. So lassen sich zum bewussten Hören zum Beispiel sowohl der kognitiv als auch der emotional involvierte Rezeptionsmodus zählen. Die assoziative Hörweise impliziert kognitive Verarbeitungsprozesse (ohne Emotionen jedoch auszuschließen), ist aber von dem kognitiv analysierenden Rezeptionsmodus zu unterscheiden, der ein aktives und eher distanziertes Nachdenken über Musik beschreibt.

Viele dieser Hörweisen werden gleichzeitig angewendet. So hören zum Beispiel Musiker oft kognitiv und emotional involviert zugleich. Oder aber die Hörweisen bauen aufeinander auf. So kann sich zum Beispiel ein emotionaler oder assoziativer Zugang bzw. Rezeptionsmodus auf Grund einer vorgelagerten kognitiven analysierenden Hörweise ergeben:

»Das ist für mich der idealste Standpunkt zum Hören also wie gesagt, mich ärgert das immer, wenn ich so anfange so intellektuell darüber nachzudenken. Ich glaube nicht, dass es der Sinn der Sache ist, ich glaube nicht, dass Musik geschrieben wurde, damit man darüber nachdenkt in erster Linie. Sondern schon, dass es auf einen wirkt. Nur wenn man sich halt dann zwischen, also so wie es im Unterricht passiert an der Hochschule, wenn man sich dann irgendwie Sachen darüber klar macht, das ist eigentlich natürlich ein intellektueller Prozess, klar, nur wenn man es dann wieder hört, [...] dann muss man gar nicht mehr denken, sondern dann erschließt sich von selbst diese tiefere Dimension, die man sich vorher klar gemacht hat. Dann muss man nicht sagen, ach so, dann achte ich jetzt mal da drauf und dann stimmt, sondern es ist dann auf einmal plötzlich da. Das ist das Verrückte daran.«

Hörweisen werden oft bewusst eingesetzt oder aber auch bewusst unterdrückt:

»Na ja, und ähm ... und in klassischer Musik, da muss ich mich manchmal dazu zwingen, dass ich nicht anfange da auf irgendwas zu achten, immer versuche zu hören, was ist denn da jetzt gerade und was macht der denn da, weil das hat ... dann ist die Musik irgendwie tot, das ist ja nicht der Sinn der Sache, welcher harmonische Lauf, da gerade am Gange ist. Abgesehen davon, dass es mir sowieso nie gelingt bei klassischer Musik die Harmonien zu verfolgen.«

Zusammenfassend ist festzuhalten, dass die Befragten über ein bemerkenswertes Repertoire an musikalischen Hörweisen zu berichten hatten. In der Studie 3 sollte daher ein eher umfangreiches Erhebungsinstrument eingesetzt werden, das möglichst viele Rezeptionsmodi abdeckt.

7.2.3 Ziele/Funktionen des Musikhörens

Von den Befragten werden zunächst eskapistische und kompensatorische Funktionen benannt. Sie hören beispielsweise Musik, um sich von irgendetwas abzulenken, ihren Ärger abzubauen oder um auf andere Gedanken zu kommen. Auch die Trauerarbeit wird explizit genannt, also die Verstärkung des Trauergefühls durch die Musikrezeption mit dem Ziel, die Trauer langsam und nachhaltig abzuarbeiten, um aus diesem Prozess gestärkt hervorzugehen. In diesem Zusammenhang wird auch die meditative Wirkung des Musikhörens hervorgehoben: Mit Musik könne man in sich ruhen und zu sich selbst finden, Musik könne besinnlich machen und die Aufmerksamkeit auf das Innere lenken. Musik wird dabei geradezu medizinische Effektivität nachgesagt: Sie trage zur seelischen Gesundung bei, sorge für Ausgleich und Entspannung.

»Mit Musik [...] mache ich mich wieder ein bisschen ganz.«

Der ›instrumentelle‹ Charakter der Musik wird in anderen Kontexten noch stärker betont: So ginge zum Beispiel mit Musik das Arbeiten leichter oder es sei »total schön, zu klassischer Musik zu essen«. Musik würde Bewegung fördern aktivieren und erfülle soziale Funktionen insbesondere auf Partys und beim Tanzen, aber auch generell beim Ausgehen (in diverse Lokalitäten). Sie sei Anlass, um Leute zu treffen – zum Beispiel, wenn man mit Freund/-innen gemeinsam Musik hört, gemeinsam Konzerte besucht oder gemeinsam musiziert.

Einzelne Personen nennen die Auseinandersetzung mit der Musik selbst als Nutzungsmotiv und beschreiben das involvierte, ganzheitliche Hören von Musik als das Ideal. Dabei solle Musik »den Intellekt fordern«, »sollte [...] mich einnehmen [...] mich [...] hundert Prozent [...] beanspruchen«. Hier steht nicht – wie oft klischeehaft behauptet – das analysierende, distanziert strukturelle Hören an oberster Stelle, sondern das ganzheitliche Aufgehen in den durch die Musik ausgedrückten Emotionen (dies vor allem auch beim aktiven Musizieren).

Die befragten Personen sprechen also verschiedene Aspekte des Mood Managements an: Stimmungen *verbessern*, *kompensieren*, *unterstreichen*, aber auch Stimmungen/Emotionen *ausdrücken*. Alle Befragten nennen ›klassische‹ Funktionen wie Entspannung, Nebenbeinutzung oder Stimmungsverbesserung. Personen mit höherem Musikbezug (d.h. Personen, die von Freunden und Eltern in hohem Maße musikalisch sozialisiert wurden, die überdurchschnittliche musikalische Fähigkeiten aufweisen und für die Musik generell eine höhere Bedeutung einnimmt) haben tendenziell noch weitere, ›anspruchsvollere‹ Erwartungen wie das Ausdrücken von Gefühlen durch die Musik und die intensive Auseinandersetzung mit der Musik selbst.

7.2.4 Zusammenhänge zwischen Stimmungen und Art der gehörten Musik

Die im Folgenden dargestellten Ergebnisse sind stets als Tendenzen zu lesen, die sich in der Verdichtung der Interviews gezeigt haben. Es soll nicht der Eindruck entstehen, als handelte es sich hierbei um allgemeingültige Aussagen auf Basis einer repräsentativen Stichprobe. Diese Tendenzen können daher auch nur *Hinweise* auf die Richtigkeit einzelner Hypothesen geben, stellen aber in keinem Fall *Belege* dar.

a) Überindividuelle Betrachtungsweise:
- Über alle Personen und Situationen hinweg wird Musik nach den Aussagen der Befragten überwiegend nach dem Isoprinzip ausgewählt.

b) Individuelle Betrachtungsweise:
- Jede befragte Person gibt an, über alle vergangenen Situationen hinweg sowohl das Iso- als auch das Kompensationsprinzip schon einmal angewendet zu haben. Es bleibt jedoch zu vermuten, dass im Hinblick auf eine situationsspezifische Auswahl von Musik sowohl interindividuelle als auch intraindividuelle Unterschiede auftreten.

c) Interindividuelle Betrachtungsweise:
- Jüngere Befragte tendieren nach eigenen Aussagen dazu, sich im Gegensatz zu älteren Menschen verstärkt auch negativen Gefühlszuständen wie Melancholie oder Liebeskummer auszusetzen und es als durchaus positiv zu bewerten, diese negativen Zustände ein Stück weit ›ausleben‹ zu können und sie dabei mit entsprechender Musik zu untermalen. Mit anderen Worten: Das Kompensieren negativer Stimmungen scheint eine umso größere Rolle zu spielen, je älter die betreffenden Befragten sind.

- Männer scheinen nach den Eindrücken aus den Interviews stärker darum bemüht, negative Stimmungen mit Musik zu kompensieren als Frauen. Im Falle von unerwünschten Stimmungen wie Wut und Ärger geschieht dies oft mit Genres wie Rock oder Heavy Metal, die von Frauen nur äußerst selten präferiert werden.

- Generelle Unterschiede zwischen Personen mit unterschiedlicher musikalischer Vorbildung lassen sich nur in Ausnahmefällen feststellen. Lediglich in Bezug auf das Ziel der Musikauswahl kann man erkennen, dass Personen mit ausgeprägter Klassik-Affinität seltener versuchen, ihre Stimmung mit Musik zu verbessern als Personen ohne eine solche Präferenz. Auch im Hinblick auf das Nebenbeihören ergeben sich Unterschiede zwischen diesen Personengruppen: Wenn klassik-affine Personen überhaupt Pop präferieren, dann oft nur als Hintergrundmusik bzw. zur ›Berieselung‹. Anhänger der Popmusik wollen im Gegensatz zu den Klassikliebhabern klassische Musik eher auch einmal nebenbei hören.

- Befragte dieser Stichprobe, die moderner Musik gegenüber wenig aufgeschlossen sind, verfügen tendenziell über ein kleineres Repertoire an eigener, selbstselektierbarer Musik und sind deshalb in ihrer zielgerichteten Auswahl von Musik eingeschränkt. Dies trifft vor allem auf solche älteren Personen zu, die kaum Tonträger besitzen, keine neuen Tonträger erwerben und primär auf das Radio zurückgreifen.

- Das Ausmaß des Musikhörens ist offensichtlich keine relevante Größe: Befragte, die viel Musik hören, verfügen über kein breiteres, differenzierteres Musikrepertoire und wählen Musik demnach auch nicht zielgerichteter aus als Personen, die wenig Musik hören. In der ersten Gruppe finden sich häufig Personen, die lediglich das Radio ›den ganzen Tag‹ angeschaltet haben.

- Befragte mit höherer Klassik-Affinität hingegen setzen nach eigenen Angaben Musik oft nur ganz spärlich und gezielt ein. Wenn sie Musik gezielt auswählen, dann bleiben sie bei der Musikrezeption aufmerksam und involviert. Da sich diese Art der Rezeption kaum über einen längeren Zeitraum aufrechterhalten lässt, beschränkt sich das Musikhören von Musiker/-innen häufig auf eine Zeitspanne von unter einer Stunde pro Tag. Dies hängt freilich auch mit dem hohen Zeitaufwand für das eigene Musizieren zusammen.

d) Intraindividuelle Betrachtungsweise:

- Die Befragten erzählen, dass sie in Situationen, in denen sie traurig, melancholisch oder wütend sind, aber insbesondere auch wenn sie ruhig und fröhlich sind, Musik primär nach dem Isoprinzip auswählen.

- Bei Anspannung, Stress, Langeweile, Trägheit und Unausgeglichenheit wird Musik hingegen in erster Linie nach dem Kompensationsprinzip ausgewählt, um in Stimmungslagen des Entspannt-Seins, der Aktiviertheit und Ausgeglichenheit zu gelangen.

- Positive Meta-Emotionen werden also nicht nur bei ›positiven‹ Stimmungen wie Freude und Ruhe, sondern auch bei Melancholie, Trauer und Wut empfunden, die – gestützt durch die entsprechende Musikauswahl – von den Personen oft erst einmal ›ausgelebt‹ werden. Negative Meta-Emotionen und damit verbunden auch das Ziel der Kompensation ergeben sich primär bei Anspannung, Stress, Langeweile, Trägheit und Unausgeglichenheit. Hier deutet sich eine Differenzierung der Hypothese 3 an, nach der alle negativen Stimmungen von der überwiegenden Mehrheit der Personen kompensiert werden sollten. Dies trifft vielleicht nur auf bestimmte negative Stimmungen wie Trägheit oder Stress zu, denen selbst auf der Meta-Ebene nichts Positives abzugewinnen ist.

- Beim Feiern/bei Partys und bei sportlichen Aktivitäten, aber auch beim Lesen, (romantischen) Essen, Unterhalten/Reden, ›Kuscheln‹ wird Musik primär nach dem Isoprinzip ausgewählt.

- Bei der Vorbereitung auf eine Party, im Auto auf dem Weg von der Arbeit, in extrem langweiligen und stressigen Situationen beim Autofahren, aber auch bei monotonen und langwierigen Arbeiten wie Aufräumen, Putzen und Gartenarbeit wird Musik hingegen in erster Linie nach dem Kompensationsprinzip ausgewählt.

- Einige Aktivitäten gehen *fast immer* mit der Selektion/dem Hören von Musik einher, so etwa das Feiern (insbesondere auf Partys), das Tanzen und das Autofahren. Andere Aktivitäten gehen hingegen *fast nie* mit der Selektion/dem Hören von Musik einher, zum Beispiel konzentriertes Arbeiten, Lesen, Lernen, Diskutieren und Schlafen.

- Die generelle *Tendenz* der Musikauswahl korrespondiert mit dem aktuellen Lebensgefühl, soweit dieses nicht bewusst mit kontrastierender Musik kompensiert wurde. Diejenigen, die gerade viel

Lebensenergie verspüren, beschwingt und fröhlich sind, hören über alle Situationen hinweg tendenziell eher beschwingte, fröhliche Musik; diejenigen, die sich eventuell gerade in einer Lebenskrise befinden, nachdenklich und traurig sind, hören über alle Situationen hinweg eher ernste, melancholische Musik.

e) Musikspezifische Betrachtungsweise:
- Jede Art von Musik wird sowohl nach dem Iso- als auch nach dem Kompensationsprinzip eingesetzt. Die Funktion der Musik hängt ab von der Situation und der Person, die sie hört.
- Klassische Musik wird insbesondere in folgenden Stimmungslagen eingesetzt: bei Ruhe, Ausgeglichenheit, Besinnlichkeit, beim Allein-Sein.
- Von U-Musik-affinen Personen wird klassische Musik vor allem nach dem Isoprinzip im Kontext folgender eher ›ruhiger‹ Aktivitäten eingesetzt: (romantisches) Essen, Lesen, Gedanken ordnen.
- Pop-Balladen bzw. ruhigere, traurigere Musik wird insbesondere bei Trauer, Melancholie und Liebeskummer, Hardrock und Heavy Metal bei Wut und Ärger gehört. Pop, Dance und generell Musik aus dem Radio werden hingegen eher unspezifisch im Hintergrund als ›Berieselung‹ und in wenig emotionalen Zuständen gehört.
- Soul und Funk bzw. ›groovige‹ Musik wird oft im Kontext von Tanzen und positiver Lebensenergie ausgewählt.
- Schlager und volkstümliche Musik werden verstärkt von älteren Personen eingesetzt, um positive Stimmungen zu untermalen oder sie zu erlangen sowie um angenehme Aktivitäten zu begleiten und unangenehme Aktivitäten erträglich zu gestalten. Die betreffenden Personen hören in der Regel ausschließlich diese Musik.

Zusammenfassend deuten die Ergebnisse somit auf ausgeprägte inter- und intraindividuelle Unterschiede bei der Musikselektion hin. Männer wählen Musik tendenziell anders aus als Frauen, ältere anders als jüngere Menschen und Personen mit einem starken Musikbezug anders als diejenigen mit einem eher geringen Bezug zur Musik. Bei positiver Stimmung oder zur Begleitung angenehmer Aktivitäten wird in der Regel nach dem Isoprinzip, bei negativer Stimmung oder zur Begleitung unangenehmer Aktivitäten wird eher nach dem Kompensationsprinzip vorgegangen. Ausnahmen wie das Beibehalten von Trauer und Melancholie durch traurige Musik unterstreichen den hohen Stellenwert der Meta-Emotionen und die Bedeutung, die der Zufriedenheit mit der eigenen Befindlichkeit für die Auswahl von Musik zukommt.

Die Ergebnisse geben erste Hinweise darauf, dass sich Hypothese 1 (Dominanz von Isoprinzip bei der Musikauswahl und Isoeffekten bei den Zielen des Musikhörens über alle Situationen und Personen hinweg) auch in den nachfolgenden Studien bestätigen könnte. Gleiches gilt für Hypothese 2 (Dominanz von Isoprinzip bei der Musikauswahl und Isoeffekten bei den Zielen des Musikhörens in positiven Stimmungslagen). Hypothese 3 sollte jedoch – wie bereits erwähnt – differenziert werden, da die Aussagen vieler Befragter angedeutet haben, dass zumindest Trauer und Melancholie nicht immer kompensiert werden. Auch im Hinblick auf Wut gaben die Befragten hin und wieder an, diese Stimmungslage zunächst ausleben zu wollen. Da jedoch Stress – ein Zustand, der sich im Affektcircumplex in der Nähe von Wut verortet – in der Regel immer kompensiert wurde, möchte ich die Hypothese 3 für die Stimmungslagen Wut und Ärger aufrechterhalten. Folgende Hypothesen ergeben sich daher für die ausbleibenden zwei Studien:

H_{3a}: Bei Trauer/Melancholie hören etwa gleich viele Menschen Musik nach dem Kompensationsprinzip, um die Stimmung abzuschwächen und sie zu kompensieren (Kompensationseffekt), wie nach dem Isoprinzip, um die Stimmung zu stützen oder zu verstärken (Isoeffekt).

H_{3b}: Bei Ärger/Wut hört der Großteil der Menschen Musik nach dem Kompensationsprinzip, um die Stimmung abzuschwächen und sie zu kompensieren (Kompensationseffekt).

Auch die Hypothesen 4 bis 7 können anhand der Ergebnisse aufrechterhalten werden. Angesichts der geringen Anzahl von Personen, die befragt wurden, wäre es jedoch zu weit gegriffen, von einer Bestätigung der in den Hypothesen beschriebenen interindividuellen Unterschiede zu sprechen. Hierzu ist eine größere, repräsentative Stichprobe notwendig (vgl. Studie 2).

Hypothese 8 formuliert Unterschiede im Mood Management durch Musik zwischen emotional labilen und emotional stabilen Personen. Da im Rahmen der Leitfadeninterviews nicht genügend Informationen generiert werden konnten, wie stark das Persönlichkeitsmerkmal Neurotizismus bei den Befragten ausgeprägt war, konnte die Hypothese folglich nicht näher ›beleuchtet‹ werden. Auch die Forschungsfragen waren auf Basis dieser Studie nicht weiter differenzierbar. Zwar konnten bestimmte Unterschiede in der Musiknutzung zwischen formal eher ungebildeten und formal eher gebildeten Personen, zwischen musikalischen und unmusikalischen Personen sowie zwischen Personen, die über viel Musik, und Personen, die über wenig Tonträger verfügen, herausgearbeitet werden, jedoch gaben diese Ergebnisse keinen Aufschluss über die Prinzipien der Musikauswahl und der Zielsetzung des Musikhörens im Sinne des Iso- und Kompensationsprinzips.

In gleicher Weise konnten zwar spezifische Hörweisen und ihr unterschiedlicher Stellenwert in verschiedenen Personengruppen, aber keine Zusammenhänge mit der Art der Musikauswahl und dem Ziel des Musikhörens exploriert werden.

Darüber hinaus sind aber einige interessante Implikationen für die nachfolgenden Studien festzuhalten: Die Ergebnisse der Interviews haben nochmals unterstrichen, dass Musik meist deshalb zielgerichtet ausgewählt wird, weil die Personen wissen, was sie bei einer konkreten Musik erwartet und welche Stimmungsänderung mit ihr einhergeht. Sie greifen in der Regel auf Bewährtes zurück, auf Musik, die sie gut kennen. Wenn in nachfolgenden Studien also gefragt wird, welche Musik sich die Personen in bestimmten Stimmungen wünschen, sollte zunächst nach konkreten Musikgenres, Interpret/-innen, Bands oder Musiktiteln/-werken und dann nach der Ausdrucksstimmung gefragt werden. Falls im nachfolgenden Experiment die Proband/-innen Musik tatsächlich auswählen (und nicht nur Musikwünsche angeben), so sollte die Musik nicht auf unbekannte Musik mit verschiedenen Ausdrucksstimmungen begrenzt werden, da dieses nicht mit den Selektionsmechanismen der befragten Personen korrespondieren würde.

Die Ausdrucksstimmung von Musik wird interindividuell ganz unterschiedlich empfunden und bewertet. Gleiche Musik wird daher auch von verschiedenen Personen zur Stimmungsregulation verschiedener Stimmungslagen eingesetzt. Da man also von einer konkreten Musik nicht auf eine für alle Personen gleichermaßen empfundene Ausdrucksstimmung schließen kann, bietet es sich in nachfolgenden Studien an, die ausgewählte konkrete Musik in einem zweiten Schritt von den Proband/-innen anhand einer Stimmungsskala einordnen zu lassen, um zu überprüfen, ob die Musik dem Iso- oder Kompensationsprinzip entspricht.

Frauen und Männer, ältere und jüngere Personen sowie Personen mit niedriger und hoher (musikalischer Vor-)Bildung scheinen tendenziell unterschiedliche Musik auszuwählen, um ihre Stimmungen zu regulieren, und scheinen sich teilweise auch in den Zielen der Stimmungsregulation zu unterscheiden. Geschlecht, Alter, Bildung und Musikkompetenz sollten daher in den nachfolgenden Studien als Kontrollgrößen weiterhin erhoben und die Stichproben nach diesen Variablen parallelisiert werden.

Die Ergebnisse deuten an, dass die ›Offenheit für neue Erfahrungen‹ ebenfalls die Musikselektion zwecks Stimmungsregulation beeinflusst. Innerhalb der großen fünf Bereiche von Persönlichkeitsmerkmalen (vgl. hierzu BORKENAU/OSTENDORF 1991, 1993; DIGMAN 1990) bietet sich neben ›Neurotizismus‹ und ›Extraversion‹ also noch die ›Offenheit für neue Erfahrungen‹ (engl.: ›openness‹) für eine genauere Betrachtung im Rahmen dieser Arbeit an. Denn Personen mit hohen Punktwerten auf diesem Merkmal beschreiben sich als intellektuell und künstlerisch interessiert, nehmen ihre Gefühle – positive wie negative – akzentuiert wahr und lieben Abwechslung. Da zumindest die bewusste Regulierung von Stimmungen durch Musik einen reflektierten Umgang mit Musik und ein exaktes Wahrnehmen der eigenen Gefühle und Befindlichkeiten voraussetzt, könnten Personen, die offener für neue Erfahrungen sind, auch die besseren Voraussetzungen für ein erfolgreiches Mood Management durch Musik haben. Es stellt sich daher die Frage, ob diese Personen insbesondere in negativen Stimmungen die Musik tendenziell nach einem anderen Prinzip auswählen und ob andere Motive sie zum Musikhören in diesen Situationen leiten.

Folgende Forschungsfrage soll daher ergänzt und im Experiment (Studie 3) durch die Erhebung von Persönlichkeitsmerkmalen beantwortet werden:

F_7: In welchem Zusammenhang steht die Offenheit (für neue Erfahrungen) von Personen mit ihrem Prinzip der Musikauswahl und den Zielen des Musikhörens in negativen Stimmungen?

Während Studie 3 als Experiment den Einfluss tatsächlicher Stimmungslagen (und nicht nur imaginierter Stimmungslagen) auf das Mood Management durch Musik untersucht und dabei auch differenziert Rezeptionsmodi und Persönlichkeitsmerkmale erheben wird, steht für die nun folgende Studie 2 zunächst an, die in Studie 1 erhaltenen Ergebnisse anhand einer größeren, repräsentativen Stichprobe zu überprüfen sowie Antworten auf die meisten Hypothesen und Forschungsfragen zu finden.

8. STUDIE 2: TELEFONBEFRAGUNG

Das Hauptziel dieser zweiten Studie war es, nicht nur die Ergebnisse aus den Leitfadeninterviews anhand einer repräsentativen Stichprobe zu überprüfen, sondern die in den Hypothesen konkret genannten Stimmungslagen zu operationalisieren. Die Studie wird sich daher auf vier spezifische Stimmungen, die nach Thayer (1989, 1996) das Stimmungskonstrukt aufspannen und die bereits Einzug in die Formulierung der Hypothesen gefunden haben, konzentrieren. Wenn man davon ausgeht, dass Stimmungen, die sich möglichst unähnlich sind, auch die meiste Varianz in der Musikauswahl mit sich bringen, sollte die hier vorgenommene Abfrage bezüglich der vier Stimmungen zu unterschiedlichen Ergebnissen führen.

Das Ziel der Telefonbefragung im Sinne des DFG-Projekts war es auch, die Musikauswahl in bestimmten Aktivitätenkontexten, nicht nur in Stimmungskontexten, zu ermitteln, da das Projekt sich allgemein mit situativen Einflüssen und nicht nur mit Stimmungseinflüssen befasste. Auch hier wurden vier spezifische Aktivitäten vorgegeben und die gewünschte Musik erfragt. Sie sollen im Folgenden unberücksichtigt bleiben, da man über die Aktivitäten nicht eindeutig auf die Stimmungen, die damit einhergehen, schließen kann, und diese Arbeit den Fokus auf die *Stimmungs*regulation legt.

Die Musikauswahl sollte offen abgefragt werden, um die Befragten auf ›natürliche‹ Weise ihre situativ präferierte Musik selektieren zu lassen. Erst danach wurde die Ausdrucksstimmung erhoben.

Abgefragt wurden überdies Daten zum Musikbesitz, zur Musiknutzung und zu musikalischen Fähigkeiten und Aktivitäten, um die Hinweise aus Studie 1 zu präzisieren und um die Forschungsfragen 3, 5 und 6 zu beantworten.

Da bei Studie 1 die jüngsten Befragten 24 Jahre alt waren und daher keine Aussagen über Jugendliche getroffen werden konnten, waren bei Studie 2 auch jüngere Personen zu befragen (vgl. 8.1). Eine spezifische vergleichende Auswertung von Jugendlichen, Erwachsenen mittleren Alters und älteren Personen wird Erkenntnisse über mögliche Generations- und Alterseffekte liefern (vgl. hierzu auch: SCHRAMM/VORDERER 2002).

8.1   Methode

Um für die Studie 2 eine begründete Auswahl von Stimmungskontexten vorzunehmen, boten sich nicht nur die Ergebnisse aus Studie 1 sowie ein Blick auf die Hypothesen, sondern auch die biopsychologische Stimmungstheorie Thayers (1989) an, da sie – ähnlich wie die Mood-Management-Theorie – Stimmungen mit erregungsphysiologischen Zuständen in Verbindung bringt, die selbstregulatorische Verhaltensweisen nach sich ziehen (THAYER 1996). Wie bereits in Kapitel 3.2 beschrieben, setzen sich nach Thayers Theorie Stimmungen und damit einhergehende körperliche Erregungszustände aus den Dimensionen ›Energie‹ und ›Spannung‹ zusammen. Die idealtypischen Ausprägungen dieser zweidimensionalen Lösung wären demnach ›energiereich-spannungsfrei‹, ›energiearm-spannungsvoll‹, ›energiereich-spannungsvoll‹ und ›energiearm-spannungsfrei‹, die nach Thayer mit folgenden vier Stimmungslagen korrespondieren:

- Glück/Freude (energiereich-spannungsfrei),
- Trauer/Melancholie (energiearm-spannungsvoll),
- Wut/Ärger (energiereich-spannungsvoll) und
- Ruhe/Gelassenheit (energiearm-spannungsfrei).

Die Tatsache, dass diese Stimmungszustände nicht nur die prototypischen Stimmungen des zweidimensionalen Stimmungskonstrukts Thayers darstellen, sondern darüber hinaus auch besonders häufig in den Leitfadeninterviews genannt wurden, weist zum einen auf die Trennschärfe, zum anderen auf die hohe Alltagsrelevanz im Erleben der Menschen hin.

Da alltägliche Situationen, in denen Musik gehört wird, nicht nur mit bestimmten Stimmungen, sondern auch mit bestimmten

Tätigkeiten korrespondieren (vgl. Kap. 5.3.1), wurden im Rahmen der
DFG-Studie neben diesen vier Stimmungskontexten weitere vier Tätig-
keits- bzw. Aktivitätenkontexte untersucht, auf die in der vorliegenden Arbeit aber nicht weiter eingegangen wird (vgl. hierzu: VORDERER/
SCHRAMM 2004).

8.1.1   Operationalisierung – Aufbau des Fragebogens

Zu Anfang wurden offene Fragen zur vermuteten Musikauswahl in den
oben beschriebenen acht Stimmungs- bzw. Aktivitätenkontexten gestellt
(vgl. Anhang 4, einzusehen auf http://www.halem-verlag.de). Um den
Befragten die Vorstellung der jeweiligen Situation zu erleichtern, wurde
für jede der acht Situationen eine Vignette mit beispielhaften Assoziationen formuliert. Es folgt je ein Beispiel für einen Stimmungs- und einen
Aktivitätenkontext:

> »Stellen Sie sich einmal vor, Sie sind sehr traurig und melancholisch
> gestimmt (weil Sie z.b. einen geliebten Mensch verloren haben, Sie
> sich allein und verlassen fühlen oder Sie von einem Ihnen nahe ste-
> henden Menschen sehr enttäuscht wurden). Bitte versuchen Sie die
> Musik, die Sie dabei hören würden, zu beschreiben!«

> »Wie ist das, wenn Sie monotone Arbeiten verrichten (z.B. Putzen,
> Abwaschen, Bügeln)? Bitte versuchen Sie die Musik, die Sie dabei
> hören würden, zu beschreiben!«

Mit welcher Vorstellung die einzelnen Befragten die einzelnen Situationen assoziierte oder ob die einzelnen Befragten beispielsweise bei
›Trauer/Melancholie‹ eher an eine traurige oder eher an eine melancholische Situation gedacht hat, war sicher interindividuell unterschiedlich
und kann im Nachhinein nicht analysiert werden. Es wurde trotz allem
bewusst die Entscheidung für diese Form der Abfrage getroffen, um
sicherzustellen, dass möglichst viele Befragte sich eine passende Situation vorstellen können, um daraufhin über ihre Musikpräferenzen zu
spekulieren. Dass dabei unter Umständen doch verschiedene Situationen
von den Befragten assoziiert wurden, sollte bei der Interpretation der
Ergebnisse stets berücksichtigt werden.

Die Reihenfolge der acht Situationen wurde für die zweite Hälfte der Stichprobe gespiegelt, um eventuelle Positionseffekte zu vermeiden. Wenn die Antworten auf die acht offenen Fragen zur gewünschten Musik in Form eines Genres, eines Titels und eines Interpreten/einer Band ausfielen, so fragten die Interviewer folgendermaßen nach:

»Was verbinden Sie stimmungsmäßig mit der von Ihnen gewünschten Musik?«

Vorteile dieses Vorgehens waren, dass die Befragten selbst eine spontane Zuordnung von Stimmungen vornehmen konnten und dass die Ausdrucksstimmung der ausgewählten Musik nicht wie in anderen Studien zu abstrakt erfasst wurde. Hiermit sollte jedoch eine übergeordnete Auswertungsebene im Sinne des Iso- und Kompensationsprinzips ermöglicht werden, auf deren Basis nicht nur Aussagen wie zum Beispiel ›Wenn Personen traurig sind, hören sie Pop-Balladen‹, sondern auch Aussagen wie ›Wenn Personen traurig sind, hören sie traurige oder ruhige Musik‹ getroffen werden können. Denn ein Musikgenre oder gar ein einzelner Musiktitel kann je nach Person unterschiedlich wahrgenommen werden und somit auch andere Funktionen erfüllen. Ist es also das Ziel, personenübergreifende Prinzipien der Musikauswahl zu formulieren, so sollte man sich von konkreten Musikgenres/-titeln/-interpreten lösen.

Nach der Frage, was die Befragten stimmungsmäßig mit der Musik verbinden würden, folgte stets die Nachfrage:

»Und was möchten Sie mit dieser Musik erreichen?«

Der Sinn dieser Frage lag darin, den spezifischen Zweck bzw. das spezifische Ziel der jeweiligen Musikauswahl zu erfassen.

Nach der Abfrage der Musikauswahl für die acht Situationen folgte ein standardisierterer und größtenteils mit geschlossenen Fragen versehener Teil, in dem Musikpräferenzen, Musiknutzung, Tonträgerbesitz, musikalische Fähigkeiten, musikalische Tätigkeit und die allgemeine Bedeutung von Musik für die betreffende Person sowie soziodemografische Merkmale wie Schulbildung, Berufstätigkeit und Wohnsituation abgefragt wurden. Alter und Geschlecht mussten bereits zu Anfang des Interviews ermittelt werden (vgl. Anhang 4, einzusehen auf http: //www.halem-verlag.de).

8.1.2 Durchführung

Als Grundgesamtheit wurden alle Personen ab 14 Jahren in Privat-
haushalten mit der Telefonvorwahl ›0511‹ (Stadt Hannover, Teilgebiete
Langenhagen, Isernhagen, Laatzen) definiert. Das Alter der Stichprobe
wurde nach unten auf 14 Jahre begrenzt, da zum einen erst ab diesem
Alter eine gewisse Routine und Erfahrung im Umgang mit Musik zu
unterstellen war und jüngere Personen hier sicher nicht differenziert
genug hätten antworten können. Zum anderen wäre ein Interviewen von
jüngeren Personen ohne das Einverständnis der Eltern ethisch nicht ver-
tretbar gewesen. Ein weiterer Grund lag darin, dass das Mindestalter für
das nachfolgende Experiment auch 14 Jahre betragen und eine Vergleich-
barkeit der Ergebnisse somit gewährleistet werden sollte. Nach oben hin
wurde keine Altersbegrenzung vorgenommen.

Auswahlbasis war das Telefonbuch Nr. 17 für den Bereich Hannover
(inkl. Langenhagen, Isernhagen, Laatzen) aus dem Jahr 2000/2001. Von den
811 Seiten mit etwa durchschnittlich 400 Anschlüssen pro Seite (≈ 324.400
eingetragene Anschlüsse, privat und gewerblich) wurde stets die dritte
Nummer in der ersten linken Spalte der Seite in die Stichprobe aufgenommen. War diese Nummer offensichtlich eine Geschäfts-, Fax- oder Handy-
nummer, so wurde in der ersten Hälfte des Telefonbuchs die nächste untere Nummer und in der zweiten Hälfte des Telefonbuchs die nächste obere
Nummer notiert. Falls es sich bei den ersten drei Nummern einer Seite um
Geschäfts- oder Handynummern handelte, musste sogar entsprechend
zurückgeblättert werden. Fiel eine Seite durch Werbung komplett aus, so
wurde jeweils die erste Nummer der folgenden bzw. vorhergehenden Seite
genommen.

Die Anrufe wurden anhand einer Liste getätigt, auf der in rando-
misierter Reihenfolge die 811 Telefonnummern verzeichnet waren.
Alle Anrufe wurden auf Rekrutierungsbögen dokumentiert, sodass
genau verfolgt werden konnte, wie viele Anrufversuche bei welchem
Anschluss erfolgten, welche Gründe zu Interviewausfällen führten und
wann ein Interviewtermin vereinbart wurde. Anhand dieser Bögen
konnte anschließend auch eine detaillierte Ausschöpfungsquote errechnet werden (vgl. Tab. 24). Die Interviews wurden lediglich von drei
Interviewer/-innen durchgeführt. Sie waren nach kurzer Zeit sehr geübt
insbesondere im Vermitteln der offenen Fragen, sodass von einer hohen
Intra-Interviewer-Reliabilität ausgegangen werden kann. Interviewt

wurde am Computer mithilfe von Headsets, damit beide Hände zum Eintippen der Antworten frei verfügbar waren. Der Fragebogen lag in Form einer Maske als HTML-Version (vgl. Anhang 5, einzusehen auf http: //www.halem-verlag.de) auf den entsprechenden Rechnern vor, wurde interviewspezifisch ausgefüllt und über ein spezielles Programm als E-mail an mich geschickt. Anschließend konnten die Interview-Antworten über einen Reset-Button aus der HTML-Eingabemaske für das nächste Interview wieder gelöscht werden. Die Interviews wurden als E-Mails zentral auf meinem Computer gesammelt und für die spätere Verarbeitung als Textfiles gespeichert.

Die Interviews wurden an allen Wochentagen und zu allen Tageszeiten geführt, um die Hausfrauen/-männer genauso wie die Berufstätigen und Schüler/-innen zu erreichen. Schwerpunktmäßig wurde allerdings zwischen 14 und 20 Uhr befragt. Ein Interview dauerte im Durchschnitt circa 12 Minuten (M = 11,85 Min., SD = 3,05 Min., Min = 7 Min., Max = 26 Min.), was die Befragten nicht als zu lang empfanden. Dies belegt auch die geringe Anzahl von Interviewabbrüchen (n = 4; vgl. Tab. 24).

Insgesamt wurden schließlich 150 Personen im Dezember 2000 und Januar 2001 im Großraum Hannover per Telefon interviewt. Innerhalb des angewählten Haushalts wurde nach der Geburtstagsmethode rekrutiert. Mit der Geburtstagsmethode (gefragt wurde nach dem Mitglied des Haushalts, das als letztes Geburtstag hatte) haben zwar die Personen, deren Geburtstag zeitlich in die Phase kurz vor der Felderhebung fällt, eine größere Chance in die Erhebungsgrundgesamtheit aufgenommen zu werden, die Gültigkeit der Untersuchungsergebnisse dürfte aber nur dann beeinflusst werden, wenn die Verteilung von Geburtstagen in einer kausal zu interpretierenden Beziehung zum Untersuchungsgegenstand steht, was theoretisch möglich ist, aber praktisch wohl nie zutrifft. Nur das per Geburtstagsmethode ermittelte Mitglied des Haushalts konnte streng genommen an der Befragung teilnehmen, um nicht gegen das Modell der Wahrscheinlichkeitsauswahl zu verstoßen. Konnte diese Person zum Zeitpunkt des ersten Telefonkontaktes nicht befragt werden, so versuchten die Interviewer/-innen, einen Termin für das Interview festzulegen. Insgesamt wurden bis zu fünf Anrufe pro Haushalt getätigt. Kam das Interview trotzdem nicht zustande oder war die entsprechende Zielperson zum Beispiel aufgrund einer Krankheit verhindert, so wurde ersatzweise ein anderes Mitglied des Haushaltes interviewt, damit nicht der gesamte Haushalt als Erhebungseinheit ausfiel.

Tabelle 24 zeigt überblicksartig, wie viele Haushalte angewählt wurden, wie viele dieser Haushalte nicht erreicht wurden, wie viele ein Interview verweigerten und welcher Anteil sich auf ein Interview einließ. Berechnet man auch die nicht erreichten Haushalte mit ein ($n = 110$), was jedoch ein strenges Kriterium wäre, dann beträgt die Ausschöpfungsquote – also der Anteil an Haushalten, der Interviews gegeben hat – 30,2 Prozent. Berechnet man sie nicht mit ein, würde die Quote 38,9 Prozent betragen. Beide Quoten sind aber als zufrieden stellend zu erachten.

TABELLE 24
Ausschöpfung der angewählten Haushalte

Art des Kontakts bei den angewählten Haushalten	Absolute Häufigkeit (n)	Relative Häufigkeit (%)
Interview gegeben	150	30,2
Interview verweigert	227	45,8
Verweigerung aus gesundheitlichen Gründen	4	0,8
Interviewabbrüche	4	0,8
Rechner beim Interview abgestürzt	1	0,2
Ausfälle insgesamt	236	47,6
niemand geht ans Telefon	81	16,3
Besetztzeichen wegen technischer Störung (erst während der letzten 50 Interviews erhoben)	29	5,8
nicht erreicht insgesamt	110	22,2
Anzahl gültig angewählter Haushalte	496	100,0

8.1.3 Nachkodierung und Auswertung

Die Antworten auf die standardisierten Fragen konnten direkt in eine entsprechende SPSS-Matrix übertragen werden, die Antworten auf die offenen Fragen (Musikauswahl und Ziel der Musikauswahl in bestimmten Situationen, Musikpräferenzen) wurden nachcodiert und anschließend in die Matrix eingetragen. Um die Darstellung und Berechnung der nachfolgenden Ergebnisse zu verstehen, sei hier kurz die Nachkodierung erläutert:

Die offene Frage nach den Musikpräferenzen gegen Ende der Befragung (»Welche Musik hören Sie denn besonders gerne?«) erbrachte wie in den Leitfadeninterviews Antworten auf unterschiedlichen Ebenen. Musikgenres, Interpreten, Musikgattungen, Angaben von Musikparametern, Musiktitel. Hierbei machten manche Personen nur eine Angabe, manche nannten gleich mehrere präferierte Musikgenres. Um zum Zweck der Auswertung einheitliche Kategorien der Musikpräferenzen zu haben, wurden pro Person bis zu drei verschiedene präferierte Musikgenres kodiert. Musiktitel und Interpreten wurden nach Kenntnis des Projektteams den entsprechenden Musikgenres zugeordnet.

Der Hauptteil der Befragung bestand aus der Abfrage der Musikauswahl und des Ziels der Musikauswahl in acht verschiedenen Situationen. Falls die Befragten bei der Frage nach der gewünschten Musik zunächst ein konkretes Genre/einen Titel/einen Interpreten oder Ähnliches angaben, wurde explizit nach der Stimmung, die sie mit dieser Musik verbinden, gefragt. Beide Antworten wurden zusammen in einer Stringvariablen festgehalten. Die von den Befragten umschriebenen Ausdrucksstimmungen der Musik wurden anschließend auf drei Ebenen codiert: auf einer ersten elementaren Ebene als fein differenzierte Ausdrucksstimmung (wie zum Beispiel ›Spaß‹, ›Romantik‹ oder ›Aggression‹), auf der zweiten eher abstrakteren Ebene als eine der vier prototypischen Stimmungsausprägungen Thayers (1996). Auf der dritten Ebene konnte schließlich dadurch ausgewertet werden, ob die Musik eher passend/stimmungskongruent zur Stimmung, also eher nach dem Isoprinzip, oder eher entgegengesetzt/stimmungskontrastierend zur Stimmung, also nach dem Kompensationsprinzip, ausgewählt wurde. Wenn die erwünschte Musik keiner Ausdrucksstimmung und damit auch keinem Auswahlprinzip eindeutig zugeordnet werden konnte, wurden die Kategorien ›Ausdrucksstimmung uneindeutig‹ und ›Musikauswahl nach keinem Prinzip‹ vergeben. In Einzelfällen konnte zwar auf der ersten Ebene keine eindeutige Ausdrucksstimmung zugeordnet, aber durch die Art der Antwort und den Kontext darauf geschlossen werden, ob die Musik nach dem Iso- oder Kompensationsprinzip ausgewählt wurde. (Beispiel: Die Angabe ›klassische melodische Musik in Dur‹ könnte fröhliche, aber auch ruhige oder sogar aggressive Musik implizieren, da die entscheidenden Angaben über Tempo, Melodieführung und Ausdrucksstimmung fehlen. Dennoch kann man unterstellen, dass im Kontext von Glück und Freude eine derartige Musik wohl eher der Musikauswahl nach dem Iso- und nicht dem Kompensationsprinzip entspricht.) Dies führte dazu, dass je nach Auswertungsebene unterschiedliche Fallzahlen zustande kamen. Auch das offen abgefragte Ziel der Musikauswahl wurde auf zwei Ebenen kodiert. Auf der ersten Ebene als konkretes Ziel wie beispielsweise ›Aufheitern‹ oder ›Langeweile vertreiben‹, auf der zweiten Ebene als Ziel im Sinne des Iso- und Kompensationsprinzips. Eine Kodierung als Ziel im Sinne des Isoprinzips erfolgte, wenn die Befragten ihre Stimmung mit Hilfe der Musik unterstützen, beibehalten oder verstärken wollten, eine Vercodung als Ziel im Sinne des Kompensationsprinzips wurde vorgenommen, wenn die Befragten ihre Stimmung mit der Musik verändern und kompensieren wollten. Da viele Befragte pro Situation oft nicht nur eine, sondern auch eine zweite Zielsetzung nannten, entschloss sich das Projektteam in diesen Fällen für eine Doppelkodierung. In einigen Fällen konnte auch das *Ziel* der Musikauswahl nicht eindeutig einem dieser beiden Prinzipien zugeordnet werden. Hier wurde dann die Kategorie ›Ziel uneindeutig‹ vergeben.

Viele Befragte gaben überdies an, in bestimmten Situationen überhaupt keine Musik hören zu wollen. Da in diesen Fällen auch nicht nach dem Ziel der Musikauswahl gefragt werden konnte, veränderte sich die Basis der Befragten für diese zweite nachgeordnete Frage.

8.1.4 Stichprobe

Von den 150 befragten Personen waren 59 Prozent weiblich und 41 Prozent männlich. Damit wies die Stichprobe ein leichtes Übergewicht an Frauen auf, was darauf zurückzuführen ist, dass Frauen im Durchschnitt öfter als Männer zu Hause erreichbar sind und meist auch bereitwilliger an einem Interview teilnehmen. Das Alter streute zwischen 14 und 81 Jahren ($M = 44$; $SD = 18$), wobei alle Altersgruppen mit ausreichend vielen Personen besetzt waren (siehe Tab. 25). Bezüglich der formalen Bildung konnten in etwa genauso viele Personen mit höheren wie mit niedrigeren Bildungsabschlüssen rekrutiert werden. Mit 23 Prozent wurden vergleichsweise viele Rentner/-innen (die in der Regel auch gut zu Hause erreichbar sind) und mit drei Prozent vergleichsweise wenige Arbeitssuchende (die ihren beruflichen Status evtl. oftmals verschweigen bzw. falsch angeben) interviewt. Mit 17 Prozent Schülern/Studenten und 49

TABELLE 25

Zusammensetzung der Stichprobe (n = 150)

Merkmal	Ausprägung	Absolute Häufigkeit (n)	Relative Häufigkeit (%)
Geschlecht	weiblich	89	59
	männlich	61	41
Alter	14-19 Jahre	9	6
	20-29 Jahre	32	21
	30-39 Jahre	30	20
	40-49 Jahre	21	14
	50-59 Jahre	20	13
	60-69 Jahre	23	15
	70 Jahre und älter	15	10
Bildung	kein Abschluss	3	2
	Hauptschul-/ Volksschulabschluss	22	15
	Realschulabschluss/Mittlere Reife	45	30
	(Fach-)Abitur	50	33
	(Fach-)Hochschulabschluss	30	20
Berufstätigkeit	Schüler/-in / Auszubildene/-r	11	7
	Student/-in	14	9
	Halbtagstätige/-r	14	9
	Ganztagstätige/-r	60	40
	Hausfrau/-mann	12	8
	Rentner/-in	34	23
	auf Arbeitssuche/ohne Beschäftigung	5	3
Wohnsituation	allein	52	35
	zusammen mit Partner/-in	39	26
	in einer Wohngemeinschaft	10	7
	zusammen mit der Familie	49	33

Prozent Berufstätigen weist die Stichprobe jedoch in diesen Kategorien Werte auf, die denen der Gesamtbevölkerung recht nahe kommen. Auch bezogen auf die Wohnsituation konnte eine erfreuliche Varianz erzielt werden, wobei an dieser Stelle nicht beurteilt werden kann, inwieweit

TABELLE 26
Präferierte Musikgenres (Mehrfachnennungen möglich)

Musikpräferenzen	Anzahl der Nennungen insgesamt	Prozent aller Nennungen (n = 266)	Prozent aller Fälle (n = 150)
Klassik – eher instrumental	65	24	43
Pop/New Wave/Musik der 1980er	37	14	25
Folk/Blues/Jazz/Reggae	28	11	19
Rock/Punk/Independent	24	9	16
Schlager/Operettenmusik/ Volksmusik	22	8	15
Oldies/Musik der 1950er-1970er	15	6	10
Weltmusik/Euro-Musik/ausl. Musik	14	5	9
Klassik – eher vokal	11	4	7
Hiphop/Rap	11	4	7
Soul/Funk	10	4	7
Hard&Heavy	7	3	5
Dance/Techno	6	2	4
sonstige Musikgenres	7	3	5
Musikangaben ohne Genrebezug	9	3	6
Insgesamt	266	100	177

diese Zahlen denen des Bevölkerungsschnitts entsprechen. Festzuhalten bleibt, dass die Stichprobe sicherlich in einigen Merkmalen von der Verteilung der Grundgesamtheit abweicht (da zu Beginn des Interviews auf die Institution der Musikhochschule verwiesen und das Thema ›Musik‹ vorangekündigt wurde, ist z.B. zu vermuten, dass die Musikaffinen bzw. -interessierten überrepräsentiert sind), dass jedoch aufgrund des hohen Aufwands im Zuge der angestrebten Zufallsauswahl der Interviewten davon ausgegangen werden kann, dass die Stichprobe mit einigen Einschränkungen nahezu bevölkerungsrepräsentativ ist.

Um nicht nur eine Vorstellung von der soziodemografischen Zusammensetzung der Stichprobe zu erhalten, soll im Folgenden kurz darauf eingegangen werden, welchen Musikbezug die interviewten Personen hatten, das heißt, welche Musik sie mögen, wie viel Musik sie auf den Tag verteilt hören, wie musikalisch (aktiv) sie sind und welchen Stellenwert Musik in ihrem Leben einnimmt.

Die Frage nach dem Musikgeschmack wurde – wie bereits erläutert – offen gestellt und die darauf abgegeben Antworten im Sinne von Musikgenres nachkodiert. Die Tabelle 26 zeigt, dass instrumentale klassische Musik insgesamt am häufigsten, und zwar von 43 Prozent der Befragten, genannt wurde. Pop (im weitesten Sinn) und Rock (im weitesten Sinn) folgen mit 25 bzw. 16 Prozent der Befragten dann erst mit einigem Abstand. Folk/Blues/Jazz/Reggae weist mit 19 Prozent der Befragten ähnlich wie die klassische Musik einen ungewohnten hohen Zuspruch auf. Dies könnte daran liegen, dass bezogen auf den Musikgeschmack die Interviewten zu einem großen Teil sozial erwünscht antworteten (immerhin wurde in der Begrüßung am Telefon von den Interviewer/innen erwähnt, dass dies eine Studie der *Musikhochschule* Hannover ist) oder dass die Bereitschaft zu einem solchen Interview (mit einer Person von der *Musikhochschule*) vorzugsweise diejenigen Personen zeigten, die vermeintlich ›anspruchsvollere‹ Musik präferierten, also solche Musik, die man am ehesten an einer Musikhochschule vermuten würde. Im ›Mittelfeld‹ des Musikgeschmacks liegen die Schlager, die volkstümliche Musik sowie die Oldies, was insbesondere auf die älteren Personen zurückzuführen ist, die für sich genommen diese Musikgenres noch viel höher eingestuft haben. Auf den hinteren Rängen sind Musikgenres wie Hiphop/Rap, Soul/Funk, Hard&Heavy und auf dem letzten Platz Dance/Techno zu finden, was darin begründet liegt, dass diese Genres schmaler im Angebot, weniger nachgefragt sind und im Vergleich zu anderen Genres wie Pop primär von jüngeren Personen präferiert werden und im Gesamtdurchschnitt folglich abfallen.

Abbildung 13 gibt Aufschluss darüber, über wie viele Tonträger die Befragten verfügen. Immerhin 23 Prozent besitzen nicht eine einzige Kassette, 32 Prozent nicht eine einzige Platte und acht Prozent nicht eine einzelne CD. Weitere 69 Prozent besitzen bis zu 100 Kassetten, 48 Prozent bis zu 100 Platten und 67 Prozent bis zu 100 CDs. Über 100 Stück der einzelnen Tonträgerarten verfügt nur noch eine Minderheit der Personen.

Insgesamt lässt sich festhalten, dass – die klassischen Tonträgerarten wie CDs, LPs und MCs aufsummiert und Extremfälle mit über 1000 Tonträgern unberücksichtigt – die Befragten im Durchschnitt 204 Tonträger (*SD* = 189) besitzen, die jüngeren Befragten primär CDs, die älteren Befragten primär Kassetten und Platten. Vereinzelte Befragte geben darüber hinaus noch bis zu 5000 MP3-Dateien an sowie wenige MiniDiscs, DVDs und Musikvideos.

ABBILDUNG 13
Tonträgerbesitz (n = 150)

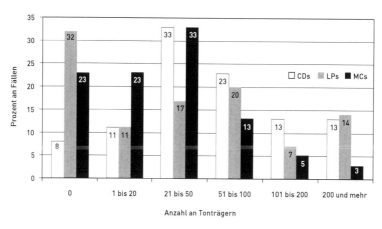

Anzahl an Tonträgern

Im Durchschnitt werden 226 Minuten (*SD* = 192 Minuten) Musik am Tag von den Befragten gehört. Dabei verwendet ein Viertel der Personen bis zu einer Stunde, ein weiteres Viertel zwischen einer Stunde und drei Stunden, ein weiteres Viertel zwischen drei und sechs Stunden und das letzte Viertel mehr als sechs Stunden pro Tag für das Musikhören (vgl. Abb. 14).

ABBILDUNG 14
Hördauer pro Tag, gruppiert in Stunden (n = 150)

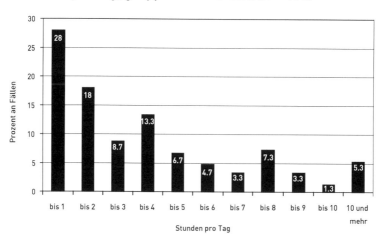

Stunden pro Tag

Im Hinblick auf den allgemeinen Stellenwert von Musik und die musikalischen Fähigkeiten wurden relativ ›euphorische‹ Antworten gegeben: Auf die Frage, welche Bedeutung Musik allgemein im Leben der Proband/-innen einnehmen würde, antworteten 41 Prozent, dass ihnen Musik sehr wichtig sei, und für weitere 40 Prozent war sie zumindest noch wichtig. Eine ›4‹ (Skala: 1 = sehr wichtig, 6 = sehr unwichtig) wurde lediglich von vier Befragten, eine ›5‹ oder gar ›6‹ hingegen von keinem der Befragten vergeben.

Auch für ihre musikalischen Fähigkeiten gaben sich die Proband/-innen durchschnittlich recht gute Noten: Ihr instrumentales Können benoteten immerhin 23 Prozent der befragten Personen mit ›sehr gut‹ oder ›gut‹, weitere 21 Prozent gaben sich noch ein ›befriedigend, 35 Prozent gaben an, keinerlei instrumentale Fähigkeiten zu besitzen. Auf ihre ›Gesangskünste‹ gaben sich sogar 28 Prozent ein ›sehr gut‹ oder ›gut‹, 31 Prozent ein ›befriedigend‹ und nur elf Prozent meinten, gar nicht singen zu können. Auf die Frage, wie häufig sie denn noch aktiv Musik machen würden, wurden die Angaben dann wohl ein wenig ›realistischer‹: 54 Prozent gaben an, nie Musik zu machen, 18 Prozent musizierten mehrmals die Woche und immerhin sieben Prozent sogar täglich. Vergleicht man Personen mit und ohne Abitur, dann zeigen sich signifikante Unterschiede nur in Bezug auf die Fähigkeit, ein Instrument spielen zu können. Personen mit höherem Bildungsstatus gaben sich hier die besseren Noten ($M = 3,75$ vs. $M = 4,43$; $t(148) = 2,52$; $p < .05$). Insgesamt sind die Angaben jedoch mit Vorsicht zu interpretieren, denn nach dem Eindruck der Interviewer/-innen kam es mitunter vor, dass sich professionelle Musiker/-innen nur eine ›2‹ gaben, weil sie sich mit Virtuos/-innen verglichen und einen höheren Maßstab für ihre Bewertung anlegten als Laienmusiker/-innen, die sich hin und wieder auch mit ›2‹ bewerteten.

8.2 Ergebnisse

8.2.1 *Musikrezeption bei Glück/Freude*

Auf die Frage, welche Musik sie sich wünschen, wenn sie besonders glücklich und fröhlich sind, antworteten die meisten Befragten recht homogen (vgl. Tab. 27): 55 Prozent der Befragten wollen Musik hören, die Spaß, Freude und Aktiviertheit ausdrückt und somit genau mit ihrer

Stimmungslage übereinstimmt. Weitere zehn Prozent wollen mit leichter und unbeschwerter Musik ebenfalls stimmungskongruente Musik hören. Auch diejenigen, die triumphale bzw. euphorische Musik (3%), romantische Musik (1%) oder ruhige Musik (1%) angegeben haben, wünschen sich Musikarten, die man im weitesten Sinne der Auswahl nach dem Isoprinzip zurechnen kann, da sie allesamt positiv zu bewerten bzw. im Affekt-Circumplex in der rechten Hälfte anzuordnen sind. Vier Prozent wollen aggressive Musik hören, die bei positiver Assoziation der Befragten durchaus eine gewisse Nähe zur euphorischen Musik, die auch sehr energiegeladen sein kann, aufweisen kann. 24 Prozent der Befragten machen Angaben zur Musik, die keiner spezifischen Ausdrucksstimmung zugeordnet werden konnten. Lediglich zwei Prozent können sich überhaupt nicht vorstellen, Musik zu hören, wenn sie glücklich sind.

TABELLE 27
Ausdrucksstimmung von gewünschter Musik bei Glück/Freude

Ausdrucksstimmung	Absolute Häufigkeit (n)	Relative Häufigkeit (%)
Spaß, Freude, Aktiviertheit	82	55
Leichtigkeit, Unbeschwertheit	15	10
Aggressivität	6	4
Triumph, Euphorie	5	3
Romantik	2	1
Ruhe	1	1
Ausdrucksstimmung nicht eindeutig	36	24
keine Musik gewünscht	3	2
Insgesamt	150	100

Auch auf die Frage hin, welche Ziele sie mit dem Musikhören bei Glück und Freude verfolgen, sind sich die Befragten relativ einig (vgl. Tab. 28). Allein 46 Prozent aller Antworten (es waren Mehrfachnennungen von Zielen möglich) entfallen auf das Unterstützen oder sogar Verstärken der Freude/des Glücks. Über die Hälfte aller Befragten, genauer: 56 Prozent, geben diese Antwort. Ein Blick auf die anderen genannten Ziele des Musikhörens lässt erkennen, dass einige Antworten von der Bedeutung her sehr nah am Unterstützen/Verstärken der Freude sind: 24

Prozent der Befragten wollen beispielsweise den Moment der Freude/des Glücks mittels Musik genießen und dieses Glücksgefühl ausleben. Weitere elf Prozent geben an, schlechte Laune verhindern zu wollen (was in der Konsequenz nichts anderes ist, als die gute Laune aufrechterhalten zu wollen bzw. die Freude zu unterstützen/zu verstärken). Auch das Unbeschwertheitsgefühl, das von zwei Prozent explizit genannt wird, fällt in die Kategorie der Stimmungsunterstützung. Rechnete man die eben genannten Antwortkategorien allesamt der ersten Kategorie ›Freude unterstützen/verstärken‹ zu, würde noch deutlich werden, dass das primäre und sogar fast ausschließliche Ziel des Musikhörens bei Freude und Glück das Unterstützen und Aufrechterhalten dieser Stimmungslage ist. Das Aufsplitten feinerer Antwortkategorien wie in Tabelle 28 sollte aber auch die kleineren Unterschiede und Nuancen in der Zielsetzung der Proband/-innen verdeutlichen.

TABELLE 28
Ziele des Musikhörens bei Glück/Freude (Mehrfachnennungen möglich)

Ziel	Anzahl der Nennungen insgesamt	Prozent aller Nennungen (n = 167)	Prozent aller Fälle (n = 135)
Freude unterstützen/verstärken	76	46	56
Moment genießen/Glücksgefühl ausleben	33	20	24
schlechte Laune verhindern	15	9	11
Tanzen/Singen	13	8	10
Ausflippen/Party feiern	13	8	10
Aufheitern/Aufputschen	4	2	3
Musik hören an sich/sich an der Musik erfreuen	3	2	2
Unbeschwertheitsgefühl	3	2	2
Entspannen/Freude abbauen	3	2	2
Musik als Hintergrund/ Geräuschkulisse	2	1	2
Zeitvertreib	1	1	1
Gott danken	1	1	1
Insgesamt	167	100	124

Es lassen sich darüber hinaus auch Ziele finden, die nicht mit der primären Kategorie gleichzusetzen sind: Zehn Prozent der Personen betonen zum Beispiel das ›Tanzen und Singen‹, weitere zehn Prozent das Ausflippen und ›Party feiern‹ und drei Prozent das ›Aufheitern‹ und ›Aufputschen‹ als Ziel, was über das Unterstützen der Freude hinaus eine physiologische und aktivierende und im Falle der ersten beiden Kategorien sogar eine soziale/gesellige Komponente beinhaltet.

Mit zwei Prozent beabsichtigt nur ein geringer Teil der Personen, der Freude/dem Glück mittels Musik sogar ein wenig entgegenzuwirken, indem sie entspannen und die Freude abbauen wollen. Vereinzelte Personen hören überdies Musik als Selbstzweck bzw. um sich an der Musik zu erfreuen, vertreiben sich mit Musikhören die Zeit und lassen die Musik im Hintergrund als Geräuschkulisse laufen. Dies trifft aber nur auf Einzelfälle zu. Im Großen und Ganzen steht das Ausleben und Verstärken der Freude – auch in Form von Tanzen und Feiern – an oberster Stelle der Rezeptionsmotive.

Insgesamt stützen die Ergebnisse also die Voraussagen der Mood-Management-Theorie: Menschen, die glücklich und fröhlich sind, die also eine positive Stimmung haben, versuchen diesen Zustand aufrechtzuerhalten und zu verstärken und nutzen dazu in erster Linie Musik, die diesem Zustand entspricht bzw. die ebenfalls eine positive Ausdrucksstimmung ausweist. Um die Zusammenhänge zwischen Ausdrucksstimmung der gewünschten Musik und den Zielen des Musikhörens noch deutlicher zu veranschaulichen, bieten sich Kreuztabellen mit den Kategorien der beiden oberen Tabellen an. Um nicht jede einzelne Ausdrucksstimmung und nicht jedes einzelne Ziel aufzuführen, wurde – wie schon in Kapitel 8.1 beschrieben – der Musikwunsch im Sinne des Iso- oder Kompensationsprinzips und das Ziel im Sinne eines Iso- oder Kompensationseffekts vercodet. Um die folgenden Zusammenhänge (später auch noch differenziert nach bestimmten Personengruppen) möglichst anschaulich darzustellen, werden diejenigen Personen, die keine Musik in den betreffenden Situationen hören wollten, sowie die Personen, bei denen die gewünschte Musik nicht dem Iso- oder Kompensationsprinzip und/oder bei denen das Ziel nicht dem Iso- oder Kompensationseffekt zugeordnet werden konnte, von der Auswertung ausgenommen. Dadurch ›schmilzt‹ mitunter die Datenbasis, jedoch in einem erträglichen Ausmaß, das inferenzstatistische Verfahren weiterhin ermöglicht.

Betrachtet man nun Tabelle 29, so erkennt man noch deutlicher die homogene Musikauswahl und Zielsetzung des Musikhörens im Zustand des Glücks und der Freude: Von den 122 Personen, bei denen sowohl Art als auch Zweck im oben beschriebenen Sinn vercodet werden konnte, wünschen sich 113 Personen Musik nach dem Isoprinzip, also fröhliche, aktive, unbeschwerte Musik, um die Stimmung beizubehalten oder sogar zu verstärken. Sieben Personen wünschen sich stimmungskontrastierende Musik, um ebenfalls die Stimmung damit beizubehalten oder sogar zu verstärken. Zwei einzelne Personen streben eine Kompensation des an sich positiven Zustands an, die eine Person mit stimmungskongruenter, die andere mit stimmungskontrastierender Musik. Insgesamt verhalten sich 113 von 122 Personen exakt so, wie es die Mood-Management-Theorie voraussagt und wie es in Hypothese 2 formuliert ist. Die Hypothese kann daher als bestätigt angesehen werden.

TABELLE 29

Zusammenhang zwischen Art der Musikauswahl und Ziel des Musikhörens bei Glück/Freude

Ziel des Musikhörens	Prinzip der Musikauswahl		Gesamt (n)
	Iso	Kompensation	
Iso (Stimmung beibehalten/ verstärken)	113	7	120
Kompensation	1	1	2
Gesamt (n)	114	8	122

Auf eine personengruppenspezifische Auswertung wie etwa Vergleiche zwischen Frauen und Männer, formal niedriger Gebildeten und formal höher Gebildeten sowie Musikalischen und Unmusikalischen wurde an dieser Stelle verzichtet, da kaum Varianz vorliegt. Nahezu alle Personen geben an, ihre Stimmungen bei Glück und Freude in der soeben beschriebenen Weise zu regulieren bzw. aufrechtzuerhalten und zu verstärken.

8.2.2 Musikrezeption
bei Ruhe/Entspannung

Für die Stimmungslage ›Ruhe und Entspannung‹ sind die Musikwünsche der Befragten ähnlich homogen wie bei der Abfrage zu Freude und

Glück (vgl. Tab. 30): 47 Prozent wünschen sich entsprechend der Stimmung auch ruhige Musik, weitere zwölf Prozent wollen leichte, unbeschwerte Musik hören, was zur Ruhe und Entspannung ebenfalls passt.

Fünf Prozent der Personen könnten sich vorstellen, Musik zu hören, die Spaß, Freude und Aktiviertheit ausdrückt. Für diese Personen ist es also wünschenswert, aktivierende Musik zu nutzen, wenn sie selbst eher nicht aktiv sind. Eine Minderheit der Personen (3%) möchte romantische Musik hören. Vereinzelte Personen gaben auch noch andere Ausdruckstimmungen an.

Bemerkenswert ist jedoch, dass nur ein Prozent der Personen *keine* Musik hören will, wenn es ruhig und entspannt ist. Dies ist von daher verwunderlich, da Menschen mit Ruhe oft auch Stille bzw. die Abwesenheit von Geräuschen und Lauten verbinden und Musik von ihrer Natur her nicht lautlos ist. Wie lässt sich also ein derart niedriger Wert von einem Prozent bei dieser Kategorie erklären? Zum einen können Menschen sich ruhig fühlen, ohne dass es um sie herum ruhig und still ist. Musik kann also, obwohl sie selbst nicht lautlos ist, zumindest Ruhe ausstrahlen und deshalb der inneren Ruhe eines Menschen entsprechen. Zum anderen handelt es sich bei diesen Ergebnissen ja lediglich um Vorstellungen der Befragten von ihrer Musikauswahl in den jeweiligen Situationen, also um Kognitionen. Die Erklärung dafür, warum sich so

TABELLE 30

Ausdrucksstimmung von gewünschter Musik bei Ruhe/Entspannung

Ausdrucksstimmung	Absolute Häufigkeit (n)	Relative Häufigkeit (%)
Ruhe	70	47
Leichtigkeit, Unbeschwertheit	18	12
Spaß, Freude, Aktiviertheit	8	5
Romantik	5	3
Ernsthaftigkeit	2	1
Traurigkeit, Melancholie	1	1
Aggressivität	1	1
Ausdrucksstimmung nicht eindeutig	43	29
keine Musik gewünscht	2	1
Insgesamt	150	100

viele Personen vorstellen können, bei Ruhe Musik zu hören, dürfte auch darin begründet liegen, dass es für die befragten Personen einfach und nahe liegend war, eine musikalische Assoziation zur Stimmungslage Ruhe zu entwickeln. Bei fast einem Drittel der Befragten (29%) – ähnlich wie bei den beiden vorangegangenen Stimmungen – konnte schließlich die Musik keiner Ausdrucksstimmung zugeordnet werden.

Ruhe/Entspannung ist in der Vorstellung der Befragten eine nahezu optimale Stimmungslage. Anders ist es nicht zu erklären, dass 60 Prozent mittels Musikhören entspannen und sich ausruhen, also die Stimmung beibehalten und unterstützen wollen (vgl. Tab. 31). Weitere 14 Prozent haben als Ziel, sich wohl zu fühlen und die gute Laune aufrechtzuerhalten, 13 Prozent wollen die Seele baumeln lassen, den Moment genießen und ausgeglichen sein. Alle diese Kategorien lassen sich einer Oberkategorie ›Ruhe/Entspannung ausleben‹ zuordnen. Die zehn Prozent der Personen, die angeben, die Musik als Hintergrund/ Untermalung/Unterhaltung einzusetzen, lassen sich unter Umstän-

TABELLE 31

Ziele des Musikhörens bei Ruhe/Entspannung (Mehrfachnennungen möglich)

Ziel	Anzahl der Nennungen insgesamt	Prozent aller Nennungen (n = 166)	Prozent aller Fälle (n = 142)
Entspannen, Ausruhen, Stimmung unterstützen	85	51	60
gute Laune, Wohlfühlen	20	12	14
Genießen, Seele baumeln lassen, ausgeglichen sein	19	11	13
Musik als Hintergrund/Untermalung/ Unterhaltung	14	8	10
Musik hören an sich, Musikgenuss	14	8	10
Konzentration/Sinne schärfen	5	3	4
in Erinnerungen schwelgen/träumen	4	2	3
Nachdenken	2	1	1
Kraft schöpfen	2	1	1
Aktivieren, Unternehmenslust steigern	1	1	1
Insgesamt	166	100	117

den auch dieser Kategorie zurechnen, da Musik, die als Hintergrund/ Untermalung gedacht ist, wohl eher der aktuellen Stimmungslage entspricht als ihr entgegensteht. Zehn Prozent der Befragten nennen auch das Musikhören an sich bzw. das Genießen der Musik als Motiv, was darauf hindeutet, dass Ruhe und Entspannung die besten Voraussetzungen dafür sind, sich Musik hinzugeben, sich auf sie einzulassen. Bei keiner anderen Stimmung wurde diese Kategorie so häufig genannt, das heißt, dass Musik in den anderen Stimmungen eher instrumentell eingesetzt wird, während bei Ruhe und Entspannung die Stimmung selbst ›instrumentell‹ für das Musikhören an sich genutzt werden kann.

Eine Minderheit der Personen gibt überdies an, in Zuständen der Ruhe und Entspannung mittels Musik ihre Konzentration schärfen, nachdenken oder in Erinnerungen schwelgen zu wollen.

Stellen wir – wie beim Zustand Glück/Freude – nun wieder die Art der gewünschten Musik kreuztabellarisch den Zielen des Musikhörens gegenüber, so fällt zunächst auf, dass die Musik nicht nur nach dem Isoprinzip ausgewählt wird (Tab. 32). Dies liegt darin begründet, dass leichte, beschwingte Musik sowie Musik, die Spaß, Freude und Aktiviertheit ausdrückt, dem Kompensationsprinzip zugerechnet wurde, da sie streng genommen nicht ruhig (im Sinne von eher langsam, nicht aktivierend) ist. Trotz allem erfüllt diese Musik für die betreffenden Personen selbstverständlich auch die Funktion, den Zustand der Ruhe und Entspannung genauso zu unterstützen oder gar zu verstärken, wie für andere Personen ruhige, langsame Musik. Das erkennt man daran, dass als Ziel des Musikhörens nahezu ausschließlich der Isoeffekt, also das Beibehalten und Verstärken der Stimmung, genannt wird. Insgesamt

TABELLE 32

Zusammenhang zwischen Art der Musikauswahl und Ziel des Musikhörens bei Ruhe/Entspannung

Ziel des Musikhörens	Prinzip der Musikauswahl		
	Iso	Kompensation	Gesamt (n)
Iso (Stimmung beibehalten/verstärken)	73	25	98
Kompensation	1	2	3
Gesamt (n)	74	27	101

kann die Hypothese 2 also auch auf Basis dieser Ergebnisse als bestätigt angesehen werden. Da auch bei dieser Stimmung die Mechanismen des Mood Managements anscheinend recht homogen über alle Personen hinweg ablaufen, kann auf eine personengruppenspezifische Auswertung erneut verzichtet werden. Nachzutragen ist lediglich, dass es sich bei den Personen, welche die ›kompensatorische‹ Musik angaben, primär um die älteren Proband/-innen im Rentneralter handelte, die – das wird sich in den weiteren Analysen noch verdeutlichen – generell und unabhängig von den Stimmungslagen viel und oft fröhliche, beschwingte Musik hören.

8.2.3 Musikrezeption bei Melancholie/Traurigkeit

Im Vergleich zu den beiden vorherigen Stimmungslagen gaben die Proband/-innen auf die Frage, welche Musik sie sich wünschen, wenn sie traurig und melancholisch sind, recht heterogene Angaben (vgl. Tab. 33): Zwar ist auch hier der Wunsch nach stimmungskongruenter Musik recht oft vertreten, da 27 Prozent der Personen traurige und melancholische Musik hören wollen. Nach diesem zuerst genannten Musikwunsch werden die Angaben jedoch höchst unterschiedlich: 14 Prozent wünschen sich ruhige Musik und fünf Prozent ernsthafte Musik – beides Musikkategorien, die noch in einen kongruenten Zusammenhang mit Traurigkeit und Melancholie zu bringen sind. Acht Prozent präferieren jedoch Musik, die Spaß, Freude und Aktiviertheit ausdrückt und weitere drei Prozent bevorzugen leichte, unbeschwerte Musik. Hier werden Musikkategorien angesprochen, die eindeutig der Stimmungslage Trauer und Melancholie entgegenstehen. Drei Prozent der Befragten gaben romantische Musik an, die auf den ersten Blick überhaupt nicht zu Trauer und Melancholie zu passen scheint. Vergegenwärtigt man sich jedoch, dass einige der Befragten eventuell an Liebeskummer oder Sehnsucht nach der/dem Geliebten gedacht haben, so lässt sich auch diese Musikkategorie sinnvoll interpretieren. Drei Prozent wollten sogar aggressive Musik hören, wenn sie traurig sind. Ob die betreffenden Personen hierbei eine kompensatorische Wirkung als Ziel des Musikhörens hatten, soll weiter unten näher betrachtet werden.

Bei 23 Prozent der Befragten konnte die angegebene Musik keiner Ausdrucksstimmung eindeutig zugeordnet werden. Im Vergleich zur

Stimmungslage Freude/Glück konnten sich immerhin 15 Prozent der Personen nicht vorstellen, Musik zu hören, wenn sie traurig sind. Vielleicht war es einigen Personen auch zu unangenehm oder zu persönlich, über ihre musikalischen Vorlieben bei Trauer/Melancholie Auskunft zu geben, so dass sie letztendlich die Antwort verweigerten, wenn sie vorgaben, keine Musik zu hören.

TABELLE 33
Ausdrucksstimmung von gewünschter Musik bei Melancholie/Trauer

Ausdrucksstimmung	Absolute Häufigkeit (n)	Relative Häufigkeit (%)
Traurigkeit, Melancholie	40	27
Ruhe	21	14
Spaß, Freude, Aktiviertheit	12	8
Ernsthaftigkeit	7	5
Leichtigkeit, Unbeschwertheit	5	3
Romantik	4	3
Aggressivität	4	3
Ausdrucksstimmung nicht eindeutig	35	23
keine Musik gewünscht	22	15
Insgesamt	150	100

Auf die Frage, welche Ziele die Befragten bei Trauer und Melancholie mit dem Musikhören verfolgen, hätte man nun vermuten können, dass die meisten diese Stimmung kompensieren und verdrängen wollen. Tatsächlich wollen auch 24 Prozent der Personen ihr seelisches Gleichgewicht wieder herstellen und sich aufbauen, 16 Prozent möchten sich aufheitern und wieder fröhlich werden (vgl. Tabelle 34). Eine kleinere Gruppe von Personen (8%) will sich mit der Musik ablenken, was auch einer Art Kompensation entspricht. Und eine ebenso kleine Gruppe (8%) beabsichtigt, durch das Musikhören Trauerarbeit zu verrichten und dadurch mit dem ›Problem‹ bzw. dem Grund der Trauer abzuschließen. Hier wird also eine Kompensation über ›Umwege‹ erreicht. In diese Richtung geht auch die Angabe, sich mittels des Musikhörens mit dem Problem auseinanderzusetzen und darüber nachzudenken, was auf weitere sieben Prozent der Befragten zutrifft.

TABELLE 34
Ziele des Musikhörens bei Melancholie/Trauer
(Mehrfachnennungen möglich)

Ziel	Anzahl der Nennungen insgesamt	Prozent aller Nennungen (n = 139)	Prozent aller Fälle (n = 119)
in Traurigkeit schwelgen/Stimmung unterstützen	33	24	?8
seelisches Gleichgewicht wiederfinden, sich aufbauen	28	20	24
wieder fröhlich werden, aufheitern	19	14	16
Traurigkeit verstärken	11	8	9
durch Trauerarbeit mit Problem abschließen	9	7	8
Ablenken	9	7	8
Heulen, Weinen, Gefühle rauslassen	8	6	7
mit Problem auseinandersetzen, nachdenken	8	6	7
Entspannen	7	5	6
Erinnerungen wachrufen	4	3	3
nicht allein sein	3	2	3
Insgesamt	139	100	117

Jedoch steht diesen Personen ein vergleichbarer Anteil an Personen gegenüber, die nahezu das Gegenteil mit dem Musikhören bei Traurigkeit und Melancholie bezwecken: 28 Prozent wollen diese Stimmung unterstützen und weiterhin in ihrer Traurigkeit/Melancholie ›schwelgen‹. Weitere neun Prozent wollen überdies diesen Zustand mittels Musik sogar verstärken und sieben Prozent wünschen sich zu weinen, zu »heulen« und ihren Gefühlen freien Lauf zu lassen. Letzteres könnte jedoch wiederum über einen Umweg zur Kompensation der Traurigkeit führen.

Ein interessantes (wenn auch untergeordnetes) Motiv gaben drei Personen (3%) an: Sie hören Musik, um nicht allein zu sein, wenn sie traurig sind. Musik fungiert hier als ein ›tröstender Begleiter‹, erfüllt also eine soziale Funktion.

Tabelle 35 zeigt nun, dass das Mood Management in der Stimmungslage der Melancholie und Trauer über alle Personen hinweg variantenrei-

cher verläuft: Zunächst einmal möchte nur circa die Hälfte der Personen
den Zustand kompensieren bzw. einen positiveren Zustand erreichen.
Die andere Hälfte möchte die Trauer beibehalten, unterstützen oder gar
verstärken. Diese Personen gebrauchen dazu fast ausschließlich stimmungskongruente, also traurige, melancholische Musik. Diejenigen, die
die Stimmung kompensieren wollen, benutzen hingegen zu circa zwei
Dritteln stimmungskontrastierende Musik, also zum Beispiel fröhliche,
beschwingte Musik, aber zu einem Drittel auch stimmungskongruente
Musik. Über das Hören von *trauriger* Musik beabsichtigen einige Personen
also, ihre Trauer abzubauen, abzuschwächen und wieder positiv gestimmt
zu werden. Zu diesen Fällen ist sicher auch das indirekte Kompensieren
von Trauer über eine längere Zeiteinheit mit einer anfänglichen Verstärkung der Trauer und einem entsprechenden Hören von trauriger bzw.
traurigkeitsverstärkender Musik zu zählen. Insgesamt entsprechen die
Ergebnisse jedoch exakt den Aussagen der Hypothese 3a, die damit ebenfalls als bestätigt angesehen werden kann.

TABELLE 35

Zusammenhang zwischen Art der Musikauswahl und Ziel des Musikhörens bei Melancholie/Trauer

Ziel des Musikhörens	Prinzip der Musikauswahl		
	Iso	Kompensation	Gesamt (n)
Iso (Stimmung beibehalten/verstärken)	36	2	38
Kompensation	16	33	49
Gesamt (n)	52	35	87

Nun bieten sich diese Ergebnisse geradezu für eine personengruppenspezifische Betrachtungsweise an, denn es stellt sich zum Beispiel die
Frage, ob Frauen – wie in Hypothese 5 postuliert – bei Trauer eventuell
ein anderes Mood Management betreiben als Männer.

An den Randhäufigkeiten von Tabelle 36 erkennt man zunächst,
dass Frauen mit 34 zu 17 Fällen im Gegensatz zu den Männern mit 18
zu 18 Fällen in einem signifikant höheren Maße Musik nach dem Isoprinzip, also traurige Musik, auswählen ($\chi^2(1) = 4{,}5$; $p < .05$).[4] Während

4   An dieser Stelle und im Folgenden werden nicht-parametrische Chi-Quadrat-Tests gerechnet, welche jeweils die eine Verteilung (in diesem Fall: 34 zu 17) gegen die andere Verteilung
(in diesem Fall: 18 zu 18) testen.

TABELLE 36

Zusammenhang zwischen Art der Musikauswahl und Ziel des Musikhörens bei Melancholie/Trauer: Geschlechtervergleich (n = 87)

Gruppe	Ziel des Musikhörens	Prinzip der Musikauswahl		
		Iso	Kompensation	Gesamt (n)
	Iso (Stimmung beibehalten/ verstärken)	24	1	25
Frauen	Kompensation	10	16	26
	Gesamt (n)	34	17	51
	Iso (Stimmung beibehalten/ verstärken)	12	1	13
Männer	Kompensation	6	17	23
	Gesamt (n)	18	18	36

die Männer also in etwa zur Hälfte traurige und zur Hälfte fröhliche Musik präferieren, haben die Frauen eine deutliche Vorliebe für traurige Musik. Mit Blick auf das Ziel des Musikhörens sind auch Unterschiede – wenn auch keine signifikanten – auszumachen: Während die Frauen zur Hälfte die traurige Stimmung beibehalten oder sogar verstärken möchten (25 vs. 26 Fälle), ist bei den Männern eine Priorität für das Kompensieren der Traurigkeit (23 vs. 13 Fälle) zu erkennen ($\chi^2(1)$ = 2,4; p = .12). Betrachtet man die Anzahl der Fälle beider Gruppen, die sich bei ›Überkreuzung‹ der Musikauswahlprinzipien mit den Zielen des Musikhörens ergeben, so sind auf den ersten Blick keine größeren Unterschiede zwischen Frauen und Männern zu erkennen. Lediglich die Randhäufigkeiten geben darüber Aufschluss, dass Frauen im Gegensatz zu Männern tendenziell eher traurige Musik hören, wenn sie traurig sind, und dass sie nicht wie die Männer das Kompensieren der Traurigkeit in jedem Fall anstreben, sondern auch das Verbleiben in der Traurigkeit als einen (auf der Meta-Ebene) positiv bewerteten Zustand abbilden – sonst wäre diese Zielsetzung des Musikhörens, insbesondere vor dem Hintergrund der Mood-Management-Theorie, nicht zu erklären. Hypothese 5, die besagt, dass Frauen bei Trauer und Melancholie zu einem größeren Anteil als Männer Musik nach dem Isoprinzip hören, um die Stimmung aufrechtzuerhalten oder sie zu verstärken, kann daher eher als bestätigt angesehen werden.

Als Nächstes bietet sich ein Vergleich verschiedener Bildungsgruppen an (vgl. Tab. 37). Die Randhäufigkeiten verraten, dass sowohl die Gruppe ohne Abitur als auch die Gruppe mit Abitur ein Übergewicht an Fällen aufweist, die Musik nach dem Isoprinzip auswählen, wenn sie traurig sind. Dieses Übergewicht ist bei der Gruppe mit höherem Bildungsstatus ausgeprägter (30 vs. 17 im Gegensatz zu 22 vs. 18; $\chi^2(1) = 1,5$; *ns*). Ein Blick auf die Randhäufigkeiten in den Zeilen lässt darüber hinaus erkennen, dass die Gruppe mit niedrigerem Bildungsstatus mit 27 zu 13 Fällen primär die Kompensation der Stimmung anstrebt, während die Gruppe mit höherem Bildungsstatus mit 25 zu 22 Fällen sogar ein leichtes Übergewicht zugunsten des Verbleibens in und des Verstärkens der Stimmung zeigt ($\chi^2(1) = 9,2$; $p < .01$). Als Fazit bzw. als erste Antwort auf Forschungsfrage 2 kann festgehalten werden: Personen mit höherem Bildungsstatus hören im Vergleich zu Personen mit niedrigerem Bildungsstatus eher traurige Musik, um die Traurigkeit auszuleben, sie zu unterstützen und in Einzelfällen sogar zu verstärken.

TABELLE 37

Zusammenhang zwischen Art der Musikauswahl und Ziel des Musikhörens bei Melancholie/Trauer: Bildungsgruppenvergleich (n = 87)

| Gruppe | Ziel des Musikhörens | Prinzip der Musikauswahl | | Gesamt (n) |
		Iso	Kompensation	
	Iso (Stimmung beibehalten/ verstärken)	13	0	13
ohne Abitur	Kompensation	9	18	27
	Gesamt (n)	22	18	40
	Iso (Stimmung beibehalten/ verstärken)	23	2	25
mit Abitur	Kompensation	7	15	22
	Gesamt (n)	30	17	47

Ein ähnliches Nutzungsmuster zeigt sich auch, wenn man ›Musiker/-innen‹ (diejenigen, die wenigstens mehrmals im Jahr selbst musizieren) und ›Nicht-Musiker/-innen‹ (diejenigen, die nie selbst musizieren, sondern Musik nur rezipieren) gegenüberstellt (vgl. Tab. 38). Beide Gruppen wünschen sich bei Melancholie/Trauer primär Musik nach dem Isoprinzip (Unterschied nicht signifikant). Jedoch streben die Nicht-Musiker/-innen mit 29 zu 19 Fällen zu einem höheren Anteil als die Musiker/-innen mit 20 zu 19 Fällen die Kompensation der Melancholie/Trauer an ($\chi^2(1) = 1{,}4$; *ns*). Als erste Antwort auf Forschungsfrage 3 kann festgehalten werden: Musiker hören im Vergleich zu den Nicht-Musikern *tendenziell* zu einem höheren Anteil Musik, um die Traurigkeit zu stützen (Isoeffekt). Das Kompensieren entsprechend der Vorhersagen der Mood-Management-Theorie trifft also eher auf die vermeintlich unmusikalischeren Personen zu.

TABELLE 38

Zusammenhang zwischen Art der Musikauswahl und Ziel des Musikhörens bei Melancholie/Trauer: aktive ›Musiker/-innen‹ versus passive Musiknutzer/-innen (n = 87)

Gruppe	Ziel des Musikhörens	Prinzip der Musikauswahl		Gesamt (n)
		Iso	Kompensation	
Nicht-Musiker	Iso (Stimmung beibehalten/ verstärken)	19	0	19
	Kompensation	9	20	29
	Gesamt (n)	28	20	48
Musiker	Iso (Stimmung beibehalten/ verstärken)	17	2	19
	Kompensation	7	13	20
	Gesamt (n)	24	15	39

Die anderen musikbezogenen Variablen wie ›Tonträgerbesitz‹, ›Hördauer‹ oder ›Bedeutung von Musik für das eigene Leben‹ können – zu Gruppen von Personen aggregiert – keine weiteren gruppenspezifischen Unterschiede im Mood Management bei Trauer und Melancholie zeigen. Die Forschungsfragen 5 und 6 bleiben also nach wie vor unbeantwortet.

Als Letztes dürfte jedoch eine Altersgruppendifferenzierung noch von hohem Interesse sein (vgl. Tab. 39). Die Spaltenrandhäufigkeiten zeigen, dass die Gruppe der 14- bis 29-Jährigen und die Gruppe der 30-49-Jährigen ein deutliches Übergewicht zugunsten der Musikauswahl nach dem Isoprinzip aufweisen. Die meisten Personen dieser Gruppen hören also lieber traurige statt fröhlicher Musik, wenn sie traurig sind. Anders liegt der Fall bei den Personen im Alter ab 50 Jahren: Sie möchten mit 14 zu

13 Fällen zu gleichen Teilen traurige und fröhliche Musik hören (Unterschied zu den beiden anderen Gruppen jedoch nicht signifikant).

Die Zeilenrandhäufigkeiten unterstreichen die ›Sonderstellung‹ der älteren Personen: Während das Verhältnis zwischen Stimmungs-Sensitizern und Stimmung-Repressern bei den beiden jüngeren Gruppen mit 14 zu 14 Fällen (14- bis 29-Jährige) und 16 zu 16 Fällen (30- bis 49-Jährige) ausgeglichen ist, geben die älteren Personen (50 Jahre und älter) mit 19 zu 8 Fällen primär die Kompensation der Traurigkeit als Ziel des Musikhörens an ($\chi^2(1) = 4,5; p < .05$). Fazit: Ältere Menschen hören, wenn sie traurig und melancholisch sind, eher fröhliche Musik als jüngere Menschen, um der Traurigkeit entgegen zu wirken. Hypothese 7 kann aufgrund dieses Ergebnisses also als bestätigt angesehen werden.

TABELLE 39

Zusammenhang zwischen Art der Musikauswahl und Ziel des Musikhörens bei Melancholie/Trauer: Altersgruppenvergleich (n = 87)

Gruppe	Ziel des Musikhörens	Prinzip der Musikauswahl		Gesamt (n)
		Iso	Kompensation	
14-29 Jahre	Iso (Stimmung beibehalten/ verstärken)	13	1	14
	Kompensation	5	9	14
	Gesamt (n)	18	10	28
30-49 Jahre	Iso (Stimmung beibehalten/ verstärken)	15	1	16
	Kompensation	5	11	16
	Gesamt (n)	20	12	32
50 Jahre und älter	Iso (Stimmung beibehalten/ verstärken)	8	0	8
	Kompensation	6	13	19
	Gesamt (n)	14	13	27

Tabelle 35 verdeutlichte, dass es im Prinzip nur drei verschiedene ›Typen‹ von Mood Managern in der Stimmungslage Trauer/ Melancholie gibt: Typ 1, der traurige Musik hört, um die Stimmung beizubehalten und zu stützen, Typ 2, der traurige Musik hört, um die Stimmung zu kompensieren und Typ 3, der fröhliche Musik hört, um die Stimmung zu kompensieren. Die vierte Kombination (traurige Musik hören, um die Stimmung zu kompensieren) war nur mit zwei Fällen vertreten und kann daher für die folgende Auswertung unberücksichtigt bleiben. Um abschließend nochmals zu verdeutlichen, welche Form des Mood Managements sich tendenziell durch welche Konstellation an Personenfaktoren auszeichnet, werden im Folgenden für die drei Typen Kennwerte verschiedener Personenmerkmale errechnet:

TABELLE 40

Profil der drei Mood-Manager-Typen bei Melancholie/ Trauer (arithm. Mittel; n = 85)

Merkmal	TYP 1 (n = 36) Musik: Iso Ziel: Iso	TYP 2 (n = 16) Musik: Iso Ziel: Kompensation	TYP 3 (n = 33) Musik: kompensatorisch Ziel: Kompensation
Geschlecht	67 % Frauen	63 % Frauen	52 % Männer
Alter (in Jahren)	37	44	47
Bildung (Skala: 0-4)	2,75	2,31	2,36
Häufigkeit des Selbstmusizierens (Skala: 0-5)	1,53	1,44	1,15
Hördauer (in Min.)	275	238	205
Anzahl an Tonträgern*	219	215	193

* Extremfälle mit mehr als 1000 Tonträgern, die den Vergleich der Typen verzerrt hätten, wurden ausgeschlossen.

Tabelle 40 zeigt, dass sich Typ 1 durch den höchsten Frauenanteil auszeichnet – leicht höher als bei Typ 2 und deutlich höher als bei Typ 3, bei dem die Männer leicht ›die Nase vorne‹ haben. Das Durchschnittsalter von Typ 1 ist vergleichsweise niedriger, die Bildung vergleichsweise hoch im Vergleich zu den beiden anderen Typen. Typ 1 musiziert ähnlich häufig wie Typ 2 (und häufiger als Typ 3), hört am meisten Musik und besitzt – ähnlich wie Typ 2 – circa 20 Tonträger mehr als Typ 3 – kann also aus einem etwas größeren Repertoire an Musik auswählen.

8.2.4 Musikrezeption bei Wut/Ärger

Überaus homogen ist die Ausdrucksstimmung der präferierten Musik bei Wut/Ärger (vgl. Tab. 41): 35 Prozent wünschen sich aggressive Musik, also Musik, die der aktuellen Stimmung weitestgehend entspricht. Genau ein Drittel gaben an, überhaupt keine Musik hören zu wollen. Damit ist Wut/Ärger diejenige Stimmungslage, in der am häufigsten darauf verzichtet wird, Musik zu hören. Bei 19 Prozent der Personen konnte keine Ausdrucksstimmung zugeordnet werden. Die restlichen 13 Prozent der Personen gaben diverse und damit wenig relevante Ausdrucksstimmungen wie Spaß, Freude, Aktiviertheit, Ruhe, Leichtigkeit, Unbeschwertheit, Triumph und Euphorie an (vgl. Tab. 41).

TABELLE 41
Ausdrucksstimmung von gewünschter Musik bei Wut/Ärger

Ausdrucksstimmung	Absolute Häufigkeit (n)	Relative Häufigkeit (%)
Aggressivität	53	35
Spaß, Freude, Aktiviertheit	9	6
Ruhe	5	3
Leichtigkeit, Unbeschwertheit	3	2
Triumph, Euphorie	2	1
Ausdrucksstimmung nicht eindeutig	28	19
keine Musik gewünscht	50	33
Insgesamt	150	100

Auch bezogen auf das Ziel des Musikhörens gibt es eine dominierende Kategorie (vgl. Tab. 42): 62 Prozent der Befragten wollen sich mit Musik abreagieren, beruhigen und ihre Aggressionen abbauen, wenn sie wütend und verärgert sind. Weitere elf Prozent wollen ebenfalls der Wut/dem Ärger entgegen wirken, indem sie sich mit der Musik ablenken oder indem sie beim Musikhören ›abschalten‹. Neun Prozent möchten ihr Stimmungsgleichgewicht wieder herstellen und zwei Prozent den Ärger/die Wut mit der Musik verarbeiten, was wiederum kompensatorischen Charakter aufweist. Jedoch nennen einige Personen auch gegenteilige Ziele: 17 Prozent wollen Wut und Ärger ausleben, mit Musik unterstützen und der Stimmung damit Ausdruck verleihen. Eine Person gab sogar an, sich in ihre Wut mit der Musik noch mehr hineinsteigern zu wollen, sie also zu verstärken. Vier Prozent nutzen die Musik als ›Ventil‹ und können mit der Musik ihrer Wut Ausdruck verleihen und sie geradezu ›herausschreien‹. Diese letzte Kategorie impliziert sowohl eine stimmungsunterstützende als auch stimmungskompensierende Komponente. Insgesamt überwiegt in den Motiven jedoch die Kompensation der Wut/des Ärgers.

TABELLE 42
Ziele des Musikhörens bei Wut/Ärger (Mehrfachnennungen möglich)

Ziel	Anzahl der Nennungen insgesamt	Prozent aller Nennungen (n = 96)	Prozent aller Fälle (n = 91)
Abreagieren, Beruhigen, Aggressionen abbauen	56	58	62
Wut ausleben/unterstützen/ Ausdruck verleihen	15	16	17
Ablenken, Abschalten	10	10	11
Stimmungsgleichgewicht herstellen	8	8	9
Musik als Ventil, Wut mittels Musik ›herausschreien‹	4	4	4
Problem, Wut verarbeiten	2	2	2
in Wut/Ärger noch mehr hineinsteigern	1	1	1
Insgesamt	96	100	106

Verdichtet man nun die Art der gewünschten Musik und die Ziele des Musikhörens wieder im Sinne des Iso- und Kompensationsprinzips bzw. im Sinne des Iso- und Kompensationseffekts, so ergibt sich folgende Kreuztabelle (Tab. 43):

Die Zeilenrandhäufigkeiten weisen auf die primäre Bedeutung der Kompensation (54 vs. 16 Fälle) beim Hören von Musik bei Wut und Ärger hin. Dazu wird ebenfalls mit 54 versus 16 Fällen primär Musik nach dem Isoprinzip, also aggressive, schnelle, harte und laute Musik, ausgewählt. Circa die Hälfte der Proband/-innen (n = 38) verteilen sich auf den Typ 2,

TABELLE 43

Zusammenhang zwischen Art der Musikauswahl und Ziel des Musikhörens bei Wut/Ärger

Ziel des Musikhörens	Prinzip der Musikauswahl		
	Iso	Kompensation	Gesamt (n)
Iso (Stimmung beibehalten/verstärken)	16	0	16
Kompensation	38	16	54
Gesamt (n)	54	16	70

der aggressive Musik hört, um die Wut und den Ärger zu kompensieren. Die andere Hälfte der Proband/-innen (n = 32) verteilt sich zu gleichen Anteilen auf Typ 1 (n = 16), der aggressive Musik hört, um die Wut und den Ärger beizubehalten, auszuleben oder sogar zu steigern, und auf Typ 3 (n = 16), der stimmungskontrastierende Musik, also eher langsame, ruhige, entspannende, leise Musik, hört, um die Wut und den Ärger abzubauen, abzuschwächen und sich zu beruhigen und zu entspannen. Der Typ, der ruhige Musik hört, um Wut und Ärger zu stützen und zu verstärken, war aus verständlichen Gründen (dieser Zusammenhang wäre in höchstem Maße unplausibel) mit keinem Fall vertreten. Hypothese 3b, die postulierte, dass bei Wut und Ärger der Großteil der Personen Musik nach dem Kompensationsprinzip hört, um die entsprechende Stimmung abzuschwächen und zu kompensieren, kann also nur teilweise bestätigt werden: Zwar möchte der Großteil der befragten Personen Wut und Ärger kompensieren – allerdings primär mit Musik nach dem Isoprinzip.

Die geschlechtsspezifische Differenzierung (vgl. Tabelle 44) zeigt, dass bei Frauen und Männern das Kompensieren der Stimmung insgesamt überwiegt, wobei die Frauen (mit 11 zu 27 Fällen) eher als die Männer (mit 5 zu 27 Fällen) dazu tendieren, die Wut/den Ärger auch einmal beizubehalten/zu verstärken ($\chi^2(1)$ = 5,1; p < .05). Darüber hinaus benutzen zwecks Kompensation die Frauen (mit 11 zu 16 Fällen) in höherem Maße als die Männer (mit 5 zu 22 Fällen) stimmungskontrastierende, ruhigere Musik ($\chi^2(1)$ = 5,5; p < .05). Oder anders gesagt: Die Männer greifen – im Gegensatz zu den Frauen – zum Abreagieren fast ausschließlich auf aggressive Musik zurück. Hypothese 4 kann daher als bestätigt angesehen werden. Typ 2 (Abreagieren durch aggressive Musik) stellt bei den Männern mit 22 von 32 Fällen (69%) das vorherrschende Muster dar.

TABELLE 44
Zusammenhang zwischen Art der Musikauswahl und Ziel des Musikhörens bei Wut/Ärger: Geschlechtervergleich (n = 70)

Gruppe	Ziel des Musikhörens	Prinzip der Musikauswahl		Gesamt (n)
		Iso	Kompensation	
Frauen	Iso (Stimmung beibehalten/ verstärken)	11	0	11
	Kompensation	16	11	27
	Gesamt (n)	27	11	38
Männer	Iso (Stimmung beibehalten/ verstärken)	5	0	5
	Kompensation	22	5	27
	Gesamt (n)	27	5	32

Auch bei den Frauen ist dieser Typ mit 16 von 38 Fällen am häufigsten vertreten, jedoch trifft dieses Muster im Gegensatz zu den Männern nur auf 42 Prozent der Frauen zu.

Der Bildungsgruppenvergleich (vgl. Tab. 45) ergibt – ähnlich wie der Vergleich zwischen Musikalischen und Unmusikalischen – keine signifi-

TABELLE 45
Zusammenhang zwischen Art der Musikauswahl und Ziel des Musikhörens bei Wut/Ärger: Bildungsgruppenvergleich (n = 70)

Gruppe	Ziel des Musikhörens	Prinzip der Musikauswahl		Gesamt (n)
		Iso	Kompensation	
ohne Abitur	Iso (Stimmung beibehalten/ verstärken)	5	0	5
	Kompensation	16	8	24
	Gesamt (n)	21	8	29
mit Abitur	Iso (Stimmung beibehalten/ verstärken)	11	0	11
	Kompensation	22	8	30
	Gesamt (n)	33	8	41

kanten Unterschiede zwischen den betreffenden Gruppen. Hier konnten also keine weiteren Antworten auf die Forschungsfragen 2 und 3 gefunden werden.

TABELLE 46

Zusammenhang zwischen Art der Musikauswahl und Ziel des Musikhörens bei Wut/Ärger: Altersgruppenvergleich (n = 70)

Gruppe	Ziel des Musikhörens	Prinzip der Musikauswahl		
		Iso	Kompensation	Gesamt (n)
14-29 Jahre	Iso (Stimmung beibehalten/ verstärken)	5	0	5
	Kompensation	16	5	21
	Gesamt (n)	21	5	26
30-49 Jahre	Iso (Stimmung beibehalten/ verstärken)	7	0	7
	Kompensation	16	4	20
	Gesamt (n)	23	4	27
50 Jahre und älter	Iso (Stimmung beibehalten/ verstärken)	4	0	4
	Kompensation	6	7	13
	Gesamt (n)	10	7	17

Der Altersgruppenvergleich (vgl. Tab. 46) zeigt noch eine interessante Tendenz: Während sich im Hinblick auf das Ziel des Musikhörens die Altersgruppen kaum unterscheiden – circa vier Fünftel jeder Gruppe geben an, Wut und Ärger kompensieren zu wollen –, zeigen sich leichte Verschiebungen bei der dazu ausgewählten Musik: Während bei den 14- bis 29-Jährigen und 30- bis 49-Jährigen die aggressive Musik eindeutig überwiegt, wählen Proband/-innen im Alter von 50 Jahren und älter genauso oft ruhige Musik (n = 7) wie aggressive Musik (n = 6). Damit unterscheiden sie sich von den 14- bis 29-Jährigen ($\chi^2(1)$ = 5,3; p < .05) in signifikanter Weise, von den 30- bis 49-Jährigen ($\chi^2(1)$ = 9,4; p < .01) sogar in hochsignifikanter Weise. Hypothese 6 muss trotz allem aufgrund der fehlenden Unterschiede in den Rezeptionszielen als nicht bestätigt angesehen werden.

TABELLE 47
Profil der drei Mood-Manager-Typen bei Wut/Ärger (arithm. Mittel; n = 70)

Merkmal	TYP 1 (n = 16) Musik: Iso Ziel: Iso	TYP 2 (n = 38) Musik: Iso Ziel: Kompensation	TYP 3 (n = 16) Musik: kompensatorisch Ziel: Kompensation
Geschlecht	69% Frauen	58% Männer	69% Frauen
Alter (in Jahren)	39	35	46
Bildung (Skala: 0-4)	2,88	2,66	2,25
Häufigkeit des Selbstmusizierens (Skala: 0-5)	0,69	1,61	1,75
Hördauer (in Min.)	253	236	300
Anzahl an Tonträgern*	225	232	138

* Extremfälle mit mehr als 1000 Tonträgern, die den Vergleich der Typen verzerrt hätten, wurden ausgeschlossen.

Tabelle 47 zeigt zum Abschluss – wie im vorherigen Kapitel – die Profile der drei oben beschriebenen Typen. Typ 1, der aggressive Musik zur Unterstützung und Verstärkung der Wut einsetzt, zeichnet sich durch einen hohen Frauenanteil, ein im Vergleich zu den beiden anderen Typen mittleres Alter, eine hohe formale Bildung, geringe Bindung zum aktiven Musizieren, eine überdurchschnittliche Anzahl an Tonträgern sowie eine überdurchschnittliche Hördauer aus. Typ 2, der aggressive Musik zum Abreagieren hört, repräsentiert eine Gruppe mit höherem Männeranteil. Die Gruppe hat ebenfalls eine höhere Bildung und musiziert auffällig häufiger als Gruppe 1. Die Hördauer ist eher durchschnittlich, der Tonträgerbesitz ebenfalls überdurchschnittlich. Typ 3, der ruhige Musik zum Abreagieren und Entspannen hört, ist wieder eine frauenlastige Gruppe, jedoch im Vergleich zu Typ 1 eher höheren Alters, tendenziell niedrigerer Bildung und höherem aktiven Musikbezug. Personen dieses Typs hören überdurchschnittlich viel Musik am Tag (300 Minuten), besitzen dafür aber relativ wenige Tonträger.

Als Fazit dieser Studie bleibt festzuhalten, dass die meisten Hypothesen bestätigt und erste Antworten auf Forschungsfragen gefunden werden konnten. So hören die meisten Personen in Stimmungslagen der Freude und der Ruhe stimmungskongruente Musik, um diese positiven Stimmungen zu unterstützen und sie zu verstärken. Bei Wut und Ärger wollen die meisten diese negative Stimmung kompensieren. Allerdings benutzen sie dazu sehr häufig aggressive Musik. Trauer und Melancholie scheinen die interessantesten Stimmungslagen zu sein, da sie sowohl mit Blick auf die gewünschte Musik als auch mit Blick auf die Ziele des Musikhörens die meiste Varianz erzeugen. Etwa 50 Prozent der befragten Personen wollten diese Stimmungslage im weitesten Sinne aufrechterhalten, die anderen 50 Prozent der Trauer und Melancholie entgegensteuern. Dabei ist von besonderem Interesse, dass ein bemerkenswerter Anteil der Personen eine zeitlich länger andauernde Kompensation der Trauer durch eine zeitlich vorgelagerte ›Trauerarbeit‹ anvisiert und diese mit entsprechend trauriger Musik unterstützt. Auch die in den Hypothesen formulierten Unterschiede zwischen Frauen und Männern sowie Jugendlichen und älteren Personen konnten weitestgehend bestätigt werden. Frauen und Jugendliche gehen dabei im Großen und Ganzen eher im Sinne von ›Sensitizern‹, Männer und ältere Menschen eher im Sinne von ›Repressern‹ vor.

Im Hinblick auf den Einfluss der Verfügbarkeit von Musik und der Hördauer konnten keine Zusammenhänge, im Hinblick auf die formale Bildung und die Musikalität hingegen erste Antworten auf die betreffenden Forschungsfragen 2 und 3 gefunden werden.

Da diese Studie mit imaginierten Stimmungen arbeitete, ist es nun das Ziel der folgenden Studie 3, diese Ergebnisse auf Basis realer Stimmungen zu überprüfen. Außerdem steht noch die Überprüfung der Hypothese 8 sowie die Beantwortung der Forschungsfragen 1, 4 und 7 an, da die Persönlichkeitsmerkmale Neurotizismus, Openness und Extraversion sowie Rezeptionsmodi in dieser Studie 2 noch nicht erhoben wurden.

Abschließend sei noch vermerkt, dass die in Studie 2 erhobenen Daten noch zusätzlich mittels multivariater Verfahren hätten ausgewertet werden können. Alle Hypothesen und Forschungsfragen konnten jedoch bereits mit den hier vorgestellten Analysen ausreichend beantwortet werden.

9. STUDIE 3: EXPERIMENT

9.1 Methode

9.1.1 Untersuchungsdesign

Der Frage, welche Musik mit welchem Ziel in vier spezifischen Stimmungslagen gehört wird, wurde in einem fragebogengestützten Laborexperiment mit insgesamt 174 Proband/-innen in einem 1x4-Between-Subject-Design umgesetzt. Bei der Telefonbefragung mussten die Proband/-innen – wie schon angedeutet – zwei abstrakte Gedanken vornehmen: sich in eine Stimmung hineindenken und einen Musikwunsch in dieser fiktiven Stimmung antizipieren. Bei der nun folgenden Studie wurden zumindest die Stimmungen experimentell induziert, sodass die Proband/-innen sich tatsächlich in spezifischen Stimmungslagen befanden und deshalb lediglich die Musikauswahl noch fiktiv vorgenommen werden musste. Ein Abstraktionsgrad entfiel somit für die Proband/-innen. Als die vier experimentellen Bedingungen fungierten die vier Stimmungen ›Glück‹, ›Traurigkeit‹, ›Ärger‹ und ›Ruhe‹. Die Proband/-innen jedes Treatments wurden bei der Rekrutierung anfänglich nach drei Altersgruppen (14-29 Jahre, 30-49 Jahre, 50 Jahre und älter), nach Geschlecht und nach zwei Bildungsgruppen (ohne/mit Abitur) parallelisiert, da Einflüsse dieser Variablen auf die Art und das Ziel des Musikhörens in den vier Stimmungslagen aus den vorangegangenen Studien bereits bekannt waren.

Im Vergleich zu Studie 2 wurden zusätzlich Rezeptionsmodi und die spezifischen Persönlichkeitsmerkmale ›Neurotizismus‹, ›Offenheit für neue Erfahrungen‹ sowie ›Extraversion mit umfangreichen Inventaren‹ erhoben. Variablen wie ›Musikpräferenzen‹, ›Ausdrucksstimmung der Musik‹ und ›Ziele des Musikhörens‹ wurden überdies nicht mehr offen (wie in Studie 2), sondern mit Hilfe vorgegebener Listen und semantischer Differenziale gestützt abgefragt. Die Variablen hatten alle mindestens Ordinalniveau, um mehr Varianz zu erzeugen und komplexere Auswertungen als in Studie 2 zu ermöglichen, in der die beiden zentralen Variablen (Musikauswahl, Ziel des Musikhörens) lediglich nominales Datenniveau aufwiesen.

Darüber hinaus wurden musikalische Aktivitäten sowie Fähigkeiten differenzierter und extern valider erfasst, um die verzerrte Selbsteinschätzung der Proband/-innen (wie bei Studie 2) möglichst zu umgehen.

9.1.2 Operationalisierung – Aufbau des Fragebogens

Das Experiment wurde methodisch in einer Laborsituation mittels einer schriftlichen Befragung umgesetzt, in deren Mittelpunkt (nach ca. fünf bis zehn Minuten der Versuchsdurchführung) eine Stimmungsmanipulation über Selbsterfahrungsberichte stand. Diese Art der Stimmungsmanipulation hat sich in der Sozialpsychologie bewährt und wurde beispielsweise von Sedikides (1994) beschrieben. Ähnliche Umsetzungen, die eine strukturierte Erinnerung oder Vorstellung von Ereignissen umfassen, sind die autobiographische Erinnerungsmethode und die Technik der selbsterzeugten Bilder (vgl. SALOVEY 1992). Insgesamt lassen sich diese Methoden zu den Instruktionstechniken zählen. Neben ihnen unterscheidet man noch die stimulusbezogenen Manipulationen und die Ereignis-Inszenierung (vgl. PARKINSON/TOTTERDELL/BRINER/REYNOLDS 2000: 70ff.).

In dieser Studie wurden die Proband/-innen dazu aufgefordert, sich zehn Minuten Zeit zu nehmen, eine Situation zu erinnern und aufzuschreiben, in der sie (je nach Treatment) entweder richtig glücklich, traurig, verärgert oder ruhig waren. Dabei wurde darauf verzichtet, wie in der Telefonbefragung mit Beispielassoziationen (›Stellen Sie sich einmal vor, dass Sie sehr traurig sind, weil ein guter Freund gestorben ist‹) zu arbeiten, um die Proband/-innen nicht zu sehr zu leiten und damit passendere persönliche Assoziationen zu ermöglichen. Auch wurde bei der Formulierung lediglich *eine* Stimmungslage genannt, zum Beispiel

›traurig‹ und nicht ›traurig und melancholisch‹, da angenommen wurde, auf diese Weise homogenere Stimmungskonstrukte zu erhalten. Folgende Anweisung wurde dazu erteilt:

> *Beispiel: Treatment ›Traurigkeit‹*
> »Versuchen Sie nun bitte, sich an eine Situation zu erinnern, in der Sie richtig *traurig waren.* Bitte versuchen Sie, sich so genau wie möglich an diese Situation zu erinnern.
>
> Sie haben nun 10 Minuten Zeit, diese Situation niederzuschreiben. Im Folgenden sind ein paar Aspekte aufgelistet, die Sie beim Aufschreiben berücksichtigen können:
> - Wann war diese Situation?
> - Welche Gefühle hatten Sie dabei? –
> Welche Personen haben dabei eine Rolle gespielt?
> - Warum waren Sie so traurig?
> Bitte nutzen Sie die Zeit möglichst voll aus und orientieren Sie sich an Ihrer Armbanduhr oder an der großen Uhr an der Wand.
> Sie können sicher sein, dass wir alles, was Sie aufschreiben, selbstverständlich anonym behandeln und nach Abschluss der Studie sofort vernichten. Bitte schreiben Sie auf dem extra beiliegenden Papier und notierten Sie Ihren Namen nicht auf dem Papier.
> Erst nach 10 Minuten fahren Sie bitte mit dem Ausfüllen dieses Fragebogens auf der nächsten Seite fort!«

Die Treatments unterschieden sich jeweils nur in dem Stimmungsadjektiv, das an zwei Stellen genannt und durch Unterstreichung hervorgehoben wurde. In der Mitte der Vignette waren vier Aspekte genannt, an denen sich die Proband/-innen beim Erinnern und Aufschreiben der jeweiligen Situation orientieren konnten und die dazu beitragen sollten, die entsprechenden Affekte zu aktualisieren. Explizit wurde darauf hingewiesen, dass man sich für das Aktualisieren der Affekte und das Niederschreiben zehn Minuten Zeit lassen sollte. Hier haben sicher viele Proband/-innen nicht die gesamten zehn Minuten ausgenutzt und fuhren früher mit dem Beantworten der nachfolgenden Fragen fort. Dies konnte einerseits von den Versuchsleitern beobachtet werden, andererseits weist die durchschnittlich geschriebene Anzahl von 98 Wörtern (SD = 54) ebenfalls darauf hin, dass viele Proband/-innen unter Umständen nicht genügend Zeit für diesen Abschnitt des Experiments verwendeten.

Eine Alternative zum Treatment nach circa zehn Minuten wäre gewesen, die Proband/-innen zu Beginn des Versuchs gleichzeitig ihre Selbsterfahrungsberichte aufschreiben zu lassen, um dann nach zehn Minuten die Berichte einzusammeln und mit dem Fragebogen fortzufahren. Da jedoch vermutet wurde, dass sich viele Proband/-innen gleich zu Beginn des Versuchs mit einer solchen Aufgabe überfordert und überrumpelt gefühlt hätten, sollten sie statt dessen fünf bis zehn Minuten darauf verwenden, Fragen zu beantworten, die sie positiv ansprechen, die ihr Interesse und ihre Motivation wecken und die ihnen keine allzu privaten/persönlichen Details abverlangen. Zu diesem Zweck wurden zu Beginn zwei offene Fragen zur Lieblingsmusik und den Lieblingsinterpreten/-bands gestellt. Anschließend wurden die Präferenzen für 20 verschiedene Musikgenres mittels 5er-Skalen (1 = mag ich gar nicht, 5 = mag ich sehr) ermittelt. Im Gegensatz zur Telefonbefragung sollte auf diese Weise auch metrisch zu verwendende Daten über Musikpräferenzen (und nicht nur nominale Daten wie bei den beiden offenen Fragen zur Lieblingsmusik bzw. den Lieblingsinterpret/-innen) generiert werden, um komplexere Auswertungsverfahren zu ermöglichen. Bei jedem Musikgenre konnten die Proband/-innen auch »kenne ich nicht« ankreuzen, anstatt auf der 5er-Skale die Präferenz einzustufen. Am Ende der Itemliste konnten spezifische Musikgenres von den Proband/-innen ergänzt und bewertet werden. Anschließend wurde das Ausmaß der täglichen Musiknutzung und der Tonträgerbesitz wie in der Telefonbefragung erhoben.

Der nächste Abschnitt widmete sich den musikalischen Aktivitäten und Fähigkeiten. Diese waren in der Telefonbefragung suboptimal operationalisiert und sollten in dieser Studie valider und umfangreicher erhoben werden. Zehn Aussagen wurden formuliert und mit 5er-Skalen (1 = trifft überhaupt nicht zu, 5 = trifft voll und ganz zu) versehen (vgl. Anhang 6, einzusehen auf http://www.halem-verlag.de). Hierbei ging es um die Einschätzung der Musikalität, um das Wissen über Musik, um die Fähigkeit des Notenlesens, um den Stellenwert von Musik im Elternhaus und um die generelle Intensität der Beschäftigung mit Musik. Bei der Telefonbefragung erwies es sich ja als problematisch, die Kompetenz des Singens und des Instrumentenspielens von den Proband/-innen selbst halbwegs objektiv beurteilen zu lassen.

Aus diesem Grund wurde bei der Abfrage in dieser Studie zumindest die Formulierung ›gemessen am Durchschnitt‹ bei den entsprechenden Items ergänzt, sodass die Proband/-innen vor der Einschätzung ihrer eigenen Kompetenz darüber spekulieren mussten, wie musikalisch wohl andere Personen sind und ob sie, verglichen mit diesen Personen, wohl eher über- oder unterdurchschnittlich musikalisch seien. Auch bei dieser Art der Abfrage war eine objektive Einschätzung selbstverständlich nicht gewährleistet, aber die eigene Fähigkeit wurde eventuell ein wenig selbstkritischer bewertet.

In Ergänzung der zehn Aussagen zu musikalischen Aktivitäten und Fähigkeiten wurde anschließend noch erfragt, wie oft die Proband/-innen in den letzten zwölf Monaten in einem klassischen Konzert und in einem Pop-/Rock-/Jazz-Konzert waren, wie viele Jahre sie Gesangsunterricht und Instrumentalunterricht hatten, wie viele Jahre im Leben sie aktiv selbst Musik gemacht haben und wie viele Stunden pro Woche sie zurzeit aktiv musizieren. Die hierbei erhobenen Daten waren allesamt metrischer Natur.

Nach diesen Fragen folgte das bereits oben erläuterte, maximal zehn Minuten dauernde Treatment. Direkt im Anschluss wurde die aktuelle Stimmung mit der deutschen Version der PANAS (KROHNE/EGLOFF/ KOHLMANN/TAUSCH 1996) festgehalten. Die Proband/-innen mussten dazu für 20 Items auf 5er-Skalen (1 = trifft gar nicht zu, 5 = trifft in äußerstem Maße zu) angeben, wie sehr sie auf ihre aktuelle Stimmungslage zutreffen. Da – wie bereits in Kapitel 3.2 erläutert – Freude mit hohem positiven Affekt, Trauer mit niedrigem positiven Affekt, Ärger mit hohem negativen Affekt und Ruhe mit niedrigem negativen Affekt einhergeht, sollte die Wirkung des Treatments über die PANAS gut zu überprüfen sein.

Im Anschluss an das Treatment sollte eine fiktive Musikauswahl vorgenommen und damit gemessen werden, welche Musik die Proband/-innen in Abhängigkeit ihrer Stimmungen wohl hören würden. Die Anleitung hierzu lautete folgendermaßen:

»Stellen Sie sich nun einmal vor, Sie würden bei sich zu Hause sitzen und könnten irgendeine Musik einschalten/einlegen. Welche Musik würden Sie jetzt am liebsten hören? Bitte versuchen Sie, sich eine konkrete Musik vorzustellen, die Sie jetzt zu Hause am liebsten hören würden! An welche Musik haben Sie denn gerade konkret gedacht?«

Die Proband/-innen konnten auf diese offene Frage hin nun aufschreiben, welche konkrete Musik sie gerne hören würden. Hätte man es bei dieser Antwort belassen und wie bei der Telefonbefragung anschließend noch den Stimmungsausdruck dieser Musik erfasst, so wären wiederum ›nur‹ Auswertungen auf Nominaldatenniveau möglich. Um auch für die Musikauswahl ein höheres Datenniveau zu gewährleisten und um die Ausdrucksstimmung der gewünschten Musik facettenreicher zu erheben, sollte die angegebene Musik anhand des folgenden Semantischen Differenzials, das beispielsweise schon in den Studien von Behne (1984, 1986a) und Gembris (1990) Verwendung fand, eingestuft werden:

hart	❏	❏	❏	❏	❏	❏	❏	weich
lebhaft	❏	❏	❏	❏	❏	❏	❏	müde
heiter	❏	❏	❏	❏	❏	❏	❏	trübe
aggressiv	❏	❏	❏	❏	❏	❏	❏	friedvoll
schnell	❏	❏	❏	❏	❏	❏	❏	langsam
traurig	❏	❏	❏	❏	❏	❏	❏	froh
erregend	❏	❏	❏	❏	❏	❏	❏	beruhigend
nüchtern	❏	❏	❏	❏	❏	❏	❏	gefühlvoll

Wie bei der Telefonbefragung wurden nach der Musikauswahl die Gründe dieser Musikauswahl bzw. das Ziel des Musikhörens in dieser Situation erhoben. Auch hier wurde nicht offen gefragt, sondern eine Liste von Zielen vorgegeben, die aus den Antworten der Befragten aus der Telefonbefragung zusammengetragen wurden und die jeweils auf 5er-Skalen (1 = trifft überhaupt nicht zu, 5 = trifft voll und ganz zu) dahingehend beurteilt werden sollten, ob sie momentan auf die Proband/-innen zutreffen oder nicht. Folgende Ziele wurden zur Auswahl gestellt:

Ich würde jetzt Musik hören wollen, weil ...
... ich mich entspannen möchte.
... ich mich abreagieren möchte.
... ich mich ablenken möchte.
... ich mich aufheitern möchte.
... ich etwas verdrängen möchte.
... ich bestimmte Erinnerungen damit verbinde.
... ich meiner momentanen Stimmung damit Ausdruck verleihen möchte.
... mich das zum Nachdenken anregen würde.

... ich mich mit der Musik trösten kann.

... ich damit meine momentane Stimmung verstärken kann.

... ich damit meiner momentanen Stimmung entgegen wirken kann.

... ich meine Seele ›baumeln‹ lassen will.

Die Proband/-innen konnten überdies zwei eigene, nicht gelistete Ziele selbst formulieren und angeben, inwieweit sie auf sie zutrafen. Treatment, Abfrage der Musikauswahl und Abfrage des Rezeptionsziels stellten also das ›Herzstück‹ dieser Studie dar und wurden in die Mitte des Fragebogens gesetzt. Im letzten Drittel des Fragebogens wurden die generellen musikalischen Umgangsweisen bzw. Hörweisen (nach BEHNE 1986b), bestehend aus 31 Items (5er-Skalen; 1 = trifft überhaupt nicht zu, 5 = trifft voll und ganz zu), sowie die Persönlichkeitsdimensionen ›Neurotizismus‹, ›Openness to Experience‹ und ›Extraversion‹ (deutsche Version des NEO-FFI nach BORKENAU/OSTENDORF 1993; in Anlehnung an die amerikanische Version von COSTA/MCCRAE 1989), bestehend aus 36

TABELLE 48

Aufbau des Fragebogens im Experiment

Element des Fragebogens	Anzahl an Items/Fragen
Begrüßungstext	
Lieblingsmusik/-interpret (offen gefragt)	2
Musikgenre-Präferenz	20 (+2)
Hördauer täglich	1
Tonträgerbesitz	4
musikalische Aktivitäten und Fähigkeiten	16
Treatment	
Treatmentcheck/Stimmungsmessung (PANAS)	20
Musikselektion (konkret)	1
Ausdrucksstimmung der selektierten Musik	8
Ziele des Musikhörens	12 (+2)
generelle Hörweisen	31
Persönlichkeitsdimensionen (NEO-FFI)	36
Soziodemografie	5
Schlusstext	
Gesamt:	156

Items (12 pro Dimension; 5er-Skalen: -2 = starke Ablehnung, -1 = Ablehnung, 0 = neutral, +1 = Zustimmung, +2 = starke Zustimmung), erhoben. Den Schluss bildeten die soziodemografischen Angaben zum Geschlecht, zum Alter, zur formalen Bildung, zur Art der Berufstätigkeit und zur Anzahl der Personen im eigenen Haushalt. Die Tabelle 48 zeigt den Aufbau des Fragebogens mit allen Elementen nochmals im Überblick.

9.1.3   Rekrutierung und Durchführung

Bei der Rekrutierung der Proband/-innen wurde mehrgleisig verfahren:
- Ein kurzer Artikel im Lokalteil der *Hannoverschen Allgemeinen Zeitung* mit dem Angebot, an einer Musikstudie teilnehmen zu können, erbrachte den Großteil der Proband/-innen. Über 200 Interessent/-innen meldeten sich, knapp über 100 konnten für die Studie gewonnen werden und erfüllten die entsprechenden Quoten beim Rekrutieren.
- In einem lokalen Anzeigenblatt wurde zusätzlich eine Anzeige geschaltet.
- Die Seminarteilnehmer/-innen rekrutierten im Kreise ihrer Freunde, Bekannten und Verwandten. Dabei wurden selbstverständlich nur Informationen zum groben Rahmen der Studie (Studie zum Umgang mit Musik; es wurde nicht erwähnt, dass es sich um ein Experiment handelte) und keine Details/Hintergründe preisgegeben.
- Im Rahmen des Fests der Wissenschaften habe ich einen Vortrag über wissenschaftliche Musikstudien gehalten und auf diese Studie hingewiesen. Interessent/-innen konnten sich einen ›Flyer‹ mit entsprechenden Kontaktdaten mitnehmen.
- ›Flyer‹ wurden an Passanten in der Stadt sowie an Kirchenbesucher (um ältere Proband/-innen zu erreichen) verteilt, Briefkästen sowie Autos wurden bestückt und Aushänge in Supermärkten gemacht.
- Eine Seminarteilnehmerin rekrutierte über Kontakte zu einer Schule eine gesamte Realschulklasse. Dieser Sonderweg war notwendig, da über die anderen Rekrutierungsmaßnahmen kaum jugendliche Proband/-innen mit vergleichsweise niedrigerem Bildungsabschluss erreicht wurden. Auch im Hinblick auf die Durchführung des Experiments wurde für die Schüler/-innen ein

Sonderweg bestritten: Sie konnten den Fragebogen im Rahmen einer Musikunterrichtsstunde in ihrer Schule ausfüllen.

- Insgesamt wurden auf diese Weise 174 Proband/-innen im Alter von 13 bis 83 ($M = 36,2$; $SD = 17,6$), davon 91 Frauen und 83 Männer, rekrutiert (vgl. im Detail Kap. 9.1.4).

Als Kontaktmöglichkeiten wurden den Interessent/-innen eine zentrale E-Mail-Adresse, eine private Telefonnummer (mit angeschlossenem Anrufbeantworter) sowie eine Büro-Telefonnummer (unter der ich die Anrufe direkt entgegennahm) angegeben. Alle Interessenten wurden im Rahmen eines Screenings letztendlich nochmals gesondert von den Seminarteilnehmer/innen angerufen, um Geschlecht, Alter und formale Bildung zu ermitteln und die Zuteilung zu den experimentellen Bedingungen vorzunehmen. Dazu wurde ein Übersichtsplan mit den entsprechenden Quoten verwendet, sodass beim Screening keine überflüssigen Proband/-innen rekrutiert wurden. Die Proband/-innen wurden auch beim Screening über den eigentlichen Sinn und Zweck des Experiments im Ungewissen gelassen.

Das Experiment wurde im Dezember 2002 und Januar 2003 in einem Seminarraum der Hochschule für Musik und Theater Hannover durchgeführt. Pro Versuchsdurchlauf konnten bis zu zehn Personen teilnehmen. Die Personen wurden in den Raum geführt und getrennt voneinander an Tische gesetzt, die in drei Reihen hintereinander angeordnet waren. Zwischen den Personen war stets mindestens ein Platz frei, sodass sie sich nicht gegenseitig auf den Fragebogen schauen konnten. Der Versuchsleiter/die Versuchsleiterin saß an einem gesonderten Tisch vor den Tischreihen, auf dem eine große Uhr stand, an der sich die Proband/-innen beim zehnminütigen Schreiben des Selbsterfahrungsberichts orientieren konnten. Der Versuchsleiter/die Versuchsleiterin blieb während des Fragebogenausfüllens am Tisch sitzen, um für Nachfragen zur Verfügung zu stehen. Fast jede/-r Seminarteilnehmer/-in hat ein oder zwei Versuchsdurchläufe geleitet. Um den Ablauf des Versuchs trotz unterschiedlicher Versuchsleiter/innen zu standardisieren, erhielten die Seminarteilnehmer/-innen eine schriftliche Anleitung zum Vorgehen.

Die Zuteilung der Treatments erfolgte so, dass es durchaus vorkommen konnte, dass in einer Sitzung Personen mit unterschiedlichen Treatments saßen. Da die Proband/-innen jedoch davon nichts wussten und zu den Formulierungen der Treatments auch keine Fragen stellten, die es hätten aufdecken können, dass unterschiedliche Fragebogenversionen verteilt wurden, traten keine Irritationen auf. Der/die jeweilige Versuchsleiter/-in merkte sich beim Eintreffen der Proband/-innen ihre Namen und ermittelte über eine Liste, auf der die Namen mit den Treatments verzeichnet waren, welche Version des Fragebogens er an welchen Proband/-innen verteilen musste. Die Proband/-innen wurden darauf hingewiesen, nur im Notfall der/dem Versuchsleiter/-in zu signalisieren, dass sie eine Frage haben. Der/die Versuchsleiter/-in würde dann an den jeweiligen Tisch kommen, um die Frage/das Problem flüsternd zu klären. Die Proband/-innen wurden ebenfalls aufgefordert, solange im Raum sitzen zu bleiben, bis die/der letzte Proband/-in den Fragebogen ausgefüllt hat. Von dieser Regelung wurde vereinzelt abgewichen. Einige Proband/-innen waren so ungeduldig, dass sie nach dem Ausfüllen leise den Raum verließen.

Im Durchschnitt benötigten die Proband/-innen circa 45 Minuten für das Ausfüllen. Nach dem Einsammeln der Fragebögen und der Selbsterfahrungsberichte wurden die Proband/-innen von den Versuchsleiter/-innen über den eigentlichen Sinn der Studie aufgeklärt. Die Versuchsleiter/-innen sollten sich Zeit nehmen, auf alle Fragen der Proband/-innen einzugehen und mit ihnen zu diskutieren. Die Proband/-innen konnten sich zudem in eine Liste eintragen, um sich die Ergebnisse der Studie zu einem späteren Zeitpunkt zuschicken zu lassen. Alle Proband/-innen bekamen darüber hinaus ein kleines Incentive und nahmen an der Verlosung eines DVD-Players teil.

Nachdem circa 90 Prozent der Stichprobe den Versuch durchlaufen hatten, wurde mit den vorliegenden Daten ein erster Treatment-Check gerechnet. Dabei wurde deutlich, dass das Treatment nicht in ausreichendem Maße gewirkt hatte und dass speziell die negativen Stimmungen wie Trauer und Ärger unterrepräsentiert waren (vgl. Kap. 9.2.1). Damit stand bereits zu diesem Zeitpunkt fest, dass auf eine quasi-experimentelle oder korrelative Auswertung ausgewichen werden musste. Die letzten Proband/-innen wurden daher auch nicht mehr gemäß des Quotierungsplans zu den entsprechenden Treatments zugeordnet. Stattdessen sollte nun möglichst viel Varianz in den tatsächlichen Stimmungslagen während des Experiments erzeugt werden. Da die meisten Proband/-innen bis dahin ausgeglichen und positiv gestimmt waren, wurden nur noch die Treatments ›traurig‹ und ›verärgert‹ vergeben, um einige zusätzliche Personen mit negativer Stimmung zu erhalten.

Bei der Dateneingabe wurde die Länge der Selbsterfahrungsberichte (gemessen über die Anzahl geschriebener Worte) als zusätzliche Variable eingegeben, um ermitteln zu können, wie viel die Proband/-innen im Durchschnitt geschrieben haben, und um errechnen zu können, ob Wirkung des Treatments und Länge des Selbsterfahrungsberichts in einem Zusammenhang standen (im Sinne von: je länger der Selbsterfahrungsbericht, desto eher waren die Proband/-innen auch in der vom Treatment induzierten Stimmung).

9.1.4 *Stichprobe*

Die Zusammensetzung der Stichprobe, bestehend aus 174 Personen, ist insgesamt zufrieden stellend und lässt viele gruppenspezifische Auswertungsmöglichkeiten zu (vgl. Tab. 49). Die Stichprobe ist nahezu gleich besetzt mit Frauen (52,3%) und Männern (47,7%). Durch die Rekrutierung der Schulklasse ist die Altersgruppe der 14- bis 19-Jährigen leicht übersetzt. Ansonsten konnten in allen Altersstufen genügend Proband/-innen realisiert werden, wobei Personen zwischen 30 und 39 sowie Personen ab 60 Jahren leicht unterrepräsentiert sind. Lässt man bezogen auf die formalen Bildungsabschlüsse die Schulklasse unberücksichtigt, so wurden insgesamt mehr Personen mit höherer als mit niedrigerer Bildung rekrutiert. Dies ist auf ein Missverständnis der rekrutierenden Personen aus dem Seminar ›Das Experiment‹ zurückzuführen, die in der ersten Phase der Erhebung alle Personen mit Fachabitur fälschlicherweise zu den Personen mit niedrigeren Bildungsabschlüssen zuordneten. Jedoch konnten trotzdem genügend Personen mit Haupt- und Realschulabschluss für die Studie gewonnen werden. Auch hinsichtlich der Berufstätigkeit wurden durch die Schulklasse mit 25,9 Prozent der Proband/-innen überproportional viele Schüler/-innen rekrutiert. Der Anteil an Studierenden (13,8%) war für eine Studie im Rahmen einer Lehrveranstaltung an einer Universität erfreulich klein. Ebenso konnte im Vergleich zur Telefonbefragung der Anteil der Rentner/-innen (10,9%) in einem angemessenen Ausmaß gehalten werden. Die Art der Wohnsituation verteilte sich recht gleichmäßig auf die Rekrutierten, sodass auch hier die Voraussetzungen für Gruppenvergleiche zu einem späteren Zeitpunkt gegeben sind: Jeweils über 30 Personen wohnten entweder alleine, mit einer Person,

TABELLE 49

Zusammensetzung der Stichprobe (n = 174)

Merkmal	Ausprägung	Absolute Häufigkeit (n)	Relative Häufigkeit (%)
Geschlecht	weiblich	91	52,3
	männlich	83	47,7
Alter	13-19 Jahre	41	23,6
	20-29 Jahre	36	20,7
	30-39 Jahre	19	10,9
	40-49 Jahre	31	17,8
	50-59 Jahre	25	14,4
	60-69 Jahre	18	10,3
	70 Jahre und älter	3	1,7
	keine Angaben	1	0,6
Bildung	(noch) kein Abschluss	35	20,1
	Hauptschul-/ Volksschulabschluss	11	6,3
	Realschulabschluss/Mittlere Reife	33	19,0
	(Fach-)Abitur	40	23,0
	(Fach-)Hochschulabschluss	55	31,6
Berufstätigkeit	Schüler/-in / Auszubildene/-r	45	25,9
	Student/-in	24	13,8
	Teilzeitbeschäftigte/-r	16	9,2
	Vollzeitbeschäftigte/-r	49	28,2
	Hausfrau/-mann	12	6,9
	im Ruhestand	19	10,9
	auf Arbeitssuche/ohne Beschäftigung	8	4,6
	keine Angaben	1	0,6
Wohnsituation	allein	45	25,9
	zusammen mit einer Person	51	29,3
	zusammen mit zwei Personen	30	17,2
	zusammen mit drei Personen	37	21,3
	zusammen mit vier Personen	11	6,3

mit zwei Personen oder mit drei Personen zusammen. Mit vier Personen zusammen lebten noch elf der 174 Personen.

Im Rahmen der personenbezogenen Kennwerte der Stichprobe sind darüber hinaus noch die drei erhobenen Persönlichkeitsmerkmale zu beschreiben. Um Aussagen über den Grad an ›Neurotizismus‹, ›Openness to Experience‹ und ›Extraversion‹ der Proband/-innen zu treffen, bot sich zunächst eine Verdichtung der jeweiligen Items des NEO-FFI an. Sie wurden entsprechend der Testvorgaben (vgl. BORKENAU/OSTENDORF 1993) zu den jeweiligen Persönlichkeitsdimensionen zusammengefasst.

ABBILDUNG 15
Verteilungskurven der Indices Neurotizismus, Extraversion und Offenheit[5]

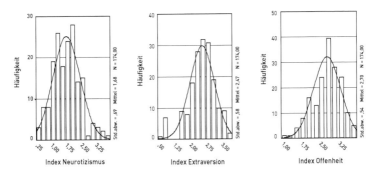

Die Schiefe der Verteilungen (vgl. Abbildung 15) sowie die arithmetischen Mittel der drei Merkmale verdeutlichen, dass das Merkmal ›Neurotizismus‹ im Vergleich zu den beiden anderen Merkmalen über alle Personen hinweg schwächer ausgeprägt ist, dafür aber stärker streut (vgl. Standardabweichungen). Alle drei Merkmale weisen Mittelwerte unterhalb des Skalenmittelpunktes auf; das Merkmal ›Offenheit‹ ist dabei mit $M = 2{,}70$ noch am stärksten ausgeprägt. Das Merkmal ›Extraversion‹ ist nahezu normalverteilt, obwohl leicht linksschief. Das Merkmal ›Neurotizismus‹ ist rechtsschief, das Merkmal ›Offenheit‹ wiederum deutlich linksschief verteilt. Alle drei Merkmale weisen ausreichend Varianz auf, um zur Erklärung von allgemeinen wie auch situativen Musikpräferenzen und Zielen des situativen Musikhörens beitragen zu können.

5 Beim Vergleich der drei Verteilungskurven sollte berücksichtigt werden, dass die y-Achsen verschiedene Maßstäbe bzw. verschiedene Achsenendpunkte aufweisen.

Wie sind die musikbezogenen Merkmale verteilt? Zunächst bietet sich ein Blick auf den Tonträgerbesitz und die Hördauer an, da diese Variablen in Studie 2 in gleicher Weise erhoben wurden:

Wie Abbildung 16 zeigt, besitzen immerhin zehn Prozent keine Kassette, 34 Prozent nicht eine einzige Platte und nur ein Prozent nicht eine einzige CD. Weitere 79 Prozent besitzen bis zu 100 Kassetten, 41 Prozent bis zu 100 Platten und 69 Prozent bis zu 100 CDs. Nur noch elf Prozent besitzen über 100 Kassetten und 22 Prozent über 100 Platten. Jedoch verfügt fast ein Drittel der Personen (32%) über 100 CDs und mehr. Alle klassischen Tonträgerarten wie CDs, LPs und MCs aufsummiert und Extremfälle mit über 1.000 Tonträgern sowie Fälle ohne Angabe unberücksichtigt, besitzen die Personen im Durchschnitt 196 Tonträger (SD = 200). Dies ist nahezu der gleiche Durchschnitt wie in Studie 2. Darüber hinaus besitzen vereinzelte Personen bis zu 400 sonstige, alternative Tonträger (vermutlich MP3-Dateien), was weit unter dem Niveau von Studie 2 liegt.

ABBILDUNG 16
Tonträgerbesitz (n = 174)

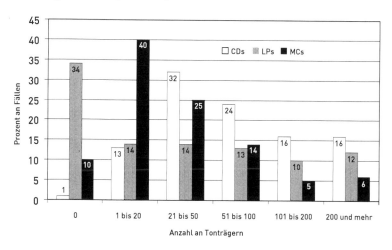

Im Durchschnitt hören die Proband/-innen 229 Minuten Musik pro Tag (SD = 173 Minuten), also im Durchschnitt nur drei Minuten mehr als die Proband/-innen aus Studie 2. Abbildung 17 zeigt, wie sich die Hördauer auf die Stichprobe verteilt: Der Peak ist bei einer Hördauer zwischen zwei und drei Stunden pro Tag zu verzeichnen. Circa 50 Prozent der Personen hören – wie in Studie 2 – drei Stunden oder weniger, circa 50 Prozent mehr als drei Stunden Musik, wobei sich oberhalb von sechs Stunden Hördauer nur noch wenige ›Extremhörer‹ versammeln.

Vereinzelte Personen hören sogar zehn Stunden und mehr, haben also während ihrer Zeit, die sie nicht schlafen, nahezu permanent Musik (im Hintergrund) laufen.

ABBILDUNG 17
Hördauer pro Tag, gruppiert in Stunden (n = 174)

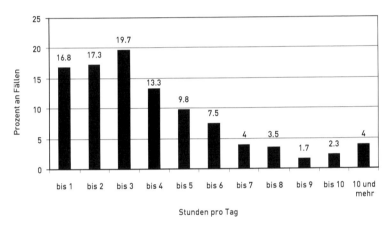

Stunden pro Tag

Die musikalischen Aktivitäten und Fähigkeiten wurden im Vergleich zu Studie 2 differenzierter erfasst. Tabelle 50 zeigt im Überblick die Kennwerte der verschiedenen Items (die zehn erstgelisteten Items sind entsprechend der Höhe der Mittelwerte geordnet und wurden anhand von 5er-Skalen beantwortet, die sechs letztgelisteten Items wurden offen abgefragt). Wie man an der Rangfolge der Items sowie an den Mittelwerten erkennen kann, haben die Proband/-innen überdurchschnittlich zugestimmt, dass Musik große Teile ihres Lebens einnimmt (M = 3,82; SD = 1,21). Die Befragten geben darüber hinaus im Durchschnitt an, sich eher intensiv mit Musik zu beschäftigen (M = 3,66; SD = 1,20). Auch ihre Musikalität schätzen sie recht hoch ein (M = 3,66; SD = 1,20). Insgesamt bewegen sich diese Einschätzungen auf dem Niveau der Befragten aus Studie 2.

TABELLE 50

Musikalische Aktivitäten und Fähigkeiten

Items	M	SD	Min	Max	n
Musik nimmt große Teile meines Lebens ein [*]	3,82	1,21	1	5	173
Habe mich in meinem Leben intensiv mit Musik beschäftigt [*]	3,66	1,20	1	5	173
Würde mich als musikalisch bezeichnen [*]	3,66	1,20	1	5	174
Höre mir regelmäßig Live-Konzerte an [*]	3,04	1,47	1	5	173
Habe großes Wissen über Musik [*]	3,00	1,12	1	5	173
Kann gut singen [*]	2,78	1,34	1	5	174
Musik spielt(e) im Elternhaus große Rolle [*]	2,71	1,43	1	5	174
Kann gut Notenlesen [*]	2,65	1,53	1	5	174
Beherrsche ein oder mehrere Instrumente gut [*]	2,60	1,60	1	5	174
Werde in Sachen Musik oft um Rat gefragt [*]	2,41	1,29	1	5	174
Anzahl Opern- und Operettenbesuche in den letzten 12 Monaten	4,13	6,96	0	50	168
Anzahl Pop-/Rock-/Jazz-Konzert in den letzten 12 Monaten	3,09	5,38	0	30	169
Gesangsunterricht (in Jahren)	2,62	5,19	0	50	171
Instrumentalunterricht (in Jahren)	3,69	4,29	0	19	169
Aktiv Musik gemacht (in Jahren)	9,33	12,95	0	67	169
Aktiv Musizieren zurzeit (Stunden pro Woche)	1,72	2,93	0	20	165

[*] 5er-Skala; 1 = trifft überhaupt nicht zu, 5 = trifft voll und ganz zu

Die ›Gesangskünste‹ werden mit $M = 2{,}78$ ($SD = 1{,}34$) im Vergleich zu Studie 2 eher schlechter eingestuft, rangieren aber wiederum vor dem Instrumentalkönnen ($M = 2{,}60$; $SD = 1{,}60$). Dass die Personen dieser Studie jedoch insgesamt wohl einen größeren Bezug zu Musik als die aus Studie 2 aufweisen, kann nicht nur aus der Studienanlage (hier handelte es sich um einen öffentlichen Aufruf, an einer Studie der Musikhochschule teilzunehmen, dem wohl viele Musikaffine gefolgt sein dürften; bei Studie 2 wurde per Zufallsverfahren eine nahezu repräsentative Stichprobe generiert), sondern auch aus den Kennwerten der letzten Items abgeleitet werden: Im Durchschnitt besuchen die Proband/-innen circa vier Opern/Operetten und drei Pop-/Rock-/Jazzkonzerte pro Jahr. Sie haben in ihrem Leben durchschnittlich zwischen zwei und drei Jahren Gesangsunterricht und zwischen drei und vier Jahren Instrumentalunterricht genossen, haben zwischen neun und zehn Jahren aktiv Musik gemacht und musizieren zurzeit noch fast zwei Stunden pro Woche.

9.2 Ergebnisse

9.2.1 *Wirkung der Stimmungsmanipulation*

Wie bereits in Abschnitt 9.1.3 erwähnt, deuteten Überprüfungen der Stimmungsmanipulation bzw. Treatment-Checks *während* der Erhebung darauf hin, dass das Treatment nicht in der gewünschten Weise wirkte. Tabelle 51 gibt nochmals Aufschluss über die Affektzustände der vier Experimentalgruppen. Zunächst sei zwecks Interpretation der Werte nochmals an die Zuordnung von Freude, Trauer, Ruhe und Ärger zu Ausprägungen von PA und NA erinnert:

> *Hoher* PA ist mithin durch Energie, Konzentration und *freudiges Engagement* gekennzeichnet, *niedriger* PA durch Lethargie und *Traurigkeit*. Demgegenüber reflektiert negativer Affekt (NA) das Ausmaß negativen Angespanntseins. *Hoher* NA ist ein Gefühlszustand, der sich durch *Gereiztheit*, Nervosität oder Angst beschreiben läßt, während *niedriger* NA *Ruhe* und Ausgeglichenheit beinhaltet. (KROHNE/EGLOFF/KOHLMANN/TAUSCH 1996: 140; Kursivsetzungen durch den Autor)

Die vier Gruppen unterscheiden sich hinsichtlich der positiven und negativen Affekte kaum. Den höchsten positiven Affekt hat im Durchschnitt die vermeintlich ›verärgerte‹ Gruppe, obwohl die vermeintlich ›glückliche‹ Gruppe hier den höchsten Wert hätte haben sollen. Zumindest hat die ›traurige‹ Gruppe – wie angestrebt – den niedrigsten positiven Affekt. Dieser weist jedoch einen Mittelwert von immerhin $M = 3,00$ auf, der relativ gesehen zwar der niedrigste positive Affekt aller vier Gruppen ist, der absolut gesehen jedoch kein geringer positiver Affekt ist. Anhand der Ausprägungen der positiven Affekte könnte man allenfalls noch behaupten, dass die ›glückliche‹ und die ›ruhige‹ Gruppe tendenziell recht positiv gestimmt war (überdurchschnittliche PA und niedrige NA). Leider trifft dies auch auf die ›verärgerte‹ Gruppe zu. Die ›traurige‹ Gruppe war bezogen auf den positiven Affekt neutral gestimmt, bezogen auf den negativen Affekt aber auch nicht negativ oder gar traurig gestimmt. Sowohl mit Blick auf den positiven Affekt als auch auf den negativen Affekt konnten demnach keine nennenswerten Unterschiede zwischen den Experimentalgruppen erzeugt werden. Insbesondere der negative Affekt fiel in allen Gruppen sehr niedrig aus. Die Proband/-innen waren also weit davon entfernt, gestresst oder gar verärgert gewesen zu sein.

TABELLE 51

Positiver und negativer Affektzustand der vier Experimentalgruppen (n = 169)

	Glückliche M (SD)	Traurige M (SD)	Verärgerte M (SD)	Ruhige M (SD)	Gesamt M (SD)
PA	3,18 (0,76)	3,00 (0,91)	3,25 (0,76)	3,13 (0,60)	3,13 (0,77)
NA	1,28 (0,36)	1,54 (0,72)	1,44 (0,61)	1,32 (0,47)	1,40 (0,57)

Nun könnten drei Gründe für diese Werte benannt werden:

1. Das Treatment hat tatsächlich nicht in gewünschter Weise gewirkt.
2. Das Treatment hat in gewünschter Weise gewirkt, aber die Proband/-innen berichten nicht ›wahrheitsgemäß‹ ihre Stimmungslage.
3. Die beiden Stimmungsdimensionen ›positiver Affekt‹ und ›negativer Affekt‹ lassen sich empirisch bei dieser Stichprobe nicht wiederfinden. Die Affektstruktur ist eine andere, und folglich können daher auch Affektunterschiede zwischen den Experimentalgruppen nicht mit den üblichen zwei Faktoren gemessen werden.

Um sicherzustellen, dass das Treatment auch tatsächlich nicht gewirkt hat, wurde die Affektstruktur der Stichprobe mittels einer Faktorenanalyse exploriert. Gibt man keine Anzahl von Faktoren vor, so werden fünf Faktoren mit Eigenwerten jeweils über 1 extrahiert. Sie klären insgesamt 66 Prozent der Varianz auf. Nun liegt es in der Natur der Faktorenanalyse, möglichst viele Faktoren zu extrahieren. Bei der 5-Faktoren-Lösung fällt auf, dass die ersten beiden Faktoren allein 48 Prozent der Varianz aufklären, während die folgenden drei Faktoren mit geringen Eigenwerten zwischen 1,00 und 1,35 lediglich die verbleibenden 18 Prozent zusammen aufklären. Es bot sich an, eine zweite Faktorenanalyse zu rechnen und dabei lediglich zwei Faktoren als Gesamtlösung vorzugeben. Als Lösung ergeben sich in idealer Weise die zwei Faktoren der PANAS: PA und NA. Die zehn PA-Items und die zehn NA-Items laden jeweils zwischen .45 und .81 auf den Faktoren, für die sie ursprünglich auch gedacht waren (vgl. Abb. 18):

ABBILDUNG 18
Position der PANAS-Items im rotierten zweidimensionalen Raum

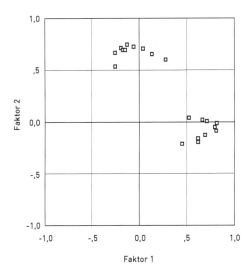

Die interne Reliabilität der PA-Skala weist dabei eine interne Konsistenz mit einem Cronbachs α von .87 auf und kann durch Ausschluss eines einzelnen Items nicht mehr erhöht werden. Die NA-Skala weist dagegen eine interne Konsistenz mit einem Cronbachs α von .84 auf und könnte lediglich durch den Ausschluss des Items ›durcheinander‹ minimal auf .86 erhöht werden. Da dies keine allzu große Verbesserung der Homogenität mit sich bringen würde, soll im weiteren Verlauf der Auswertung das Item ›durcheinander‹ in den Index des NA mit einfließen. Beide Skalen korrelieren im Übrigen mit $r = -.24$ ($p <$ .01) hoch signifikant negativ miteinander. Dies spricht für eine schwache Abhängigkeit der Faktoren, da niedrige Werte des PA tendenziell eher mit hohen Werten des NA zusammenfallen, die Proband/-innen tendenziell also in der Regel umso fröhlicher und freudig erregter waren, je weniger sie angespannt, gereizt und gestresst waren. Dieser Zusammenhang ist jedoch vor dem Hintergrund, dass die beiden Skalen umso unabhängiger voneinander werden, desto länger der Zeitraum der berichteten Affekteinschätzungen ist und desto ›neutraler‹ bzw. weniger ›emotional‹ die induzierten Affekte sind, als normal zu bewerten und hat sich in diversen Studien ergeben (vgl. KROHNE/EGLOFF/KOHLMANN/TAUSCH 1996: 151f.; PARKINSON/TOTTERDELL/BRINER/REYNOLDS 2000: 48ff.).

Da somit jedoch auszuschließen ist, dass die Messwerte des Treatment-Checks auf eine abweichende Affektstruktur zurückzuführen sind, bleibt noch Punkt 2 (Proband/-innen haben ihre Stimmungen falsch berichtet) zu klären. Dieser lässt sich anhand der Daten nicht überprüfen, sodass wir auf Spekulationen angewiesen sind. Zum einen spricht gegen die geäußerte Vermutung, die Proband/-innen hätten die PANAS nicht ›wahrheitsgemäß‹ beantwortet, dass solche Effekte im Zusammenhang mit dem Einsatz dieser Skala bisher nicht bekannt sind und dass die Proband/-innen auch die anderen Fragen augenscheinlich ernst und gewissenhaft beantwortet haben. Warum sollten sie also ausgerechnet die PANAS ›verfälscht‹ beantworten? Zum anderen könnte dann im Umkehrschluss das Treatment doch gewirkt haben. In diesem Fall müssten sich aber einige Unterschiede in der Musikauswahl zwischen den Experimentalgruppen abzeichnen. Ohne hier die Ergebnisse im Detail wiederzugeben, konnten diese Unterschiede jedoch nicht gefunden werden. Und die Vermutung, dass die Proband/-innen auch in unterschiedlichen Stimmungslagen trotzdem zu gleichgestimmter Musik greifen würden, kann auf Basis des Forschungsstandes und der vorherigen zwei Studien nicht mehr angenommen werden. Somit wäre also auch Punkt 2 zu verwerfen, woraus folgt, dass dann die Stimmungsmanipulation tatsächlich nicht wie gewünscht gewirkt hat.

Da eine Auswertung im experimental-logischen Sinn nicht möglich ist, soll im Folgenden ein alternativer Auswertungsweg eingeschlagen werden. Zunächst weicht man in der Regel auf ein quasi-experimentelles Design aus und bildet anhand der Daten ›künstliche‹ Gruppen, die sich möglichst stark in ihren Stimmungslagen unterscheiden. Betrachtet man zu diesem Zweck die Verteilungskurven von PA und NA (vgl. Abb. 19), so fällt auf, dass mit Blick auf den NA nur in vereinzelten Fällen ein Wert oberhalb des Skalenmittelpunkts 3 erzeugt werden konnte, was die Erfahrungen aus anderen Laborexperimenten stützt (vgl. z. B. VORDERER 1999b). Die Stichprobe verzeichnet nur sechs Fälle mit Werten oberhalb von 3,0. Von diesen Proband/-innen könnte man sagen, dass sie zumindest tendenziell verärgert, wütend oder gestresst waren. Die restlichen Proband/-innen waren also demnach alle tendenziell stressfrei, ruhig und gelassen. Der PA hingegen wies zwar ein arithmetisches Mittel leicht oberhalb der Skalenmitte auf ($M = 3,13$; $SD = 0,77$), streute aber im Gegensatz zum NA über die gesamte Skalenbreite (vgl. Abb. 19).

ABBILDUNG 19
Verteilungskurven von PA und NA[6]

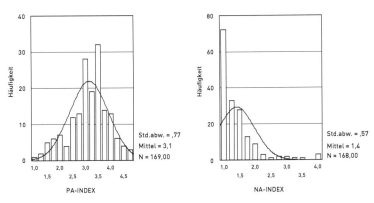

PA-INDEX   NA-INDEX

Immerhin 35,5 Prozent der Personen wiesen PA-Werte unterhalb des Skalenmittelpunkts 3,0 auf. Diese Probanden waren also tendenziell träge und traurig.

Auf Basis dieser Ergebnisse bietet es sich nun an, lediglich *drei* Stimmungsgruppen zu bilden: Ruhige (niedriger NA), Fröhliche (hoher PA) und Traurige (niedriger PA). Selbst wenn man auf eine korrelative Analyse umgeschwenkt wäre, hätte man die vierte Stimmung ›Ärger/Wut‹ nicht ›retten‹ können, da der NA so gering streut, dass Korrelationen des NA mit der Ausdrucksstimmung von Musik und den Zielen des Musikhörens nicht guten Gewissens mit Blick auf den hohen NA (Wut/Ärger) hin hätten interpretiert werden können. Denn de facto waren keine Proband/-innen verärgert oder wütend. Also soll im Folgenden auf eine Gruppe der Verärgerten und Wütenden verzichtet werden. Gleichermaßen können

---

6   Beim Vergleich der beiden Verteilungskurven sollte berücksichtigt werden, dass die y-Achsen verschiedene Maßstäbe bzw. verschiedene Achsenendpunkte aufweisen.

die Hypothesen 3b, 4, 6 sowie teilweise Hypothese 8 (soweit sie sich auf Wut/Ärger bezieht) leider mit den Daten aus dieser Studie nicht geprüft werden.

Bei der Zuordnung der Fälle zu den drei quasi-experimentellen Gruppen trat nun das Problem auf, dass PA und NA ja jeweils bei allen Fällen erhoben wurden. Die 35,5 Prozent der Fälle (n = 60), die einen PA unter 3,0 (die ›Traurigen‹) aufwiesen, überschnitten sich also mit den Fällen, die zum Beispiel einen NA unter 3,0 (die ›Ruhigen‹) aufwiesen. Jeder Fall sollte aber nur einer Gruppe zugewiesen werden; zum einen, um Gruppenvergleiche zu ermöglichen, zum anderen, weil streng genommen eine Person auch nicht zwei Stimmungen zu einem Zeitpunkt haben kann. Es bot sich an, die besagten 35,5 Prozent der Personen mit niedrigem PA (n = 60) tatsächlich der Gruppe der ›Traurigen‹ zuzuweisen. Weitere 35,5, Prozent der Personen (n = 60) hatten einen PA von 3,5 oder höher. Diese Personen wurden der Gruppe der ›Fröhlichen‹ zugerechnet. Die verbleibenden 29 Prozent (n = 49), die einen PA zwischen 3,0 und 3,4 hatten, bildeten die ›Ruhigen‹.

Bevor in Kapitel 9.2.4 nun die Überprüfung der Hypothesen und Beantwortung der Forschungsfragen anhand dieser drei Gruppen erfolgt, soll zunächst in Kapitel 9.2.2 auf die situationsunabhängigen Musikpräferenzen und in Kapitel 9.2.3 auf die situationsunabhängigen Hörweisen eingegangen und damit ein übergeordneter Blick auf den Umgang mit Musik (in Anlehnung an die ›verbalen Musikpräferenzen‹ und ›musikalischen Umgangsweisen‹ als Kapitel- bzw. Auswertungsstruktur in Behnes Hörertypologie 1986b) geworfen werden, um interessante Ergebnisse abseits der Hypothesen und Forschungsfragen zu generieren.

9.2.2 Situationsunabhängige Musikpräferenzen

Welche Musik die Proband/-innen – unabhängig von der jeweiligen Situation und Stimmungslage – eher mögen und welche nicht, zeigt Tabelle 52. Wie in der Telefonbefragung wird klassische Musik angeblich am meisten präferiert. Auch in dieser Studie ist der Stellenwert der Klassik ein gutes Stück auf den Effekt der sozialen Erwünschtheit zurückzuführen, zumal das Experiment sogar in den Räumen der Musikhochschule Hannover durchgeführt wurde und die Verbindung zur klassischen Musik für die Proband/-innen daher sehr nahe lag. Danach folgen – wie vermutet – die Pop- und Rockmusik. Anschließend folgt – ähnlich wiederum wie in der Telefonbefragung – der Jazz/Blues, was zum Teil auch auf sozial erwünschtes Antwortverhalten zurückgeht. Jedoch lässt sich auch konstatieren, dass insbesondere durch die Art der Anzeige in der *Hannoverschen Allgemeinen Zeitung* überdurchschnittlich viele Musikaffine und -interessierte an dieser Studie teilnahmen – und diese Gruppe von Personen hört überdurchschnittlich viel Klassik, Jazz und Blues. Die dicke schwarze Linie in Tabelle 52 zeigt an, welche Musikgenres im Durchschnitt eher positiv (über dem Skalenmittelpunkt 3) oder eher negativ (unter dem Skalenmittelpunkt 3) bewertet wurden. Positiv besetzt waren – abgesehen von den schon genannten Genres – auch die Rubrik Soul/R&B/Funk sowie die Soundtracks. Am schlechtesten wur-

TABELLE 52

Beliebtheit von Musikgenres, Rangfolge über alle Personen

Musikgenres	M	SD	n
Klassik	3,60	1,33	173
Pop	3,52	1,18	172
Rock/Alternative	3,48	1,31	170
Jazz/Blues	3,31	1,23	173
Soul/R&B/Funk	3,27	1,16	169
Soundtracks (TV, Kino)	3,01	1,14	169
Beat-Musik der 60er	2,95	1,28	166
Neue (klass.) Musik	2,74	1,29	155
Folk/World Music	2,73	1,29	152
Hiphop/Rap	2,63	1,39	166
Deutsche Liedermacher	2,43	1,21	172
House	2,20	1,21	125
Electronica	2,13	1,13	138
Hard Rock/Heavy Metal	2,13	1,31	165
Country-Musik	2,08	1,18	171
Punk	2,04	1,29	165
Trance	1,98	1,16	120
Techno	1,80	1,03	168
Deutsche Schlager	1,78	1,03	171
Volkstümliche Musik	1,45	0,90	170

den die volkstümliche Musik und die Schlager bewertet, was aber auch im eher geringen Anteil an älteren Proband/-innen mit eher niedrigem Bildungsabschluss begründet liegt, die dieses Musikgenre in der Regel mögen. Die geringen Fallzahlen bei House, Electronica und Trance weisen überdies darauf hin, dass diese Musikgenres am wenigsten bekannt sind. Circa 50 Personen kannten die Genres House und Trance nicht, obwohl fast alle Proband/-innen glaubten, Techno zu kennen – ein Genre, das von der musikalischen Anmutung her durchaus nicht allzu weit von House und Trance entfernt liegt. Circa 40 Personen kannten Electronica nicht, obwohl auch dieses Genre in fast allen Plattenläden mittlerweile vertreten ist.

TABELLE 53

Dimensionen des Musikgeschmacks (Faktorladungen, rotierte Lösung)

Musikgenre	Faktor 1	Faktor 2	Faktor 3	Faktor 4	Faktor 5	Faktor 6
Deutsche Schlager	.85					
Deutsche Liedermacher	.72					
Country-Music	.70					
Volkstümliche Musik	.68					
Beat-Musik der 60er	.49					
House		.84				
Trance		.83				
Techno		.81				
Hiphop/Rap		.43				
Rock/Alternative			.84			
Punk			.79			
Hard Rock/Heavy Metal			.78			
Electronica		.41	.51			
Neue (klass.) Musik				.83		
Klassik				.82		
Soul/R&B/Funk					.84	
Jazz/Blues					.72	
Folk /World Music				.45	.49	
Pop						.88
Soundtracks (TV, Kino)						.73
Varianzaufklärung (in %)	20,3	14,6	11,4	9,0	8,7	5,9

Um in den weiteren Auswertungsschritten nicht mit 20 Musikgenres zu rechnen, bot sich eine datenanalytische Verdichtung an. Eine Faktorenanalyse mit Varimax-Rotation zeigte folgende rotierte Lösung für die Dimensionierung der Musikpräferenzen (vgl. Tab. 53; Faktorladungen unter .40 wurden unterdrückt).

Am meisten Varianz wurde durch den Faktor erklärt, auf dem sowohl Deutsche Schlager, Deutsche Liedermacher, Country-Musik und die volkstümliche Musik luden. Auch die Beat-Musik der 60er konnte mit .49 noch eine relativ hohe Faktorladung aufweisen, wurde aber aus der späteren Indexberechnung für diesen Faktor herausgenommen und als separate Musikpräferenz in den nachfolgenden Auswertungen belassen, da die vier oben genannten Genres mit Faktorladungen von .68 und höher ohne die Beat-Musik einen homogeneren Faktor zu bilden schienen. Aus dem gleichen Grund wurde auch Hiphop/Rap nicht in den Faktor 2 mit House, Trance sowie Techno, Electronica nicht in den Faktor 3 mit Rock, Punk und Hard&Heavy sowie Folk/World Music nicht in den Faktor 5 mit Soul, R&B, Funk, Jazz und Blues mit aufgenommen, sondern jeweils als eigenständige Musikkategorie weitergeführt. Faktor 4 wurde wie erwartet durch die Klassische und Neue (klassische) Musik repräsentiert und auf Faktor 6 fanden sich die Pop-Musik sowie die Soundtracks wieder. Nach der Verdichtung lagen also statt der 20 Musikgenres nur noch zehn Musikkategorien vor, wobei sechs von ihnen auf Faktoren zurückgingen.

Wie bereits Tabelle 52 verdeutlichte, sind Klassik, Pop, Rock/Alternative und Jazz/Blues die beliebtesten Musikgenres der Proband/-innen. Jedoch ist zu vermuten, dass der Musikgeschmack interindividuell höchst verschieden ist. Um ein Gefühl dafür zu bekommen, welche Personen welche Musikgenres mehr oder weniger präferieren, sollen im Folgenden einige Zusammenhänge mit ausgewählten personenbezogenen Merkmalen, deren ›Einfluss‹ bereits an früherer Stelle (vgl. Kap. 5.2.3) sowie beim Ableiten der Hypothesen und Forschungsfragen (vgl. Kap. 6.1) aufgegriffen wurde, exploriert werden.

So ist zunächst zu vermuten, dass Personen unterschiedlichen *Alters* aufgrund ihrer verschiedenen Sozialisation mit Musikgenres in ihrem Musikgeschmack auseinander fallen. Weiterhin lässt sich ein Einfluss der *Musikalität* vermuten. Personen, die musikalisch sind, könnten eventuell andere Musikgenres mögen als weniger musikalische Personen. Um hier Zusammenhänge zu überprüfen, musste zunächst ein Musikalitäts-

Index gebildet werden. Hierzu wurde der Mittelwert über folgende Items herangezogen:

- Gemessen am Durchschnitt würde ich mich eher als musikalisch bezeichnen.
- Gemessen am Durchschnitt kann ich eher gut singen.
- Gemessen am Durchschnitt beherrsche ich ein oder mehrere Instrumente eher gut.

Auch die Zeit, in der eine Person insgesamt pro Tag Musik hört (*Hördauer*), könnte sich in den Musikpräferenzen niederschlagen: Denn wer große Teile des Tages Musik laufen lässt, kann sie meist nur nebenbei hören, wenn andere den Lebensalltag bestimmende Tätigkeiten wie Arbeiten, Essen und Autofahren nicht entfallen sollen. Zum Nebenbeihören dürften sich jedoch (zumindest für die meisten Personen) einige Musikgenres wie Pop und Rock eher eignen und andere wie Klassik und Jazz eher weniger. Darüber hinaus interressieren potenzielle Zusammenhänge zwischen den Musikpräferenzen und der *formalen Bildung* der Proband/-innen: Ist die Präferenz für Klassik etwa umso höher, desto ›gebildeter‹ eine Person ist? Und abschließend dürfte selbstverständlich das *Geschlecht* von ganz zentraler Bedeutung für Musikpräferenzunterschiede sein (vgl. Kap. 5.2.3)

Da das Geschlecht als einziges dieser Merkmale nominal skaliert ist, soll sein ›Einfluss‹ in einer gesonderten Analyse (siehe Abb. 20) hinterfragt werden. Die übrigen Merkmale sind jedoch metrischer Natur (oder können zumindest metrisch interpretiert werden) und können daher mit den Musikpräferenzen korreliert werden. Um datenanalytisch bereinigte Zusammenhänge zwischen den einzelnen Merkmalen und den Musikpräferenzen zu erhalten, bietet sich an, den korrelativen ›Einfluss‹ der jeweiligen anderen Merkmale zuvor herauszupartialisieren (vgl. Tab. 54).

Betrachtet man die Korrelationen zwischen Alter und den Musikpräferenzen (partielle Korrelationen dritter Ordnung, da die Einflüsse der Musikalität, der Bildung und der Hördauer herauspartialisiert sind), so sind – Electronica ausgenommen – ausnahmslos signifikante Zusammenhänge zu erkennen: Je älter die Proband/-innen sind, desto mehr mögen sie Klassik/Neue (Klass.) Musik ($r = .39$), Schlager/volkstümliche Musik/Country-Musik ($r = .35$), Folk/World Music ($r = .27$), Jazz/Blues/Soul/R&B/Funk ($r = .23$) sowie Beat-Musik der 60er ($r = .21$) und desto weniger mögen sie Hiphop/Rap ($r = -.43$), Rock/Alternativ/Punk/Heavy Metal ($r = -.43$), Pop/Soundtracks ($r = -.36$) sowie House/Trance/Techno ($r = -.23$).

Die partiellen Korrelationen dritter Ordnung zwischen Musikalität und den Musikpräferenzen zeigen, dass die Proband/-innen mit steigender Musikalität umso mehr Jazz/Blues/Soul/R&B/Funk ($r = .30$) sowie Folk/World Music ($r = .16$; $p < .10$; Trend) und umso weniger House/Trance/Techno mögen ($r = -.27$).

In Bezug auf die formale Bildung ergeben sich jedoch keine signifikanten Zusammenhänge. Lediglich die Präferenz für Rock/Alternative/Punk/Heavy Metal korreliert noch merklich ($r = .17$; $p < .10$; Trend) mit der Bildung. Die vermuteten positiven Zusammenhänge zwischen Bildung und der Präferenz für Klassik und Jazz werden nicht signifikant und eventuell durch die soziale Erwünschtheit, die bei den formal Niedrigergebildeten stärker ausgeprägt sein dürfte, ›erdrückt‹. Auch zwischen der Hördauer und den Musikpräferenzen ergeben sich keine signifikaten Zusammenhänge.

TABELLE 54

Zusammenhänge zwischen Musikpräferenzen und Alter, Musikalität, Bildung (Pearsons r; partielle Korrelationskoeffizienten dritter Ordnung)

Musikpräferenz	Alter	Musikalität	Bildung
Klassik /Neue (klass.) Musik	.39**	.13	.13
Pop/Soundtracks	-.36**	.10	.01
Rock/Alternative/Punk/Heavy Metal	-.43**	.01	.17~
Jazz/Blues/Soul/R&B/Funk	.23*	.30**	.06
Dt. Schlager/volkst. Musik/Country-Musik	.35**	.09	-.05
House/Trance/Techno	-.23*	-.27**	-.01
Beat-Musik der 60er	.21*	.08	.11
Hiphop/Rap	-.43**	-.01	-.01
Folk/World Music	.27**	.16~	.01
Electronica	-.15	-.08	.12

**: $p < .01$; *: $p < .05$; ~: $p < .10$

Um Unterschiede in den Musikpräferenzen zwischen Frauen und Männern um die soeben dargestellten korrelativen ›Einflüsse‹ zu bereinigen, wurde eine Kovarianzanalyse mit Geschlecht als Faktor und mit Alter, Musikalität sowie Bildung als Kovariaten gerechnet. Abbildung 20 zeigt zunächst diejenigen Musikgenres, für die Frauen und Männer signifikant unterschiedliche Präferenzen berichten. Demnach werden

Rock, Punk und Heavy Metal $(F(1, 167) = 11{,}12; p < .01)$ sowie Electronica $(F(1, 132) = 5{,}83; p < .05)$ in einem höheren Maße von Männern als von Frauen präferiert. In der Kategorie ›Electronica‹ zeigen sich Unterschiede meines Erachtens nur, weil diese Kategorie den Frauen eventuell weniger bekannt war als den Männern, die neue Musikkategorien tendenziell eher registrieren und in der Folge auch präferieren. Frauen dagegen zeigen im Vergleich zu den Männern eine höhere Präferenz für Hiphop/Rap $(F(1, 160) = 4{,}19; p < .05)$ sowie für Klassik $(F(1, 168) = 5{,}27; p < .05)$.

ABBILDUNG 20
Musikpräferenzen, Unterschiede zwischen Frauen und Männern (arithm. Mittel)

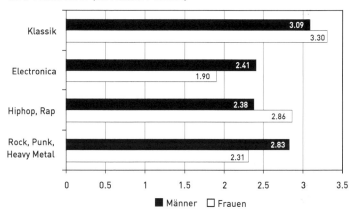

Zuletzt boten sich die erhobenen Persönlichkeitsmerkmale ›Neurotizismus‹, ›Extraversion‹ und ›Offenheit‹ für eine differenzierte Betrachtung des Musikgeschmacks an. Um Zusammenhänge mit spezifischen Musikgenres einordnen zu können, ist es zunächst von Vorteil, sich das Wesen dieser drei Merkmale nochmals zu vergegenwärtigen:

Probanden mit hohen Werten in ›Neurotizismus‹ neigen dazu, nervös, ängstlich, traurig, unsicher und verlegen zu sein und sich Sorgen um ihre Gesundheit zu machen. Sie neigen zu unrealistischen Ideen und sind weniger in der Lage, ihre Bedürfnisse zu kontrollieren und auf Streßsituationen angemessen zu reagieren.

Probanden mit hohen Werten in ›Extraversion‹ sind gesellig, aktiv, gesprächig, personenorientiert, herzlich, optimistisch und heiter. Sie mögen Anregungen und Aufregungen.

Probanden mit hohen Werten bezüglich ›Offenheit für Erfahrung‹ zeichnen sich durch eine hohe Wertschätzung für neue Erfahrungen aus, bevorzugen Abwechslung, sind wissbegierig, kreativ, phantasievoll und unabhängig in ihrem Urteil. Sie haben vielfältige kulturelle Interessen und interessieren sich für öffentliche Ereignisse (BORKENAU/OSTENDORF 1993: 5).

Tabelle 55 zeigt zunächst, dass das Merkmal ›Neurotizismus‹ keinerlei Zusammenhang[7] mit der Präferenz für ein bestimmtes Musikgenre aufweist. Anders bei den beiden anderen Merkmalen: Bezüglich der ›Extraversion‹ deuten die Ergebnisse darauf hin, dass die Proband/-innen umso mehr Hiphop/Rap ($r = .28$), Pop/Soundtracks ($r = .24$) sowie House/Trance/Techno ($r = .21$) mögen, je geselliger, aktiver, gesprächiger und optimistischer sie sind. Sie präferieren jedoch umso mehr Klassik/Neue (klass.) Musik, je weniger diese Beschreibungen auf sie zutreffen ($r = -.25$). Wiederum ganz andere signifikante Zusammenhänge ergeben sich mit Blick auf das Merkmal ›Offenheit‹: Je wissbegieriger, kreativer, phantasievoller und kulturell interessierter die Proband/-innen sind, desto

TABELLE 55

Zusammenhänge zwischen Musikpräferenzen und Neurotizismus, Extraversion und Offenheit (Pearsons r)

Musikpräferenz	Neurotizismus	Extraversion	Offenheit
Klassik /Neue (klass.) Musik	.09	-.25**	.34**
Pop/Soundtracks	.06	.24**	-.01
Rock/Alternative/Punk/Heavy Metal	-.02	.04	.21**
Jazz/Blues/Soul/R&B/Funk	.01	-.05	.24**
Dt. Schlager/volkst. Musik/Country-M.	-.03	-.02	-.02
House/Trance/Techno	-.05	.21**	-.10
Beat-Musik der 60er	.06	-.06	.18*
Hiphop/Rap	.04	.28**	-.16*
Folk/World Music	.02	-.04	.35**
Electronica	-.06	-.05	.20*

**: $p < .01$ *: $p < .05$

---

7   Bei diesen Korrelationsanalysen wurde auf die Berechnung von partiellen Korrelationen verzichtet, da davon auszugehen ist, dass die drei Merkmale weitestgehend unabhängig voneinander ausgebildet sind.

mehr mögen sie Folk/World Music (r = .35), Klassik/Neue (klass.) Musik (r = .34), Jazz/Blues/Soul/R&B/Funk (r = .24), Rock/Alternative/Punk/Heavy Metal (r = .21), Electronica (r = .20) sowie Beat-Musik der 60er (r = .18) und desto weniger mögen sie Hiphop/Rap (r = .-16).

9.2.3 Situationsunabhängige Hörweisen

Die Proband/-innen wurden danach gefragt, auf welche Art sie in der Regel Musik hören. Diese generelle und situationsunabhängige Art des Musikhörens wurde von ihnen anhand der 31 Items aus der Hörertypologie-Studie Behnes (1986b) eingestuft. Da schon Behne diese Items zu Dimensionen des Hörens verdichten konnte, soll im Folgenden der Versuch unternommen werden, auch in dieser Studie solche Dimensionen zu finden. Eine Faktorenanalyse mit Varimax-Rotation erbrachte – wie bei Behne – acht Faktoren, die zusammen über 59 Prozent der Varianz aufklären (vgl. Tab. 56 für die rotierte Lösung, Faktorladungen unter .30 wurden unterdrückt). Faktor 1 erklärt 13,1 Prozent der Varianz. Auf ihm laden Items wie »Wenn ich Musik höre, ...«

* ›versuche ich, den Formaufbau eines Stückes zu verstehen‹,
* ›achte ich darauf, wie der Komponist die Melodien, den Rhythmus oder die Harmonien gestaltet hat‹,
* ›achte ich auch darauf, ob sich z. B. die Tonart, Dur und Moll oder etwas anderes ändert‹,
* ›achte ich darauf, ob die Musiker das Stück auch wirklich gut spielen‹,
weshalb er die Dimension des analytischen, strukturellen Hörens darstellt. Behne nennt diesen Faktor ›Distanzierendes Hören‹, und in seiner Studie laden die gleichen Items auf diesem Faktor.
Faktor 2 erklärt 12,9 Prozent der Varianz. Auf ihm versammeln sich die Items wie
* ›höre ich vor allem mit dem Gefühl‹,
* ›bade ich gern in den Klängen der Musik‹,
* ›kann es sein, dass ich meine Gefühle und Stimmungen in der Musik wiederfinde‹,
die bei Behne das emotionale Hören darstellen, aber auch Items wie
* ›kann es sein, dass mir die Musik regelrecht unter die Haut geht‹,
* ›kann es sein, dass mich der Rhythmus ganz gefangen hält‹,
* ›kann es sein, dass ich bestimmte körperliche Wirkungen spüre‹,

TABELLE 56

Dimensionen des Musikhörens (Faktorladungen, rotierte Lösung)

Art des Musikhörens	F 1	F 2	F 3	F 4	F 5	F 6	F 7	F 8
versuche ich, den Formaufbau eines Stückes zu verstehen	.85							
achte ich darauf, wie der Komponist die Melodien, den Rhythmus oder die Harmonien gestaltet hat	.84							
achte ich auch darauf, ob sich z.B. die Tonart, Dur und Moll oder etwas anderes ändert	.83							
achte ich darauf, ob die Musiker das Stück auch wirklich gut spielen	.64							
versuche ich gleich zu erkennen, welche Art von Musik das sein könnte	.60				-.40			.47
finde ich es interessant, die verschiedenen Themen, Melodien und Rhythmen zu verfolgen	.58							
kann ich hinterher auch genau begründen, warum mir die Musik gefallen hat oder nicht	.45	.39				-.31	.33	.32
achte ich auch darauf, welche Gefühle durch die Musik ausgedrückt werden	.43			.45				
finde ich es gut, wenn man sich der Musik ganz hingeben kann, sich ganz in sie versenken kann		.75						
kann es sein, dass ich bestimmte körperliche Wirkungen spüre		.69						
bade ich gern in den Klängen der Musik	.33	.68						
kann es sein, dass mich der Rhythmus ganz gefangen hält		.58						
höre ich vor allem mit dem Gefühl		.58			-.38			
kann es sein, dass ich meine Gefühle und Stimmungen in der Musik wiederfinde		.53						
kann es sein, dass mir die Musik regelrecht unter die Haut geht		.52			.48			
kann es sein, dass ich am liebsten weinen möchte		.51						
träume ich am liebsten		.39	.31					
höre ich gern nur mit einem Ohr zu und mache dabei etwas ganz anderes			.58				.38	
kann ich mich schlecht auf etwas anderes konzentrieren			-.61					
stört es mich nicht, wo ich gerade bin			.76					
bin ich gern mit anderen Menschen zusammen			.47			.32		
soll sich mich auf andere Gedanken bringen, unangenehme Stimmungen aus meinem Kopf vertreiben			.51					
habe ich oft bildhafte Vorstellungen				.80				
kann es sein, dass ich eine ganze Geschichte zur Musik erfinde, so als wenn ein Film in mir abläuft				.80				
singe oder summe ich oft mit					.61			
möchte ich mich am liebsten immer bewegen					.73	.88		
werde ich an Dinge erinnert, die ich früher erlebt habe					.45			
fühle ich mich weniger einsam							.79	.42
kann es sein, dass ich sehr erregt, angriffslustig, aggressiv werde							.43	
habe ich oft irgendwelche Gedanken, die mit der Musik gar nichts zu tun haben								
soll sie ausgesprochen schön klingen								.71
Varianzaufklärung (in %)	13,1	12,9	6,7	6,7	6,5	4,7	4,5	4,1

die bei Behne das vegetative Hören darstellen. Ich nenne diesen Faktor daher ›emotional-vegetatives Hören‹.

Faktor 3 erklärt 6,7 Prozent der Varianz und umfasst Items wie
- ›höre ich gern nur mit einem Ohr zu und mache dabei etwas ganz anderes‹,
- ›stört es mich nicht, wo ich gerade bin‹,

die bei Behne das diffuse Hören darstellen. Auf ihm laden aber auch noch das Item ›bin ich gern mit anderen Menschen zusammen‹, das bei Behne isoliert stehen blieb, und das Item ›soll sie mich auf andere Gedanken bringen, unangenehme Stimmungen aus meinem Kopf vertreiben‹, das bei Behne zusammen mit dem Item ›fühle ich mich weniger einsam‹ das kompensatorische Hören bildete. Da der große Teil des Faktors nach wie vor aus Items besteht, die das Nebenbeihören beschreiben und auch ein Item wie ›bin ich gern mit anderen Menschen zusammen‹ ein Nebenbeihören impliziert, möchte ich den Faktor in Anlehnung an Behne nach wie vor ›diffuses Hören‹ nennen.

Faktor 4 klärt ebenfalls 6,7 Prozent der Varianz auf und umfasst wie bei Behne die beiden Items
- ›habe ich oft bildhafte Vorstellungen‹,
- ›kann es sein, dass ich eine ganze Geschichte zur Musik erfinde, so als wenn ein Film in mir abläuft‹.

In Analogie zu Behne nenne ich ihn ›assoziatives Hören‹.

Faktor 5 erklärt 6,5 Prozent der Varianz und stimmt ebenfalls einhundertprozentig in seiner Zusammenstellung mit dem motorischen Hören aus der Behne-Studie überein. Die beiden Items lauten
- ›singe oder summe ich oft mit‹,
- ›möchte ich mich am liebsten immer bewegen‹.

Ebenso wie Behne möchte ich die beiden isolierten Items ›fühle ich mich weniger einsam‹ (Faktor 6) und ›soll sie ausgesprochen schön klingen‹ (Faktor 8) nicht als eigene Hörweisen interpretieren. Auch die beiden Items ›kann es sein, dass ich sehr erregt, angriffslustig, aggressiv werde‹ und ›habe ich oft irgendwelche Gedanken, die mit der Musik gar nichts zu tun haben‹ (Faktor 7) sind meiner Meinung nach nicht sinnvoll zu interpretieren und sollen daher als eigenständiger Faktor im weiteren Verlauf der Auswertung nicht mehr berücksichtigt werden.

Dass im Vergleich mit der Behne-Studie einzelne Items auf anderen Faktoren laden und in dieser Studie das emotionale Hören und vegetative Hören zusammenfallen, könnte auf die unterschiedlichen Stichproben (bei der Behne-Studie handelte es sich um Personen im Alter zwischen 10 und 25 Jahren – mit nur wenigen Fällen oberhalb von 20 Jahren) zurückzuführen sein. Es verbleiben also fünf sinnvoll zu interpretierende Faktoren, die mit denen aus der Behne-Studie (auch in Bezug auf ihren Stellenwert; vgl. Rangfolge in Tab. 57) mehr oder weniger übereinstimmen. Bei der Berechnung der entsprechenden Indices wurden im Übrigen nur diejenigen Items berücksichtigt, die Faktorladungen von mindestens .40 und nicht gleichzeitig mit einem etwa gleich hohen Wert auf einem zweiten Faktor luden, um möglichst homogene Skalen zu erhalten. Tabelle 57 gibt Aufschluss über Kennwerte dieser fünf Hörweisen.

TABELLE 57
Kennwerte und interne Reliabilitäten der Indices zu den fünf Hörweisen (Rangfolge nach M)

Art des Musikhörens	M	SD	Min	Max	Cronbachs α
Emotional-vegetatives Hören	3,94	0,73	1,29	5,00	.82
Motorisches Hören	3,70	1,03	1,00	5,00	.63
Diffuses Hören	3,23	0,80	1,60	5,00	.60
Assoziatives Hören	2,83	1,21	1,00	5,00	.68
Distanzierendes Hören	2,67	1,03	1,00	5,00	.85

Da nun auch die musikalischen Umgangsweisen bzw. Hörmodi in faktorenverdichtender Form vorliegen, sollen im Nachtrag zum vorherigen Kapitel noch Zusammenhänge zwischen musikalischen Umgangsweisen und den Präferenzen für bestimmte Musikgenres exploriert werden. Um diese Analysen in möglichst konzentrierter, verdichteter Form vorzunehmen, bietet sich eine multiple Regression mit den Hörweisen als unabhängigen Variablen und jeweils den Musikgenrepräferenzen als abhängigen Variablen an. Zudem sollen die unabhängigen Variablen schrittweise und nicht nach dem Einschlussprinzip in die Modellberechnungen eingeführt werden. Die schrittweise Methode ist eine Kombination aus der Vorwärts- und Rückwärts-Methode. Bei der Vorwärts-Methode werden nacheinander die Variablen mit der höchsten partiellen Korrelation mit der abhängigen Variablen in das Modell aufgenommen, während bei der Rückwärts-Methode nach und nach die unabhängigen Variablen mit den kleinsten partiellen Korrelationen mit der abhängigen Variablen aus den Modell ausgeschlossen werden. Eine Gesamtlösung bzw. ein Regressionsmodell wird nur errechnet, wenn der betreffende F-Wert zur Prüfung der Güte des Modells signifikant ist. Dies ist in der Regel der Fall, wenn mindestens eine unabhängige Variable einen signifikanten Erklärungsbeitrag leistet. In Tabelle 58 werden demnach nur signifikante Modellberechnungen und innerhalb der Modelle nur die signifikanten erklärenden Variablen mit den entsprechenden Beta-Gewichten aufgeführt.

TABELLE 58

Multiple Regression der fünf Hörweisen auf die Musikgenrepräferenzen (Beta-Gewichte; Rangfolge nach Varianzaufklärung)

Musikgenrepräferenz	Distanzierendes Hören	Emotional-vegetatives Hören	Diffuses Hören	Assoziatives Hören	Motorisches Hören	Korrigiertes R^2	Modellgüte/F-Wert
Klassik /Neue Musik	.18*	.24**	-.26**			.20	15,21**
Hiphop/Rap	-.28**		.19*		.23**	.18	13,24**
Pop/Soundtracks	-.32**		.19**	.24**		.15	11,19**
Jazz/Blues/Soul/R&B/Funk	.21**	.25**				.14	14,90**
House/Trance/Techno	-.22**		.23**			.10	10,28**
Folk/World Music		.32**				.10	16,99**
Rock/Alternative/Punk/Heavy Metal				.16*		.02	4,24*
Beat-Musik der 60er	.16*					.02	4,08*

**: $p < .01$; *: $p < .05$

Die Analysen zeigen, dass die Präferenz für Klassik/Neue Musik insgesamt am besten durch die Hörweisen erklärt wird (20% Varianzaufklärung). Nur die Präferenzen für Schlager/volkstümliche Musik/Country-Musik sowie Electronica können durch die Hörweisen überhaupt nicht erklärt werden. Das distanzierende Hören geht – wie man es wahrscheinlich vermutet hätte – mit einer Abneigung für Pop/

Soundtracks (b_{stand} = -.32), Hiphop/Rap (b_{stand} = -.28) und House/Trance/
Techno (b_{stand} = -.22) sowie mit einer Präferenz für Jazz/Blues (b_{stand}
= .21), Klassik/Neue (klass.) Musik (b_{stand} = .18) und die Beat-Musik der
60er (b_{stand} = .16) einher. Oder einfacher gesagt: Wer gerne und oft Musik
im Hinblick auf ihre strukturelle Beschaffenheit analysierend und qualitativ bewertend hört, der mag Jazz, Klassik und die Beatles. Jedoch
stützen die Daten auch die These aus dem Theorieteil dieser Arbeit, dass
sich analysierendes und emotionales Hören nicht ausschließen müssen.
Denn auch derjenige, der Musik oft und gerne emotional-vegetativ hört,
mag in hohem Maße Jazz/Blues (b_{stand} = .25) und Klassik/Neue (klass.)
Musik (b_{stand} = .24). Er mag überdies auch noch Folk und World Music
(b_{stand} = .32). Das diffuse Hören verträgt sich weiterhin nicht mit der
Präferenz für Klassik/Neue Musik (b_{stand} = -.26), geht jedoch mit Präferenzen für House/Trance/Techno (b_{stand} = .23), Pop/Soundtracks (b_{stand} =
.19), Hiphop/Rap (b_{stand} = .19) sowie Rock/Alternative/Punk/Heavy Metal
(b_{stand} = .16) einher. Das assoziative Hören erklärt insbesondere die Präferenz für Pop/Soundtracks (b_{stand} = .24). Und diejenigen, die Musik moto-
risch hören, also gerne mitsingen oder sich zur Musik bewegen, mögen
darüber hinaus Hiphop/Rap (b_{stand} = .23) gerne, lehnen dafür – ebenso
wie die assoziativen und emotional-vegetativen Hörer – kein Musikgenre
überzufällig ab.

9.2.4   Musikrezeption bei Trauer, Ruhe und Freude

Bevor nun Unterschiede der drei Stimmungsgruppen in Bezug auf die
Art der Musikauswahl und die Ziele des Musikhörens untersucht werden, ist zuvor zu versuchen, mittels einer Faktorenanalyse auch das
›Semantische Differenzial der Ausdrucksstimmung‹, bestehend aus acht
Wortpaaren, zu dimensionieren und datentechnisch zu reduzieren. Sollten sich tatsächlich hohe Korrelationen zwischen verschiedenen Wortpaaren ergeben und sollten sie in der Folge hoch auf dem gleichen Faktor
laden, so würde sich anbieten, mit den Faktoren und nicht mit den einzelnen Wortpaaren bei den weiter gehenden Analysen zur Überprüfung
der Forschungsfragen und Hypothesen zu rechnen.
   Überraschenderweise ergaben sich zwei Faktoren, die zusammen 71
Prozent der Gesamtvarianz der musikalischen Ausdrucksstimmungen
aufklärten (vgl. Tab. 59).

TABELLE 59
Dimensionen der musikalischen Ausdrucksstimmung (Faktorladungen, rotierte Lösung)

Ausdrucksstimmung-Wortpaar	Faktor 1	Faktor 2
aggressiv-friedvoll	.88	
hart-weich	.86	
erregend-beruhigend	.73	.33
schnell-langsam	.72	.48
nüchtern-gefühlvoll	.65	
heiter-trübe		.89
traurig-froh		-.86
lebhaft-müde	.42	.76
Varianzaufklärung (in %)	44,8	26,3
Cronbachs α	.84	.84

Aufgrund der negativen Faktorladung des Wortpaares ›traurig-froh‹ im Gegensatz zu den positiven Faktorladungen der beiden anderen auf diesem Faktor ladenden Wortpaare und der Tatsache, dass bei dem erstgenannten Item der ›positive‹ Pol rechts positioniert ist (was für spätere Interpretationen von Vorteil sein wird), werden die Items ›heiter-trübe‹ und ›lebhaft-müde‹ umkodiert und gehen anschließend in die Berechnung eines Indices über die drei Items ein. Der Index wird der Einfachheit halber ›traurig-froh‹ genannt. Der zweite Index wird aus den in Tabelle 59 fünf erstgenannten Items berechnet und der Einfachheit halber ›aggressiv-ruhig‹ genannt. Der Vorteil dieser beiden Labels liegt auch darin, dass sie die Pole der beiden Stimmungsdimensionen PA und NA widerspiegeln und somit auch mit Bezug zum Affekt-Circumplex und die Stimmungsgruppen anschaulich im Sinne des Iso- und Kompensationsprinzips zu interpretieren sind. Reliabilitätsanalysen ergeben einen Cronbachs α von .84 für beide Indices. Beide Skalen hätten durch den Ausschluss eines einzelnen Items nur minimal konsistenter gestaltet werden können, weshalb die Indices so belassen werden.

Auch für die Ziele des Musikhörens bietet sich der Versuch einer Datenreduktion an. Tabelle 60 zeigt die Lösung der Faktorenanalyse (Ladungen unter .30 werden unterdrückt).

Die internen Reliabilitäten haben – Faktor 3 einmal ausgenommen – nur mäßige Güte. Aus diesem Grund sollen in den weiteren Auswertun-

TABELLE 60

Dimensionen der Ziele des Musikhörens
(Faktorladungen, rotierte Lösung)

Ziele des Musikhörens	F 1	F 2	F 3	F 4
Ablenken	.74			
Abreagieren	.69			
Verdrängen	.62			
Aufheitern	.53			.33
Stimmung kompensieren	.52	.33	-.48	
Erinnerungen wachrufen		.76		
Nachdenken		.71		
Trösten		.69		
Stimmung verstärken			.86	
Stimmung Ausdruck verleihen			.86	
Seele baumeln lassen				.81
Entspannen				.69
Varianzaufklärung (in %)	17,2	15,3	14,8	11,4
Cronbachs α	.64	.61	.77	.43

gen die Einzelitems doch beibehalten werden, um nicht zu viel Varianz und damit Varianzaufklärung anderer Variablen zu ›verschenken‹.

Nun sind alle Variablen datentechnisch aufbereitet, sodass die zentrale Auswertung dieser Studie erfolgen kann: Tabelle 61 zeigt, dass sich die drei Gruppen (Fröhliche, Ruhige, Traurige) bei ihren situativen Musikwünschen auf der Ausdrucksstimmungsdimension ›aggressiv-ruhig‹ kaum unterscheiden ($F(2, 164) = 0{,}54$; *ns*; beide Ausdrucks-Indices sind von -3 bis +3 skaliert, wobei -3 den linken Pol, also ›aggressiv‹ bzw. ›traurig‹, und +3 den rechten Pol, also ›ruhig‹ bzw. ›froh‹ markiert; die Ausprägung ›0‹ markiert jeweils die neutrale Mitte). Alle drei Gruppen weisen Werte leicht oberhalb der neutralen Mitte auf, das heißt, dass sowohl die Fröhlichen als auch die Ruhigen und Traurigen im Durchschnitt Musik hören wollen, die tendenziell ein wenig ruhiger ist. Allerdings zeigen sich größere Unterschiede auf der Dimension ›traurig-froh‹. Alle drei Gruppen liegen über der neutralen Mitte, das heißt, dass sowohl die Fröhlichen als auch die Ruhigen und Traurigen eher frohe als traurige Musik hören wollen. Vergleicht man nun aber die Mittelwerte, so wollen die Fröhlichen im Durchschnitt fröhlichere Musik hören (M =

1,51; SD = 1,36) als die Ruhigen (M = 1,34; SD = 1,42) und als die Traurigen, die besonders stark abfallen (M = 0,63; SD = 1,74). Dieser Unterschied ist hochsignifikant (F(2, 163) = 5,51; p < .01). Die Ergebnisse stützen also nicht das absolute Isoprinzip, denn die Traurigen wollen keine traurige Musik hören, aber dafür das relative Isoprinzip, denn die Traurigen wollen im Vergleich zu den Fröhlichen und den Ruhigen weniger fröhliche Musik hören.

TABELLE 61

Ausdrucksstimmung der gewünschten Musik: Fröhliche vs. Ruhige vs. Traurige (n = 169)

Ausdrucksstimmung	Fröhliche n = 60 M (SD)	Ruhige n = 49 M (SD)	Traurige n = 60 M (SD)	Gesamt n = 169 M (SD)
aggressiv-ruhig	0,67 (1,45)	0,70 (1,18)	0,90 (1,27)	0,76 (1,31)
traurig-froh	1,51 (1,36)**	1,34 (1,42)**	0,63 (1,74)**	1,15 (1,56)

**: p < .01; Skala: -3 bis +3; 0 = neutral

Als Nächstes interessieren die Unterschiede der drei Gruppen in Bezug auf die Ziele des Musikhörens (vgl. Tab. 62): Danach wollen die Fröhlichen ihrer momentanen Stimmung in weit höherem Maße Ausdruck verleihen (M = 4,08; SD = 1,09) als die Ruhigen (M = 3,38; SD = 1,35) und die Traurigen (M = 3,38; SD = 1,44; F(2, 165) = 5,67; p < .01). Sie wollen ihrer Stimmung nicht nur Ausdruck verleihen, sondern sie nach Möglichkeit noch verstärken (M = 3,77; SD = 1,32) – und dies in stärkerem Maße als die Ruhigen (M = 3,40; SD = 1,38) und die Traurigen (M = 3,23; SD = 1,40; F(2, 165) = 2,39; p < .10). Mit Blick auf dieses Ziel kann ausgehend von den Fröhlichen über die Ruhigen bis hin zu den Traurigen fast von einem *linearen* Absinken der Werte gesprochen werden. Passend zu diesen Ergebnissen wollen alle drei Gruppen ihre momentane Stimmung eher nicht kompensieren (arithm. Mittel merklich unter 3,0). Jedoch haben die Traurigen (M = 2,19; SD = 1,46) im Vergleich zu den Fröhlichen (M = 1,66; SD = 1,11) und den Ruhigen (M = 1,56; SD = 1,03) relativ gesehen ein signifikant stärker ausgeprägtes Bedürfnis, ihre Stimmung zu kompensieren (F(2, 163) = 4,21; p < .05). Zuletzt wollen sich die Ruhigen (M = 3,71; SD = 1,25) noch in signifikant höherem Ausmaß aufheitern als die Fröhlichen (M = 3,32; SD = 1,16) und die Traurigen (M = 3,03; SD = 1,24; F(2, 165) = 4,10;

$p < .05$). Dieses Ergebnis verwundert zunächst, da man wohl am ehesten von den Traurigen erwartet hätte, dass sie sich aufheitern wollen. Es drängt sich an dieser Stelle keine eindeutige Interpretation auf, warum nun gerade die Ruhigen sich aufheitern wollen, denn bei dem Ziel ›Stimmung kompensieren‹ haben die Ruhigen den niedrigsten Wert, was darauf schließen lässt, dass sie zufrieden mit ihrer Stimmung sind.

TABELLE 62
Ziele des Musikhörens: Fröhliche vs. Ruhige vs. Traurige (n = 169)

Ziele des Musikhörens	Fröhliche (n = 60) M (SD)	Ruhige (n = 49) M (SD)	Traurige (n = 60) M (SD)
Ablenken	2,46 (1,44)	2,75 (1,52)	2,55 (1,38)
Abreagieren	2,08 (1,39)	2,21 (1,46)	2,37 (1,33)
Verdrängen	1,63 (1,13)	1,72 (1,06)	1,88 (1,22)
Aufheitern	3,32 (1,16)*	3,71 (1,25)*	3,03 (1,24)*
Stimmung kompensieren	1,66 (1,11)*	1,56 (1,03)*	2,19 (1,46)*
Erinnerungen wachrufen	3,49 (1,52)	3,54 (1,53)	3,18 (1,61)
Nachdenken	3,02 (1,41)	2,81 (1,42)	2,80 (1,52)
Trösten	2,54 (1,55)	2,75 (1,52)	2,38 (1,40)
Stimmung verstärken	3,77 (1,32)~	3,40 (1,38)~	3,23 (1,40)~
Stimmung Ausdruck verleihen	4,08 (1,09)**	3,38 (1,35)**	3,38 (1,44)**
Seele baumeln lassen	3,88 (1,34)	4,04 (1,15)	3,67 (1,37)
Entspannen	3,72 (1,34)	3,65 (1,26)	3,77 (1,23)

**: $p < .01$; *: $p < .05$; ~: $p < .10$; Skala: 1 = ›trifft überhaupt nicht zu‹ bis 5 = ›trifft voll und ganz zu‹

Inwieweit lassen sich nun die Ergebnisse aus Tabelle 61 und 62 zur Prüfung von Hypothese 1 bis 3a heranziehen?[8] Hypothese 1 besagt, dass

---

8 An dieser Stelle muss auf die Problematik der Überprüfung von Hypothesen durch mehrere Tests (in dem vorliegenden Fall wurden 12 Varianzanalysen gerechnet) bzw. die α-Fehler-Kumulierung hingewiesen werden. Nach Bortz (1993: 248-249) müsste, damit eine globale Nullhypothese auf einem 5%-Niveau verworfen werden kann, mindestens ein Einzeltest folgende Irrtumswahrscheinlichkeit α′ erreichen oder unterschreiten: α′ = α/m = 0,05/12 = 0,0042 (Bonferoni-Korrektur). Diese α-Fehler-Adjustierung sollte insbesondere mit wachsender gegenseitiger Abhängigkeit der abhängigen Variablen vorgenommen werden. Da die

über alle Personen und Situationen hinweg Musik eher nach dem Isoprinzip gehört wird, um die entsprechende Stimmung zu stützen. Dies
kann in jedem Fall für die Stimmungslage der Fröhlichen und Ruhigen
konstatiert werden. Auch für die Traurigen trifft diese Aussage eher zu,
denn sie wollen ihre Stimmung eher verstärken als kompensieren und
benutzen dazu – zumindest relativ gesehen – weniger fröhliche Musik
als die Ruhigen und Fröhlichen. Die Hypothese 1 kann also auf Basis dieser Ergebnisse mehr oder weniger als bestätigt angesehen werden.

Hypothese 2, die postuliert, dass in positiven Stimmungen wie Ruhe
und Freude Musik nach dem Isoprinzip gehört wird, um die Stimmung
aufrechtzuerhalten oder zu verstärken, kann in vollem Umfang bestätigt
werden.

Auch für Hypothese 3a, die für die Stimmung ›Trauer‹ zweierlei
Effekte formuliert (ein Teil der Personen hört Musik nach dem Kompensationsprinzip, um die Trauer abzuschwächen; der andere Teil hört
Musik nach dem Isoprinzip, um die Trauer zu stützen), finden sich Hinweise in den Ergebnissen. Die Tatsache, dass auf der Dimension ›traurig-
froh‹ nur ein leicht positiver Wert erreicht wurde, weist darauf hin, dass
einige Personen sich tendenziell traurige Musik (Wert unter ›0‹), andere
Personen tendenziell frohe Musik (Wert über ›0‹) gewünscht haben. Auch
die Tatsache, dass das Ziel ›Stimmung verstärken‹ mit $M = 3,23$ einen für
die Stimmung ›Trauer‹ eher hohen Wert erzielt, dass das Ziel ›Stimmung
kompensieren‹ mit $M = 2,19$ aber von den Traurigen im Vergleich zu den
beiden anderen Gruppen am höchsten bewertet wurde, weist darauf
hin, dass einige Personen wohl die Stimmung verstärken und andere
die Stimmung kompensieren wollen. Um zu prüfen, ob Musikauswahl
und Ziel des Musikhörens bei Trauer tatsächlich in dem Zusammenhang
steht, wie es in Hypothese 3a formuliert ist, soll die Gruppe der Traurigen nochmals mit Blick auf zwei Teilgruppen näher betrachtet werden:
diejenigen, die eher traurige Musik, und diejenigen, die eher fröhliche
Musik hören wollen.

---

zwölf Ziele des Musikhörens nicht unabhängig voneinander bzw. unkorreliert sind, scheint
die α-Fehler-Adjustierung also geboten. Jedoch sei auch darauf hingewiesen, dass diese
α-Fehler-Adjustierung auch nur dann zum Tragen kommt, wenn mehrere Tests auf Unterschiede zwischen Gruppen (z. B. Fröhliche vs. Traurige vs. Ruhige oder Männer vs. Frauen)
zwecks Prüfung einer Hypothese durchgeführt würden. Dies war aber nicht der primäre
Zweck der Analyse in Tabelle 62, denn die Prüfung der Hypothesen 1 bis 3 kommt auch ohne
diese vergleichenden Tests aus.

TABELLE 63

Ziele des Musikhörens: Traurige, die traurige Musik hören vs. Traurige, die fröhliche Musik hören (n = 57)

Ziele des Musikhörens	Traurige, die *traurige* Musik hören (n = 17) M (SD)	Traurige, die *fröhliche* Musik hören (n = 40) M (SD)
Ablenken	2,29 (1,21)	2,64 (1,46)
Abreagieren	2,41 (1,37)	2,39 (1,32)
Verdrängen	2,06 (1,20)	1,83 (1,25)
Aufheitern	2,18 (1,24)**	3,43 (1,04)**
Stimmung kompensieren	1,88 (1,54)	2,31 (1,42)
Erinnerungen wachrufen	3,35 (1,73)	3,07 (1,57)
Nachdenken	3,65 (1,37)**	2,50 (1,45)**
Trösten	2,47 (1,55)	2,29 (1,31)
Stimmung verstärken	3,35 (1,50)	3,24 (1,34)
Stimmung Ausdruck verleihen	3,59 (1,62)	3,31 (1,39)
Seele baumeln lassen	3,47 (1,74)	3,81 (1,15)
Entspannen	4,35 (0,79)**	3,60 (1,25)**

**: $p < .01$

Tabelle 63 zeigt, welche Ziele des Musikhörens die beiden Gruppen verfolgen und in welchen Zielen sie sich unterscheiden: Traurige, die *fröhliche* Musik hören (n = 40), wollen sich dabei einerseits in signifikant stärkerem Maße aufheitern (M = 3,43; SD = 1,04) als die Traurigen, die *traurige* Musik präferieren (n = 17; M = 2,18; SD = 1,24; $t(57) = 3,97$; $p < .01$). Andererseits wollen die Traurigen, die *traurige* Musik hören wollen, in höherem Maße nachdenken (M = 3,65; SD = 1,37 vs. M = 2,50; SD = 1,45; $t(57) = -2,79$; $p < .01$) und entspannen (M = 4,35; SD = 0,79 vs. M = 3,60; SD = 1,25; $t(57) = -2,79$; $p < .01$) als die Traurigen, die sich *fröhliche* Musik wünschen. Die nicht-signifikanten Ergebnisse verdeutlichen überdies, dass die Traurigen, die *traurige* Musik hören, ihre Stimmung etwas stärker zum Ausdruck bringen/verstärken sowie etwas weniger kompensieren wollen als die Traurigen, die *fröhliche* Musik hören. Die Aussage aus Hypothese 3a kann daher auf Basis dieser Ergebnisse ebenfalls eher gestützt werden.[9]

Wie weiter oben schon erwähnt (s. S. 204), können die Hypothesen 3b, 4, 6 sowie in Teilen Hypothese 8 (soweit sie sich auf Wut/Ärger bezieht) aufgrund der fehlenden ›verärgerten‹ Fälle leider nicht bearbeitet werden. Bleibt noch, einerseits die Hypothesen 5 und 7 sowie in Teilen Hypothese 8 zu prüfen und andererseits Antworten auf die Forschungsfragen 1 bis 7 zu finden. Führt man sich die Variablen vor Augen, die hierbei in die Analysen eingehen müssen, liegt es erneut – wie bei der Analyse der Hörweisen in Kap. 9.2.2 – nahe, die gegenseitigen Einflüsse aller erklärenden Variablen herauszurechnen. Dies kann wiederum mit multiplen Regressionsanalysen gewährleistet werden, in denen a) die Ausdrucksstimmung der gehörten Musik und b) die Ziele des Musikhörens als zu erklärende bzw. abhängige Variablen eingehen und in denen ›Geschlecht‹ und ›Bildung‹[10], ›Alter‹, ›Neurotizismus‹, ›Extraversion‹, ›Openness‹, ›Musikalität‹, die fünf Hörweisen sowie ›Verfügbarkeit von Musik‹ und der alltägliche ›Umfang des Musikhörens‹ als erklärende bzw. unabhängige Variablen fungieren. Da sich die meisten Forschungsfragen auf verschiedene Stimmungslagen (und nicht nur – wie die beiden noch zu prüfenden Hypothesen – auf Trauer/Melancholie) beziehen, werden die Regressionsanalysen jeweils für alle drei in der Experimentalstichprobe vorliegenden Stimmungslagen – ›Fröhlichkeit‹, ›Ruhe‹ und ›Traurigkeit‹ – durchgeführt. Die Tabellen 64 bis 66 geben dabei jeweils die Ergebnisse eines schrittweisen Prüfens der unabhängigen Variablen sowie nur diejenigen Regressionsmodelle und Beta-Gewichte wieder, die sich als signifikant erweisen.

In den Hypothesen 5 und 7 werden Unterschiede im Umgang mit Musik bei Trauer zwischen Frauen und Männern einerseits sowie Jugendlichen und älteren Personen andererseits formuliert. Tabelle 66 zeigt die Betagewichte, die in signifikanter Weise die Varianz in der gewünschten Musik und den Rezeptionszielen im Stimmungszustand der Trauer erklären können: Insgesamt sind mit Blick auf das Geschlecht und das Alter jedoch keine signifikanten Betawerte zu verzeichnen. Einzige Ausnahme: Frauen wollen sich in stärkerem Ausmaß als Män-

9   Auch bei der Prüfung von Hypothese 3a ist die α-Fehler-Kumulierung nicht zu berücksichtigen, da die Hypothese lediglich die Existenz von Traurigen, die traurige Musik hören, um die Trauer zu stützen, sowie von Traurigen, die fröhliche Musik hören, um die Trauer zu kompensieren, thematisiert. Und dies könnte auch ohne den Vergleich beider Gruppen im Hinblick auf signifikante Unterschiede in den Rezeptionszielen bestätigt werden.

10   Beide Variablen können als Dummy-Variablen in den Regressionsanalysen, die eigentlich metrisches Datenniveau verlangen, verwendet werden. Die Variable ›Geschlecht‹ liegt schon dichotom vor, die Variable ›Bildung‹ geht mit den Ausprägungen ›ohne Abitur‹ und ›mit Abitur‹ in die Analysen ein.

ner (b_{stand} = -.37; p < .01) mittels Musik trösten, wenn sie traurig sind.[11] Daraus zu folgern, dass sie – zumindest nach den Daten dieser Studie – in höherem Maße die Trauer kompensieren würden, wäre zu kurz gegriffen. Denn zieht man die nicht-signifikanten Ergebnisse für die Interpretation hinzu (aus Tab. 66 nicht ersichtlich), so erkennt man darüber hinaus, dass Frauen im Vergleich zu Männern mit dem Musikhören beabsichtigen, ihrer Trauer mehr Ausdruck zu verleihen und die Trauer zu verstärken. Eventuell schlagen die Frauen hierbei den Weg der längerfristigen Kompensation der Trauer ein: Nach einem kurzfristigen Ausleben und Verstärken der Trauer könnten sie sich zum Beispiel mittelfristig über die Trauer hinweg trösten, sodass sich die Rezeptionsziele ›Trauerverstärkung‹ und ›Trösten‹ nicht ausschließen würden. Auf Basis dieser Ergebnisse kann die Hypothese 5 allerdings nicht bestätigt werden, auch wenn einzelne nicht-signifikante Unterschiede in die hypothesenkonforme Richtung weisen.

Im Hinblick auf die Prüfung der Hypothese 7 zeigt Tabelle 66, dass keine signifikanten Zusammenhänge zwischen Alter und der Ausdrucksstimmung der gewünschten Musik sowie den Zielen des Musikhörens bei den Traurigen vorliegen. Die Hypothese 7 kann demnach ebenfalls nicht bestätigt werden.

Im Folgenden soll die Hypothese 8, die sich sowohl auf ›Wut/Ärger‹ als auch ›Trauer/Melancholie‹ bezieht und Unterschiede zwischen emotional labilen und emotional stabilen Personen formuliert, zumindest im Hinblick auf die Stimmungslage ›Trauer‹ geprüft werden. Tabelle 67 zeigt nicht nur die Zusammenhänge mit dem Persönlichkeitsmerkmal ›Neurotizismus‹, sondern auch die mit den Merkmalen ›Openness‹ und ›Extraversion‹, um in einem Zuge Antworten auf die Forschungsfragen 1 und 7 zu finden.[12] Neurotizismus korreliert signifikant negativ mit der Ausdrucksstimmung ›traurig-froh‹ (r = -.28; p < .05), das heißt, dass die traurigen Proband/-innen tendenziell umso traurigere Musik hören wollen, desto emotional labiler sie sind. Dieses Ergebnis ist nicht im Sinne der Hypothese 8, die postuliert, dass emotional Labile zu einem größeren Anteil als emotional Stabile fröhliche Musik hören. Die Zusammenhänge

---

11 Da in der Variable ›Geschlecht‹ die Frauen die niedrigere Ausprägung hatten, müssen negative Betagewichte stets in Richtung der Frauen, positive Betagewichte stets in Richtung der Männer interpretiert werden.

12 Bei diesen Korrelationsanalysen wurde erneut auf die Berechnung von partiellen Korrelationen verzichtet, da davon auszugehen ist, dass die drei Merkmale weitestgehend unabhängig voneinander ausgebildet sind.

TABELLE 64

Regression verschiedener personenbezogener Merkmale auf die Ausdrucksstimmung der gewünschten Musik und die Ziele des Musikhörens bei *Fröhlichkeit* (Beta-Gewichte; n = 60)

Ausdrucksstimmung/ Ziele des Musikhörens	Geschlecht	Bildung	Alter	Neurotizismus	Extraversion	Openness	Musikalität	Distanzierendes Hören	Emotional-veg. Hören	Assoziatives Hören	Diffuses Hören	Motorisches Hören	Musikverfügbarkeit	Umfang Musikhören	Korrigiertes R²	Modellgüte/F-Wert
traurig-froh			.30*								-.31*				.07	5,41*
aggressiv-ruhig															.08	5,56*
Ablenken			-.28*								.36**				.25	10,13**
Abreagieren												.34**			.10	7,07**
Verdrängen	-.33*		-.37**												.12	8,43**
Stimmung kompensieren												.26*			.18	6,88**
Trösten							.35**								.11	7,50**
Stimmung verstärken			.38**												.13	8,85**

**: p < .01; *: p < .05

TABELLE 65

Regression verschiedener personenbezogener Merkmale auf die Ausdrucksstimmung der gewünschten Musik und die Ziele des Musikhörens bei *Ruhe* (Beta-Gewichte; n = 49)

Ausdrucksstimmung/ Ziele des Musikhörens	Geschlecht	Bildung	Alter	Neurotizismus	Extraversion	Openness	Musikalität	Distanzierendes Hören	Emotional-veg. Hören	Assoziatives Hören	Diffuses Hören	Motorisches Hören	Musikverfügbarkeit	Umfang Musikhören	Korrigiertes R²	Modellgüte/F-Wert
traurig-froh								.30*			.45**			-.50**	.24	5,71**
aggressiv-ruhig	-.37*		-.35*						.49**	-.35**			.40**		.31	6,08**
Ablenken															.11	6,94*
Abreagieren	-.38**	-.27*							-.27*						.30	7,40**
Verdrängen				.50**											.23	14,29**
Aufheitern											.39**		-.29*		.26	9,05**
Erinnerungen wachrufen									.37**						.12	7,20**
Nachdenken										.49**					.22	13,90**
Trösten									.36*						.11	6,64*
Stimmung kompensieren								-.39**		.54**					.27	9,47**
Entspannen								.34*							.10	5,96*

**: p < .01; *: p < .05

TABELLE 66

Regression verschiedener personenbezogener Merkmale auf die Ausdrucksstimmung der gewünschten Musik und die Ziele des Musikhörens bei *Traurigkeit* (Beta-Gewichte; n = 60)

Ausdrucksstimmung/ Ziele des Musikhörens	Geschlecht	Bildung	Alter	Neurotizismus	Extraversion	Openness	Musikalität	Distanzierendes Hören	Emotional-veg. Hören	Assoziatives Hören	Diffuses Hören	Motorisches Hören	Musikverfügbarkeit	Umfang Musikhören	Korrigiertes R²	Modellgüte/F-Wert
traurig-froh		.32*													.18	7,16**
Ablenken				-.37**							.25*	-.34**			.14	5,43**
Abreagieren							-.27*				-.35**				.10	7,44**
Verdrängen								.28*							.05	4,25*
Aufheitern												.26*			.11	4,51*
Erinnerungen wachrufen										.30*					.07	5,46*
Nachdenken										.34**					.10	7,28**
Trösten	-.37**														.12	8,60**
Stimmung verstärken										.38**					.13	9,30**
Stimmung Ausdruck verleihen						.39**									.14	10,17**

**: p < .01; *: p < .05

mit den Zielen des Musikhörens sind wiederum hypothesenkonform: Je emotional labiler und neurotischer die Personen sind, desto mehr wollen sie sich abreagieren ($r = .29$, $p < .05$) und die Stimmung kompensieren ($r = .25$; $p < .10$; Trend). Gleichzeitig wollen sie umso mehr nachdenken ($r = .24$; $p < .10$; Trend). Die Hypothese 8 kann dennoch nicht als bestätigt angesehen werden, zumal die wenigen hypothesenkonformen Ergebnisse nach einer in diesem Fall notwendigen Berücksichtigung der α-Fehler-Kumulierung über der notwendigen Irrtumswahrscheinlichkeit liegen würden. Außerdem macht ein Blick auf Tabelle 66 deutlich, dass die soeben interpretierten Zusammenhänge an Stärke verlieren, wenn man weitere erklärende Variablen in die Analyse mit aufnimmt. Einzig das hypothesenkonträre Ergebnis, dass die traurigen Proband/-innen ten-

TABELLE 67

Zusammenhänge von Neurotizismus, Extraversion, Openness, Ausdrucksstimmung der gewünschten Musik sowie Zielen des Musikhörens bei Trauer (Pearsons r; n = 60)

Ausdrucksstimmung/ Ziele des Musikhörens	Neurotizismus	Extraversion	Openness
aggressiv-ruhig	.11	-.11	.02
traurig-froh	-.28*	.06	.07
Ablenken	-.03	-.09	-.26*
Abreagieren	.29*	-.10	.03
Verdrängen	.11	.08	-.20
Aufheitern	.10	.17	.10
Stimmung kompensieren	.25~	.12	-.16
Erinnerungen wachrufen	.08	-.19	.18
Nachdenken	.24~	-.14	.20
Trösten	.16	-.14	.17
Stimmung verstärken	.02	-.01	.22~
Momentaner Stimmung Ausdruck verleihen	.09	-.05	.38**
Seele baumeln lassen	-.17	.21	.14
Entspannen	.12	.06	.19

**: p < .01; *: p < .05; ~: p < .10

denziell umso traurigere Musik hören wollen, desto emotional labiler sie sind, gewinnt sogar an Erklärungsstärke (b_{stand} = -.37; p < .01).

Auffällig ist, dass das Persönlichkeitsmerkmal ›Extraversion‹ keinerlei überzufällige Zusammenhänge mit der Ausdrucksstimmung der gewünschten Musik sowie den Zielen des Musikhörens bei Trauer zeigt. Die nicht-signifikanten Zusammenhänge weisen in die Richtung, dass introvertierte Personen eher ruhige Musik hören, wenn sie traurig sind, um Erinnerungen wachzurufen und nachzudenken, aber weniger, um sich aufzuheitern und die Stimmung zu kompensieren. Der introvertierte Mensch zeichnet sich hier eher als Sensitizer, der extrovertierte Mensch eher als Represser ab. Allerdings sind die Zusammenhänge nicht signifikant. Auch der Einbezug weiterer erklärender Variablen führt nicht dazu, dass ›Extraversion‹ einen signifikanten Beitrag zur Erklärung der Musikrezeption bei Trauer leisten kann (vgl. Tab. 66). Die Forschungsfrage 1 kann daher nicht ausreichend beantwortet werden.

Am interessantesten sind wohl die Zusammenhänge mit dem Merkmal ›Offenheit‹: Je ›offener‹ die Personen sind, das heißt, je mehr sie neue Erfahrungen schätzen, Abwechslung bevorzugen, wissbegierig, kreativ, phantasievoll und unabhängig in ihrem Urteil sind, desto mehr wollen sie der Traurigkeit durch das Hören von Musik Ausdruck verleihen (r = .38; p < .01) bzw. diese sogar verstärken (r = .22; p < .10; Trend), und desto weniger wollen sie sich von der Traurigkeit ablenken (r = -.26; p < .05). Während jedoch der letzte Zusammenhang unter Berücksichtigung der α-Fehler-Kumulierung auch über das notwendige Signifikanzniveau rutscht, bleibt zumindest der erste der drei genannten Zusammenhänge im Rahmen der multiplen Regression erhalten (b_{stand} = .39; p < .01). Personen, die offen für neue Erfahrungen sind, verhalten sich bei Trauer also eher wie Sensitizer, indem sie ihrer Trauer vermehrt Ausdruck verleihen, während Personen, die nicht offen für neue Erfahrungen sind, eher im Stile des Repressings vorgehen. Forschungsfrage 7 sollte damit ausreichend, beantwortet sein, obwohl mit ›Trauer‹ nur eine negative Stimmung bearbeitet werden konnte.

Die Tabellen 64 bis 66 geben nur wenige Antworten auf die Forschungsfrage 2, die vermeintliche Unterschiede zwischen formal gebildeteren und formal ungebildeteren Personen thematisiert: In der Stimmung ›Freude‹ (die Fröhlichen) unterscheiden sich die formal Ungebildeteren (ohne Abitur) von den formal Gebildeteren nicht. Auch bei ›Ruhe‹ zeigen sich nur wenige Unterschiede: Die Personen ohne Abitur wollen sich stärker abreagieren als Personen mit Abitur (b_{stand} = -.27; p <

.05). Dieses Ziel des Musikhörens erscheint vor dem Hintergrund, dass die Personen tendenziell ruhig gewesen sind, jedoch ein wenig unpassend. Beim ›Abreagieren‹ verzeichnen beide Gruppen auch Werte unterhalb des Skalenmittelpunkts 3, was verdeutlicht, dass sich hier zwar ein Unterschied gezeigt hat, die vorherrschenden Ziele des Musikhörens aber andere sind: ›Entspannen‹, ›Seele baumeln lassen‹, ›Stimmung verstärken‹ und ›momentaner Stimmung Ausdruck verleihen‹ sind mit hohen Werten oberhalb des Skalenmittelpunkts beispielsweise für beide Gruppen wesentlich relevanter.

Mit Blick auf die Stimmungslage ›Trauer‹ zeigt sich das vermeintlich interessanteste Ergebnis, zumal sich hier ein Unterschied auf der Ausdrucksstimmung der Musik ergibt: Obwohl beide Gruppen eher frohe Musik präferieren, wenn sie traurig sind (Mittelwerte oberhalb von ›0‹), so tendieren die formal Gebildeteren in höherem Maße zu froher Musik als die formal Ungebildeteren (b_{stand} = .32; $p < .05$). Dieser Befund ist konträr zu dem aus Studie 2: Dort hatten bei Trauer die formal Gebildeteren eine höhere Affinität zu trauriger Musik als die formal Ungebildeteren gezeigt. Auch im Hinblick auf die Ziele des Musikhörens setzt sich der gegenläufige Befund in dieser Studie tendenziell fort. Die formal Gebildeteren wollen sich mehr aufheitern (M = 3,33 vs. M = 2,79; $p < .10$; Trend) und mehr entspannen (M = 4,11 vs. M = 3,48; $p < .05$) als die formal Ungebildeteren, wenn sie traurig sind (jedoch wird auch letzterer Unterschied erneut nicht signifikant nach α-Fehler-Adjustierung). Forschungsfrage 2 erhält mit diesen Ergebnissen somit einige neue, alternative Antworten.

Für Forschungsfrage 3 (Unterscheiden sich musikalische und unmusikalische Personen bezüglich des Prinzips der Musikauswahl und der Rezeptionsziele in verschiedenen Stimmungslagen?) halten die multiplen Regressionsanalysen zwei Antworten bereit: Je musikalischer (operationalisiert wie oben bereits beschrieben) die Personen sind, desto mehr wollen sie sich trösten, wenn sie fröhlich sind (b_{stand} = .35; $p < .01$), und desto weniger wollen sie verdrängen, wenn sie traurig sind (b_{stand} = -.27; $p < .05$). Während das erste Rezeptionsziel im Kontext von Fröhlichkeit erneut nicht sinnvoll zu interpretieren ist, stützt das zweite Ergebnis die Erkenntnisse aus Studie 2 (vgl. Tab. 38): Musikalischere Personen gehen eher im Sinne des Sensitizings als im Sinne des Kompensierens und Repressings vor, wenn sie traurig sind. Sie tendieren dazu, Stimmungslagen der Traurigkeit in höherem Maße auszuleben und zu stützen.

Auch im Hinblick auf die Forschungsfragen 5 (Zusammenhang mit der Verfügbarkeit von Musik) und 6 (Zusammenhang mit dem Umfang des alltäglichen Musikhörens) konnten in den Analysen nur vereinzelt signifikante Ergebnisse extrahiert werden: Bezüglich der Stimmungslagen ›Fröhlichkeit‹ und ›Traurigkeit‹ leisten sowohl die Verfügbarkeit von Musik (operationalisiert duch die Gesamtanzahl an eigenen Tonträgern) als auch der Umfang des Musikhörens (operationalisiert durch die tägliche Hördauer in Minuten) keine signifikanten Erklärungsbeiträge (vgl. Tab. 64 und 66). Jedoch ergeben sich einige interessante Implikationen für den Stimmungszustand der Ruhe: Je mehr Musik die Personen zur Verfügung haben, desto stärker hören sie in Zuständen der Ruhe auch ruhige Musik (b_{stand} = .40; p < .01) und desto weniger wollen sie sich in diesen Momenten aufheitern (b_{stand} = -.29; p < .05). Und je mehr diese Personen im Alltag Musik hören, desto eher greifen sie in diesen Momenten zu trauriger und nicht zu fröhlicher Musik (b_{stand} = -.50; p < .01). Kurz: Je zeitlich ausgeprägter der Kontakt zu Musik im Alltag und je mehr Musik zur Selektion zur Verfügung steht, desto eher scheint ein Sich-Einlassen auf ruhige Momente bzw. ein Stützen oder gar Genießen der Ruhe zu gelingen. Insgesamt sind die beiden Forschungsfragen auf Basis dieser Einzelergebnisse jedoch eher rudimentär beantwortet.

Abschließend sollen mit Blick auf die verbleibende Forschungsfrage 4 die Hörmodi näher betrachtet werden. Die Tabellen 64 bis 66 geben Aufschluss über zahlreiche Zusammenhänge zwischen den Hörmodi auf der einen Seite und der Ausdrucksstimmung sowie den Zielen des Musikhörens auf der anderen Seiten, von denen im Folgenden einige herausgegriffen werden sollen:

Je mehr die Proband/-innen assoziativ mit Musik umgehen bzw. Musik hören, desto mehr wollen sie in Zuständen der Traurigkeit ihre Stimmung verstärken (b_{stand} = .38; p < .01), nachdenken (b_{stand} = .34; p < .01) sowie durch das Hören von Musik Erinnerungen wachrufen (b_{stand} = .30; p < .05). Je mehr die Proband/-innen jedoch zum motorischen Hören von Musik neigen, desto mehr wollen sie sich bei Trauer mit dem Hören von Musik aufheitern (b_{stand} = .26; p < .05). Dieses Aufheitern wird auch anvisiert, je distanzierend-analysierender diese Personen Musik hören (b_{stand} = .28; p < .05).

In Zuständen der Fröhlichkeit wollen sich die Personen umso mehr abreagieren, je motorischer sie mit Musik umgehen, d.h. je mehr sie sich generell zu Musik bewegen (b_{stand} = .34; p < .01). Dazu hören sie umso aggressivere Musik, je diffuser sie Musik im alltäglichen Leben hören, d.h. je mehr sie Musik nebenbei hören (b_{stand} = -.31; p < .01). Und in Zuständen der Ruhe tragen alle Hörweisen – bis auf das motorische Hören – zu der Varianz in der Ausdrucksstimmung sowie in den Rezeptionszielen bei: So wollen die Personen umso mehr entspannen (b_{stand} = .34; p < .05) und umso weniger die Ruhe kompensieren (b_{stand} = -.39; p < .01), je distanzierend-analysierender sie Musik im Allgemeinen hören. Sie wollen zum Beispiel auch umso mehr Erinnerungen wachrufen, je emotional-vegetativer sie Musik hören (b_{stand} = .37; p < .01), und umso mehr nachdenken, je assoziativer sie mit Musik umgehen (b_{stand} = .49; p < .01). Je diffuser diese Personen allerdings Musik hören, desto mehr wollen sie sich in Zuständen der Ruhe aufheitern (b_{stand} = .39; p < .01) – und zwar mit umso fröhlicherer Musik (b_{stand} = .45; p < .01).

Insgesamt weisen die Ergebnisse darauf hin, dass die Hörweisen sowohl in positiven als auch in negativen Stimmungslagen in signifikanter Weise zur Stimmungsregulierung beitragen können. Das assoziative Hören kann vor dem Hintergrund, dass ihm von den Proband/-innen insgesamt kein überaus hoher Stellenwert zugebilligt wurde (vgl. Tab. 57), durchaus einiges an Varianz aufklären. Dies deutet darauf hin, dass der Stellenwert des assoziativen Hörens von den Proband/-innen eventuell kognitiv verzerrt abgebildet wurde oder dass sie sich zumindest der ›Wirkung‹ des assoziativen Hörens nicht in vollem Umfang bewusst waren.

Es wären zahlreiche weitere multivariate Analysen möglich. So könnte man beispielsweise Clusteranalysen rechnen, um die Hörmodi zu Hörertypen zu verdichten und um anschließend diese Typen im Hinblick auf ihre situative Musikauswahl und ihre Rezeptionsziele zu vergleichen. Weiterhin könnten die generellen Musikpräferenzen (vgl. Kap. 9.2.2), zu denen keine Hypothesen und Forschungsfragen vorliegen, stärker in die Auswertungen einbezogen werden, um beispielsweise zu überprüfen, ob die oben dargestellten Zusammenhänge des Musikhörens bei Trauer anders ausfallen, wenn eine Person statt Pop und Rock eher klassische Musik präferiert.

Leider entfiel die Möglichkeit, Ergebnisse im Hinblick auf die Stimmungslage ›Wut/Ärger‹ zu generieren. Die betreffenden Hypothesen wurden jedoch durch Studie 2 geprüft. Insgesamt liegen damit zumindest Befunde zu allen Hypothesen und Forschungsfragen vor. Im folgenden Kapitel sollen diese Befunde einander gegenübergestellt werden, um einen Gesamtüberblick und damit auch studienübergreifende Antworten auf die Hypothesen und Forschungsfragen zu erhalten.

10. ZUSAMMENFASSUNG DER ERGEBNISSE UND INTERPRETATION

In den vorherigen Kapiteln wurden die Ergebnisse studienspezifisch generiert, auf die Hypothesen und Forschungsfragen angewendet und bereits in großen Teilen interpretiert, da ein Aufschieben der Interpretation von Einzelergebnissen bis zu diesem Punkt der Arbeit der Verständlichkeit und Lesbarkeit abträglich gewesen wäre. Nun steht jedoch eine Zusammenführung der Ergebnisse bzw. ein studienübergreifendes Eingehen auf Hypothesen und Forschungsfragen sowie eine Gesamtinterpretation vor dem Hintergrund des in Kapitel 3 bis 5 aufgespannten Theoriefeldes noch aus. Auch im Folgenden wäre es für das Verständnis der Arbeit abträglich, zunächst alle Ergebnisse zusammenzutragen und anschließend eine Interpretation folgen zu lassen. Daher soll der Versuch unternommen werden, Ergebnisse und Interpretationen eng miteinander zu verknüpfen und dabei dennoch deutlich zu machen, welche Aussage ein Ergebnis und welche Aussage eine Interpretation darstellt. Selbstverständlich soll nicht auf die vielen Einzelergebnisse nochmals im Detail eingegangen (vgl. dazu die Ergebnisteile der drei Studien), sondern ein größerer ›Bogen‹ geschlagen werden. Zum Erstellen des Gesamtbildes werden nach Möglichkeit auch die Ergebnisse aus Studie 1 herangezogen, obwohl die Leitfadeninterviews einen rein explorativen Charakter aufwiesen und damit streng genommen nicht hypothesenprüfend waren.

Hypothese 1 konnte in allen Studien bestätigt werden: Über alle Personen und Stimmungslagen hinweg wird Musik primär nach dem Isoprinzip ausgewählt, um die entsprechende Stimmung aufrechtzuerhalten oder zu verstärken. Dieses generalisierende Ergebnis liegt in den Meta-Emotionen (MAYER/GASCHKE 1988) bzw. in der Tatsache, wie erwünscht oder unerwünscht Stimmungslagen sind (BEHNE 1984), begründet. Denn die positiven Stimmungslagen sind von nahezu allen Personen fast immer erwünscht und werden daher meist unterstützt und verstärkt. Die negativen Stimmungslagen hingegen sind nur in bestimmten Situationen von bestimmten Personentypen erwünscht. Nur in diesen Fällen wird Musik verstärkt nach dem Isoprinzip gehört, um die Stimmung zu stützen und zu verstärken, was aber impliziert, dass in der Gesamtheit aller Musikauswahlprozesse das Isoprinzip überwiegt.

Wie schon angedeutet, hat sich auch Hypothese 2 in allen Studien bestätigt: Wenn Personen positiv gestimmt, also zum Beispiel ruhig/gelassen oder freudig erregt/fröhlich sind, dann versuchen sie, mittels Musik diesen Zustand möglichst aufrechtzuerhalten, ihn zu stützen und zu verstärken. Dabei tritt dieser Effekt umso deutlicher hervor, je positiver die Stimmungslage ist. Prämisse 2 der Mood-Management-Theorie kann somit in Bezug auf Musikrezeption weitestgehend übertragen werden. Der Mensch scheint tatsächlich ein hedonistisches Wesen in der Weise zu sein, dass er wenig Anlass sieht, einen an sich *positiven* Affektzustand zu verändern.

Studie 2 erzeugte im Hinblick auf die positiven Stimmungslagen über alle Befragten hinweg derart homogene Aussagen, dass zunächst keine interindividuellen Unterschiede der Stimmungsregulation bei Ruhe und Freude/Fröhlichkeit extrahiert werden konnten. Studie 3 erbrachte jedoch einige Hinweise, dass das hedonistische Wesen auch in Bezug auf den Umgang mit positiven Stimmungslagen von Mensch zu Mensch graduell differiert. So wollen zum Beispiel ältere Menschen im Vergleich zu jüngeren Menschen in höherem Maße ihre Fröhlichkeit mit dem Hören von Musik verstärken. Und emotional labile Menschen wollen ruhige Momente zum Beispiel stärker verdrängen als emotional stabile Menschen. Das letzte Ergebnis mag zunächst ein wenig verwundern, denn es stellt sich die Frage, warum Menschen überhaupt etwas verdrängen müssen, wenn sie ruhig sind – wenn sie Zeit und Ruhe haben, ihren Gedanken einmal nachzuhängen. Henning und Vorderer (2001) haben diesbezüglich schon für die Fernsehrezeption herausgefunden, dass Personen mit einem geringeren ›Denkbedürfnis‹ im Vergleich zu Personen mit einem höheren ›Denkbedürfnis‹ mehr fernsehen, weil sie weniger in der Lage sind, ›freie‹ Zeit konstruktiv und kognitiv anregend zu füllen. Genauso könnte es auch bei der Musikrezeption sein: Personen, die nicht

in der Lage sind, einem ruhigen, stillen Moment etwas Positives abzugewinnen, um einmal in sich zu gehen und nachzudenken, werden diesen
Moment und das Gefühl, sich mit sich selbst zu beschäftigen, mit Musik
überspielen wollen.

Auch die Zusammenhänge der Hörmodi (vgl. Forschungsfrage 4) mit
den Zielen des Musikhörens in positiven Stimmungslagen unterstreichen dieses Ergebnis: Nimmt zum Beispiel das diffuse Hören einen höheren Stellenwert im Alltag der Personen ein, tendieren sie nach den Ergebnissen von Studie 3 mehr zum Aufheitern, wenn sie ruhig gestimmt sind.
Je mehr allerdings das emotional-vegetative Hören und das assoziative
Hören den alltäglichen Umgang mit Musik bestimmen, desto mehr ten-
diert der betreffende Mensch zum Nachdenken, wenn er ruhig gestimmt
ist. Das eher bewusste Hören fördert also das Nachdenken, das eher
unbewusste Nebenbeihören das Ablenken. Hier deutet sich an, dass sich
Persönlichkeitsmerkmale nicht nur auf die Motive des Musikhörens (in
diesem Fall das Nachdenken) sowie darauf auswirken können, wann und
wie oft Musik gehört wird, sondern auch darauf, *wie* Musik gehört wird.
Denn es ist zu vermuten, dass zum Beispiel Personen mit einem höheren
Denkbedürfnis auch eher dazu tendieren, Musik assoziativ zu hören.
Hinter dem positiven Zusammenhang zwischen assoziativen Hören und
dem Nachdenken als Ziel des Musikhörens bei Ruhe könnte daher eine
Drittvariable wie ›Denkbedürfnis‹ stecken.

Die Hörmodi zeigen ihre ›Wirkung‹ auch im Kontext negativer Stimmungslagen: Studie 3 ergab zum Beispiel, dass das assoziative Hören bei
Trauer dazu beitragen kann, die Stimmung zu verstärken, während das
motorische und distanzierende Hören eher das Aufheitern fördert. Nach
diesen Ergebnissen scheinen die Menschen unterschiedlich gewillt und
auch fähig, positive wie negative Stimmungslagen mit Musik auszuleben. Insbesondere die Fähigkeit, Musik auf unterschiedliche Weise zu
hören – sie sowohl emotional, analysierend-distanziert, diffus, moto-
risch und assoziativ verarbeiten zu können – scheint dem Menschen in
unterschiedlichen Situationen die Möglichkeit zu bieten, einen passen-
den Hörmodus ›einzuschalten‹, mit dem ein bestimmtes Ziel und eine
gewünschte Wirkung des Musikhörens erfolgversprechend in Angriff
genommen werden kann. Ist das persönliche Repertoire an Hörmodi
stark eingeschränkt, so sind ebenfalls die Möglichkeiten, Musik auf ver-
schiedenste Weise gewinnbringend im Sinne des Mood Managements zu
nutzen, eingegrenzt.

Nun sind im Kontext der Hörmodi die *negativen* Stimmungslagen schon kurz angesprochen worden. Im Vergleich zu den positiven Stimmungslagen zeichnen sich bei ihnen in Bezug auf das Mood Management mittels Musik viel stärker inter- und intraindividuelle Unterschiede ab. Prämisse 1 der Mood-Management-Theorie sollte somit nicht hinterfragt werden. In diesem Sinne wurden die ursprüngliche Hypothese 3, die zunächst ein einheitliches Mood Management für negative Stimmungslagen formulierte, nach den ersten Erkenntnissen aus Studie 1 differenziert und zwei unterschiedliche Aussagen mit Blick auf Trauer/Melancholie sowie Wut/Ärger abgeleitet. Nun konnten in der Studie 3 für die Stimmungslage Wut/Ärger aufgrund des fehlgeschlagenen Treatments keine Ergebnisse generiert und die Hypothesen 3b, 4, und 6 daher nur anhand der Ergebnisse aus Studie 2 geprüft werden. Hypothese 3b wurde dabei teilweise bestätigt: Zwar möchten die meisten Personen Wut und Ärger kompensieren, allerdings benutzen sie dazu überwiegend Musik nach dem Isoprinzip. Dieses trifft auf Männer sogar noch etwas mehr zu als auf Frauen, das heißt, Männer haben in der Regel ein noch ausgeprägteres Bedürfnis, sich mit aggressiver Musik abzureagieren, wenn sie wütend und verärgert sind (Bestätigung der Hypothese 4). Im Hinblick auf den Umgang mit Wut und Ärger entsprechen Männer also noch stärker als Frauen dem Typen des ›Repressers‹ (vgl. VITOUCH 1993, 1995). Hypothese 6, nach der Jugendliche bei Wut und Ärger zu einem größeren Anteil als ältere Menschen aggressive Musik hören, um die Stimmung aufrecht zu erhalten/zu verstärken, konnte zumindest bezogen auf das Ziel des Musikhörens nicht bestätigt werden. Denn sowohl die Jugendlichen als auch die älteren Personen wollen sich im gleichen Ausmaß abreagieren und die Stimmung kompensieren. Während jedoch die meisten Jugendlichen nach aggressiver Musik greifen, bevorzugen die älteren Personen zu etwa gleichen Teilen aggressive und ruhige Musik. Der erste Teil von Hypothese 6, der Unterschiede in der Musikauswahl beschreibt, konnte also bestätigt werden.

Insgesamt ist festzuhalten, dass die meisten Menschen den Stimmungslagen Wut und Ärger wenig Positives abgewinnen können und sie daher möglichst umgehen wollen. Dazu wird in erster Linie – und dies besonders von Männern und Jugendlichen – aggressive Musik gehört. Auffällig ist weiterhin – auch im Vergleich mit anderen Stimmungslagen –, dass viele Personen angeben, *keine* Musik hören zu wollen (33% bei Studie 2), wenn sie wütend oder verärgert sind. Gleiches dürfte auch auf andere Stimmungslagen, die sich durch einen hohen negativen Affekt (im Sinne der PANAS, vgl. WATSON/TELLEGEN 1985) bzw. einen hohen negativen Erregungszustand auszeichnen, zutreffen. So wäre zu erklären, warum auch in Zuständen des *Stresses*, beispielsweise beim Autofahren im dichten Stadtverkehr, viele Personen keine Musik hören wollen.

Zu vermuten ist, dass Studie 3 noch einige interessante Differenzierungen des Mood Managements mittels Musik bei Wut und Ärger hätte aufzeigen können, wenn sich diese Stimmungslage bei einer ausreichend großen Anzahl von Proband/-innen eingestellt hätte. Denn Hörmodi und Persönlichkeitsmerkmale wie Neurotizismus, Openness und Extraversion dürften auch für den Umgang mit Musik bei Wut und Ärger einiges an Varianz aufklären.

Die interessantesten und differenziertesten Ergebnisse wurden jedoch mit Blick auf die Stimmungsregulation bei Trauer/Melancholie gewonnen. Schon Studie 1 gab erste Hinweise darauf, dass Menschen hin und wieder die Stimmungslage Trauer/Melancholie auf der Meta-Ebene positiv bewerten bzw. positiv erleben und ihr daher nicht entgegenwirken. Aus diesem Grund hören sie, wenn sie traurig sind, mitunter traurige, melancholische Musik. Studie 2 erfasste dies auch in Zahlen: Allein 27 Prozent der Personen gaben an, traurige, melancholische Musik zu präferieren, wenn sie traurig sind. Weitere 15 Prozent wollen dagegen überhaupt keine Musik hören, wenn sie traurig sind. Die Ablehnung von Musik ist damit bei Trauer zwar nicht ganz so hoch wie bei Wut und Ärger, aber im Vergleich zu den positiven Stimmungslagen, in denen sich nur vereinzelte Personen nicht vorstellen konnten, Musik zu hören, wird zumindest deutlich, dass das Musikhören als Strategie der Stimmungsregulation (vgl. Kap. 3.3) nicht immer eingeschlagen wird. Insbesondere in negativen Stimmungslagen greifen die Menschen wohl auch verstärkt auf andere Strategien zurück (wie z.B. mit einem guten Freund/einer guten Freundin reden), von denen sie sich mehr Erfolg versprechen.

Blickt man allerdings auf diejenigen befragten Personen aus Studie 2, die auch bei Trauer und Melancholie vorgeben, Musik zu hören, so kann die Hypothese 3a als bestätigt angesehen werden: Etwa gleich viele Menschen hören Musik nach dem Kompensationsprinzip, um die Trauer/Melancholie abzuschwächen und sie zu kompensieren, wie nach dem Isoprinzip, um die Stimmung zu stützen oder zu verstärken. Auch Studie 3 konnte diese Hypothese stützen, indem sie unter anderem zeigte, dass sich traurige Menschen, die traurige Musik präferieren, weniger aufheitern, aber dafür in stärkerem Ausmaß nachdenken wollen, als traurige Menschen, die sich fröhliche Musik wünschen. In Bezug auf Hypothese 5, die Unterschiede zwischen Frauen und Männern im Umgang mit Musik bei Trauer formuliert, haben die Studien nur bedingt eine homogene Antwort geliefert. Studie 1 lieferte Hinweise, dass Frauen im Vergleich zu Männern eventuell weniger dazu tendieren, Trauer und Melancholie zu unterdrücken. Studie 2 konnte dies schließlich belegen: Zwei Drittel der Frauen hören traurige Musik, circa 50 Prozent wollen dabei die Trauer aufrecht erhalten oder sogar verstärken. Aber nur die Hälfte der Männer hört traurige Musik und nur circa ein Drittel möchte die Trauer unterstützen. Hier zeichnet sich also eine größere Affinität der Frauen zu traurigen, melancholischen Stimmungslagen und trauriger Musik ab, was auch schon für andere Medieninhalte (z.B. Filme) nachgewiesen wurde (vgl. OLIVER 2000; OLIVER/WEAVER/SARGENT 2000). Studie 3 fand diesbezüglich jedoch keine eindeutigen Belege.

Ähnliches gilt für die Bestätigung von Hypothese 7: Die Ergebnisse aus Studie 2 lassen erkennen, dass Jugendliche dazu neigen, über das Hören von trauriger Musik ihre Trauer und Melancholie aufrecht zu erhalten. Bei älteren Personen ist dies weniger stark ausgeprägt. Sie wollen im Vergleich zu den Jugendlichen zu einem höheren Anteil fröhliche Musik hören, um traurige Stimmungslagen zu unterdrücken. In diesem Fall verhalten sich also die älteren Menschen wie ›Represser‹. Studie 3 kann diese Zusammenhänge jedoch nur auf nicht-signifikantem Niveau bestätigen.

Nun kann die primär angestrebte Stimmungsverbesserung der älteren Menschen nicht nur als ›repressing‹, sondern auch als gelerntes Verhalten interpretiert werden: Danach könnten ältere Menschen schon mehr Erfahrungen gesammelt haben bzw. zahlreichere »memory traces« (vgl. ZILLMANN 1988a) angelegt haben, die es ihnen ermöglichen, in traurigen und melancholischen Momenten zielsicher diejenige Musik auszuwählen und zu hören, die eine Stimmungsverbesserung nach sich zieht. Plausibler dürfte aber sein, dass ältere Personen im Vergleich zu Jugendlichen eventuell doch öfter Anlass haben, traurig zu sein (zum Beispiel aufgrund wegbrechender sozialer Kontakte), und dass sie daher traurige Momente nach Möglichkeit verhindern und abschwächen wollen. Jugendliche dagegen sehen in traurigen Stimmungslagen vielleicht eher Abwechslungen vom ›normalen‹ Leben, die neue und lehrreiche Erfahrungen versprechen (vgl. OLIVER 2003; VORDERER 2003).

Studie 3 konnte schließlich noch zeigen, dass sich emotional labile im Vergleich zu emotional stabilen Personen in höherem Maße trauriger Musik zuwenden, wenn sie traurig sind. Dies steht der Aussage aus Hypothese 8 entgegen. Auch im Hinblick auf die Ziele des Musikhörens bei Trauer konnten keine eindeutigen Belege gesammelt werden, womit die Hypothese 8 insgesamt als nicht bestätigt eingestuft werden muss.

Da nun auf alle Hypothesen eingegangen wurde, bleibt noch zu skizzieren, welche Antworten sich mit Blick auf die Forschungsfragen ergeben haben. Während sich keine signifikanten Zusammenhänge zwischen Extraversion und dem Prinzip der Musikauswahl sowie den Zielen des Musikhörens bei Trauer ergeben haben (vgl. Forschungsfrage 1), deutet ein Ergebnis aus Studie 3 zumindest darauf hin, dass das Persönlichkeitsmerkmal ›Offenheit für neue Erfahrungen‹ (vgl. Forschungsfrage 7) eine wichtige Rolle beim Mood Management spielen dürfte: Diejenigen Personen, die offen sind für neue Erfahrungen und die demnach auch Abwechslung bevorzugen, tendieren dazu, Trauer eher auszuleben, sie mit Musik zum Ausdruck zu bringen/zu stützen und zu verstärken. ›Offene‹ Menschen stellen in Bezug auf das Mood Management bei Trauer also die ›Sensitizer‹, ›verschlossene‹ Menschen die ›Represser‹ dar. Es ist zu vermuten, dass ›offene‹ Menschen auch andere negative Stimmungslagen wie zum Beispiel ›Angst‹ und ›Stress‹ eher aufrechterhalten und ausleben, um für Abwechslung zu sorgen und um aus der Konfrontation mit ihnen nützliche Erfahrungen zu ziehen (vgl. OLIVER 2003; VORDERER 2003).

Studie 1 hat überdies die Frage aufgeworfen, ob Menschen, die über ein kleineres Repertoire an eigener, selbstselektierbarer Musik verfügen, in ihrem Einsatz von Musik zur Regulierung von Stimmungen eingeschränkter und daher weniger erfolgreich sein könnten. Die beiden anderen Studien haben für diese Vermutung kaum Anhaltspunkte gefunden: Lediglich in Studie 3 hatte die Verfügbarkeit von Musik (betrifft Forschungsfrage 5) sowie das Ausmaß des täglichen Musikkonsums (betrifft Forschungsfrage 6) einen nennenswerten Einfluss auf die Art der ausgewählten Musik und die Ziele des Musikhörens in ruhigen Stimmungslagen. Es wäre in diesem Zusammenhang jedoch interessant, ob sich zum Beispiel in Abhängigkeit der Verfügbarkeit von Musik die intendierten Stimmungsveränderungen mehr oder weniger einstellen. Denn ob Personen, die über viel unterschiedliche Musik verfügen, nicht vielleicht doch erfolgreicher im Mood Management mittels Musik sind, kann anhand der Studien aus dieser Arbeit nicht beantwortet werden. Studie 2 und 3 haben ›nur‹ Motive bzw. die Zielsetzung des Musikhörens erhoben. Ob diese Ziele mit dem Musikhören auch tatsächlich erreicht werden und ob sich entsprechende Wirkungen überhaupt zeigen, bedarf einer weiteren empirischen Prüfung (vgl. hierzu auch den Ausblick in Kap. 11).

Die Forschungsfragen 2 und 3 thematisierten den Einfluss der formalen Bildung sowie der Musikalität auf das Prinzip der Musikauswahl sowie die Ziele des Musikhörens in verschiedenen Stimmungslagen. Studie 2 ergab diesbezüglich, dass Personen mit höherer formaler Bildung zu einem höheren Anteil als Personen mit niedriger Bildung Musik nach dem Isoprinzip hören, wenn sie traurig sind, um die Trauer zu stützen. Das gleiche Ergebnis – wenn auch nicht ganz so deutlich – zeigte sich für die aktiven Musiker/-innen, die zu einem höheren Anteil als die passiven Musiknutzer/-innen ihre Trauer mit dem Hören von Musik beibehalten/verstärken wollen. Studie 3 stützte den letzten Befund: Je musikalischer die Personen waren, desto weniger wollten sie ihre Traurigkeit mit dem Hören von Musik verdrängen. Aber mit Blick auf die formale Bildung erbrachte Studie 3 andere Befunde: Danach tendieren die Personen mit hoher formaler Bildung noch stärker zu fröhlicher Musik als die Personen mit niedriger formaler Bildung, wenn sie traurig sind.

Aus dieser Ergebnislage eindeutige Aussagen in Bezug auf den Einfluss von Bildung und Musikalität/musikalischer Ausbildung auf das Mood Management mittels Musik abzuleiten, fällt aufgrund der Ergebnisse aus Studie 3 nicht leicht. Denn immerhin waren die betreffenden Proband/-innen aus Studie 3 im Gegensatz zu denen aus Studie 2 tatsächlich traurig und haben sich nicht nur vorgestellt, traurig zu sein. Die Ergebnisse aus Studie 3 einfach unberücksichtigt zu lassen und nur denen aus Studie 2 zu vertrauen, wäre zu simpel. Da jedoch auch Studie 1 die Ergebnisse aus Studie 2 stützt, ist zu vermuten, dass eventuell doch eher die höher Gebildeten und Personen mit einer musikalischen Ausbildung eine höhere Affinität zu trauriger Musik und dem Aufrechterhalten von Traurigkeit haben. Meines Erachtens sind für die Unterschiede zwischen aktiven Musiker/-innen und passiven Musiknutzer/-innen jedoch nicht primär die Musikalität oder die Art des Umgangs mit Musik, sondern andere Drittvariablen verantwortlich, was sich auch am Einfluss der Bildung zeigt. Das Persönlichkeitsmerkmal ›Denkbedürfnis‹ könnte auch hier wieder das verbindende Element sein, denn in der Regel haben sowohl Personen mit höherer Bildung als auch Personen, die eine musikalische Ausbildung genossen haben und sich aktiv mit Musik beschäftigen, ein vergleichsweise höheres Denkbedürfnis. Dies könnte sich in Momenten der Trauer dahingehend auswirken, dass die betreffenden Personen ihre Traurigkeit kognitiv verarbeiten und über das trauerauslösende Ereignis nachdenken wollen, statt der Trauer kurzfristig mit fröhlicher Musik entgegenzuwirken und sie ›wegzudrücken‹.

Zusammenfassend lässt sich festhalten, dass die drei Studien eine Vielzahl von Hinweisen und Antworten geben, aber auch neue Fragen aufwerfen. Die Ergebnisse zeigen, dass die Stimmungsregulation mit Musik inter- und intraindividuell doch stark unterschiedlich abläuft, dass sie in hohem Maße von diversen Persönlichkeitsmerkmalen, aber weniger von den musikalischen Aktivitäten und Fähigkeiten eines Menschen geprägt wird. Die Prämissen und Kernaussagen der Mood-Management-Theorie waren vor diesem Hintergrund zu undifferenziert, um treffendere Aussagen über die Art und die Ziele des Musikhörens in bestimmten Situationen zu tätigen (vgl. hierzu auch schon VORDERER/ KNOBLOCH 2000). Insbesondere in Bezug auf die negativen Stimmungen ist die Theorie zu unpräzise. Prämisse 1 der Theorie ist auf Basis der vorliegenden Ergebnisse nicht zu halten. Diese Ergebnisse deuten darauf hin, dass bestimmte negative Stimmungen wie Wut und Ärger primär kompensiert, andere negative Stimmungen wie Trauer aber durchaus nicht immer kompensiert werden. Wie Menschen mit solchen negativen Stimmungen umgehen, wird durch eine Vielzahl von Persönlichkeitsmerkmalen sowie den situativen Umständen wie zum Beispiel dem Meta-Erleben der Stimmungslage (BEHNE 1984; MAYER/GASCHKE 1988) bestimmt. Ein Mensch mag in einem Moment, in dem er sehr traurig ist, daran interessiert sein, seine Trauer auszuleben, weil er sich davon nützliche Erfahrungen verspricht (OLIVER 2003; VORDERER 2003). Der gleiche Mensch mag jedoch in einem anderen, vergleichbaren Moment, in dem er sehr traurig ist, eventuell die Trauer ›wegdrücken‹ wollen, weil er zum Beispiel keine Zeit hat, sich mit dem trauerauslösenden Ereignis intensiver auseinanderzusetzen, oder weil ihm unmittelbar eine Situation bevorsteht, in der er möglichst positiv gestimmt sein sollte (z. B. ein Bewerbungsgespräch). Es wäre durchaus möglich, diese Differenzierungen in die Mood-Management-Theorie zu integrieren und trotzdem eine konsistente Theorie beizubehalten. Sicherlich wirkt eine Theorie immer dann bestechender, wenn sie Gesetzmäßigkeiten mit großer Tragweite und ohne einschränkende Bedingungen formuliert. Wenn jedoch – wie im Falle der negativen Stimmungen – die Gesetzmäßigkeit nur noch in circa 50 Prozent der Fälle zutrifft, dann verliert sie ihren Wert und sollte spezifiziert werden. Eine Spezifizierung der Theorie in situativer Hinsicht sollte mit einer Spezifizierung in personenbezogener Hinsicht einhergehen. Die Ergebnisse haben ausreichend Anknüpfungspunkte für eine vertiefende Erforschung der personenbezogenen Determinanten des Mood Managements geliefert. Die Einflüsse von ›Geschlecht‹, ›Alter‹, ›Neurotizismus‹, ›Offenheit für neue Erfahrungen‹, ›Denkbedürfnis‹ sowie ›Rezeptionsmodi‹ sollten im Hinblick auf das Mood Management (durch Musik) weiter geprüft werden.

11. FAZIT: RÜCKBLICK UND AUSBLICK

Im Rückblick kann die *methodische Vorgehensweise* insgesamt als richtig und angemessen erachtet werden: Die Leitfadeninterviews verschafften einen guten, umfassenden Einblick in die Thematik und die Wechselwirkungen verschiedener Determinanten der Musikrezeption. Gleichzeitig gaben die Ergebnisse dieser Studie erste Hinweise für Hypothesen und Forschungsfragen und führten in diesem Sinne auch zur Differenzierung einer Hypothese sowie zur Entwicklung einer weiteren Forschungsfrage. Studie 2 baute unmittelbar auf Studie 1 auf, indem sie sowohl die Erkenntnisse aus Studie 1 als auch insbesondere Hypothesen und Forschungsfragen anhand einer repräsentativen Stichprobe überprüfte.

Dabei wurde mit der Vercodung von Iso- und Kompensationsprinzip auf Ebene der Musikauswahl und Iso- und Kompensationseffekt auf Ebene der Rezeptionsziele ein neuer, innovativer Weg der Datenverdichtung mit Implikationen für anschauliche Interpretationen der Ergebnisse eingeschlagen. Gleichzeitig konnten mit der detaillierten Aufschlüsselung der musikalischen Ausdrucksstimmung sowie der Ziele des Musikhörens für vier prototypische Stimmungen Ergebnisse generiert werden, die für verschiedene Stimmungslagen in dieser Differenziertheit bisher nicht vorlagen.

Durch das Hineinversetzen in verschiedene Stimmungen per Vignettenvorgabe und das anschließende imaginative Auswählen von Musik mussten die Befragten bei dieser Studie eine doppelte kognitive Leistung vollbringen. Dies wurde in Studie 3 ein Stück weit aufgelöst, da die Proband/inn/en per Treatment in eine bestimmte Stimmungslage hineinversetzt werden sollten, um dann imaginativ Musik auszuwählen.

Die dritte Studie hob sich im Vergleich zu Studie 2 darüber hinaus durch eine umfangreiche Erhebung von Hörmodi und Persönlichkeitsmerkmalen (zwecks Bearbeitung der durch Studie 1 und 2 noch nicht geprüften Hypothesen und Forschungsfragen) sowie durch höhere Datenniveaus bei nahezu allen Variablen ab, was komplexere Auswertungsverfahren ermöglichte.

Die Studien entwickelten sich somit vom Allgemeinen zum Speziellen, von der offenen, explorativen zur hypothesenprüfenden, standardisierten Studienanlage, von der qualitativen zur quantitativen Methodik und Auswertung. In den drei Studien wurden drei verschiedene methodische Zugänge gewählt (Leitfadeninterviews, Telefonbefragung, Experiment). Dabei wurde in allen drei Studien auf die Erhebungsmethode der Befragung in verschiedenen Varianten zurückgriffen. Die methodische Gesamtanlage ist vor diesem Hintergrund konsistent indem die einzelnen Studien aufeinander aufbauen. Dennoch sind mit Blick auf die methodische Umsetzung in den einzelnen Studien einige Punkte zu kritisieren:

Der *Leitfaden in Studie 1* thematisierte nahezu alle Fragen und Facetten, die zur Erklärung des Umgangs der Befragten mit Musik herangezogen werden können. Dies hatte sicher den Vorteil, einen breiten, stichprobenartigen Einblick in das Musikleben der Befragten zu erhalten, hatte aber den Nachteil, dass viele Informationen nicht noch tiefgehender und detaillierter nachgefragt werden konnten. In der Folge ergab sich eine Informationsbasis pro Befragter/Befragtem, die dazu dienen konnte, ein umfangreiches Bild des Umgangs mit Musik und der Beziehung zu Musik zu zeichnen, die jedoch nicht ausreichte, um die spezifische situative Auswahl von Musik und ihre Determinanten so zu beschreiben, dass Modifikationen der anfangs abgeleiteten Forschungsfragen und Hypothesen in einem größeren Ausmaß als vorgenommen möglich und legitim gewesen wären. Von daher war der Leitfaden mit Blick auf die folgenden Studien zu *unspezifisch*.

Auch war der *Umfang des Leitfadens* für die angesetzte Interviewzeit von maximal einer Stunde insgesamt zu lang. Dies führte dazu, dass die Fragen des Leitfadens in der Regel gewissenhaft abgearbeitet wurden, um sicherzustellen, dass alle Dimensionen des Leitfadens angesprochen werden würden. Es führte nicht dazu, dass einzelne Dimensionen punktuell und flexibel so lange abgearbeitet wurden, bis keine Fragen mehr offen waren. Insoweit blieb die Konzeptgenerierung nicht – wie sie in Kapitel

7.1 mit Bezug auf Lamnek (1995) eingefordert wurde – größtenteils in der Hand der Befragten, sondern in den Händen der Interviewer/-innen.

In der *Studie 2* wurden bei der Vorgabe der Stimmungszustände, die imaginiert werden sollten, *Vignetten* benutzt. Dabei wurden den Befragten pro Stimmungslage ein paar Assoziationen an die Hand gegeben, um die Vorstellungen in die von uns gewünschte Richtung zu lenken und um den Befragten die Vorstellungen zu erleichtern. Hierbei könnten zweierlei Irritationen entstanden sein: Zum einen waren die Beispiele für einzelne Befragte eventuell irreführend, wenn diese sich unter der entsprechenden Stimmung vielleicht etwas ganz anderes vorgestellt haben. So assoziieren viele mit Wut und Ärger vielleicht nicht Freunde, Lebenspartner/-innen oder den/die Vorgesetzte/-n. Zum anderen könnte die Vorgabe von Beispielassoziationen speziell im Fall der Stimmung ›Trauer und Melancholie‹ eventuell auch zu unerwünschten Erinnerungen und Gefühlen geführt haben. Dort fragten wir ja:»Stellen Sie sich einmal vor, Sie sind sehr traurig und melancholisch gestimmt (weil Sie z.B. einen geliebten Mensch verloren haben, Sie sich allein und verlassen fühlen oder Sie von einem Ihnen nahe stehenden Menschen sehr enttäuscht wurden). ...«

Für den Fall, dass die Befragten tatsächlich kürzlich einen geliebten Menschen verloren hätten oder sich allein und verlassen fühlten, wäre diese Vignette selbstverständlich recht unsensibel und ethisch fragwürdig eingesetzt gewesen. Ich würde solche Formulierungen bei meinem jetzigen Kenntnisstand nicht mehr gebrauchen und würde auf derartige Vignetten in Zukunft verzichten.

Ein weiterer Punkt, der kritisch hinterfragt werden muss, ist die *fehlende Wirkung des Treatments in Studie 3*. Woran hat es gelegen, dass nur so geringe Unterschiede in Bezug auf PA und NA zwischen den Gruppen zu verzeichnen waren? Der ursprüngliche Gedanke, das Treatment nicht an den Anfang des Versuchs zu stellen, lag darin begründet, die Proband/-innen nicht gleich ›ins kalte Wasser‹ zu werfen und sie mit allgemeineren Fragen zu Musikpräferenzen erst einmal ›warm‹ werden zu lassen. Diese Entscheidung war wahrscheinlich falsch, was die Umfänge der Selbsterfahrungsberichte verdeutlichen: Im Mittel wurden nur 98 Worte (SD = 54) geschrieben, was nicht besonders viel ist für einen Zeitraum von zehn Minuten, den die Proband/-innen zum Schreiben nutzen sollten.

Um zu überprüfen, ob tatsächlich ausschlaggebend war, dass die Proband/-innen nicht genug Zeit für die Beschäftigung mit den Selbster-

fahrungen und das Aufschreiben selbiger investierten, soll eine abschließende Auswertung vorgenommen werden. Dabei werden diejenigen
Proband/-innen, die sehr wenig aufgeschrieben haben, mit denen, die
sehr viel aufgeschrieben haben, im Hinblick darauf verglichen, wie gut
das Treatment zwischen den Experimentalgruppen trennte. Zu diesem
Zweck wurden Extremgruppen herangezogen: das erste Drittel der
Proband/-innen, das 73 Worte und weniger geschrieben hat, und das dritte Drittel der Proband/-innen, das 115 Worte und mehr geschrieben hat:

TABELLE 68
Vergleich von Wenig- und Vielschreibern: Positiver und negativer Affektzustand der vier Experimentalgruppen (n = 169)

	Glücklich M (SD)	Traurig M (SD)	Verärgert M (SD)	Ruhig M (SD)	Gesamt M (SD)
PA-Wenigschreiber	3,05 (0,78)	3,05 (1,06)	3,41 (0,91)	3,11 (0,65)	3,13 (0,87)
NA- Wenigschreiber	1,45 (0,43)	1,69 (1,00)	1,27 (0,28)	1,44 (0,70)	1,50 (0,73)
PA-Vielschreiber	3,33 (0,65)	2,73 (0,95)	3,20 (0,48)	3,28 (0,60)	3,12 (0,71)
NA- Vielschreiber	1,18 (0,32)	1,45 (0,42)	1,68 (0,80)	1,21 (0,25)	1,42 (0,56)

Tabelle 68 zeigt, dass das Treatment auf die Gruppe der Vielschreiber
tatsächlich eher in der gewünschten Weise gewirkt hat: Die Gruppe der
›Glücklichen‹ hätte einen hohen PA und einen eher niedrigen NA aufweisen müssen. Die Vielschreiber haben hier sowohl einen höheren PA (M =
3,33 vs. M = 3,05) als auch einen niedrigeren NA (M = 1,18 vs. M = 1,45). Die
Gruppe der ›Traurigen‹ hätte einen niedrigen PA und einen neutralen bis
leicht höheren NA aufweisen müssen. Die Vielschreiber verzeichnen hier
zumindest einen niedrigeren PA (M = 2,73 vs. M = 3,05). Die ›Verärgerten‹
sollten in jedem Fall einen hohen NA haben. Die Vielschreiber haben
tatsächlich einen höheren NA (M = 1,68 vs. M = 1,27). Und die ›Ruhigen‹
sollten vor allem einen niedrigen NA haben. Die Daten zeigen, dass die
Vielschreiber diesen niedrigeren NA (M = 1,21 vs. M = 1,44) aufweisen.
Obwohl selbst bei den Vielschreibern keine Unterschiede zwischen den
›Glücklichen‹ und den ›Ruhigen‹ erzielt werden konnten, weisen zumindest die ›Traurigen‹ und ›Verärgerten‹ differenzierte Stimmungsbilder
auf. Aus diesen Daten sollte zu erkennen sein, dass das Treatment hätte
klappen können, wenn die Proband/-innen sich tatsächlich ausgiebiger

mit ihren Selbsterfahrungen beschäftigt bzw. sie ausführlicher aufgeschrieben hätten.

Eine weitere Vermutung war, dass das Treatment bei denjenigen Proband/-innen besser wirkte, die älter und erfahrener waren, die also auf ein reichhaltigeres Repertoire an Erfahrungsschätzen zurückgreifen, deshalb über ›passendere‹ Selbsterfahrungen berichten und sich dadurch in einem stärkeren Maße in die betreffende Stimmung versetzen konnten. Auch diese Vermutung soll anhand eines Gruppenvergleiches zwischen Jugendlichen im Alter von 13 bis 29, Erwachsenen im Alter von 30 bis 49 und Erwachsenen im Alter von 50 Jahren und älter überprüft werden.

Tabelle 69 zeigt, dass die Vermutung sich nicht bestätigt: Bei der ältesten Gruppe konnte zwar beim Treatment ›glücklich‹ der höchste PA im Vergleich zu den beiden anderen Gruppen erzielt werden, jedoch hatte zum Beispiel die Gruppe der Jugendlichen den niedrigsten PA beim Treatment ›traurig‹ und den höchsten NA beim Treatment ›verärgert‹. Diese beiden Treatments wirkten also bei den Jugendlichen noch am vermeintlich besten. In jedem Fall kann aus den Daten nicht herausgelesen werden, dass die älteren Proband/-innen sich aufgrund ihrer größeren Lebenserfahrung besser per Selbsterfahrungsbericht in die betreffenden Stimmungen versetzt haben. Einzig die Länge des Berichts und damit die Länge und Intensität der mentalen Auseinandersetzung mit den Selbsterfahrungen war also entscheidend für die Wirkung des Treatments.

TABELLE 69
Vergleich von Altersgruppen: Positiver und negativer Affektzustand der vier Experimentalgruppen (n = 169)

	Glücklich M (SD)	Traurig M (SD)	Verärgert M (SD)	Ruhig M (SD)	Gesamt M (SD)
13-29 Jahre, PA	3,01 (0,78)	2,71 (0,78)	2,83 (0,67)	3,07 (0,64)	2,91 (0,72)
30-49 Jahre, PA	3,13 (0,60)	3,46 (0,76)	3,54 (0,69)	3,25 (0,38)	3,35 (0,62)
50+, PA	3,43 (0,79)	2,97 (1,05)	3,65 (0,68)	3,06 (0,85)	3,26 (0,90)
13-29 Jahre, NA	1,29 (0,37)	1,76 (0,90)	1,62 (0,77)	1,35 (0,31)	1,50 (0,65)
30-49 Jahre, NA	1,40 (0,42)	1,46 (0,62)	1,38 (0,50)	1,13 (0,23)	1,34 (0,47)
50+, NA	1,13 (0,14)	1,31 (0,44)	1,19 (0,22)	1,61 (0,91)	1,30 (0,48)

Diese Erkenntnisse sollten bei zukünftiger Erforschung von Stimmungsregulation durch Musikhören beachtet werden. Die Stimmungsmanipulation sollte an einer Stelle des Experiments erfolgen, an der man sicherstellen kann, dass alle Proband/-innen sich in ausreichendem Maße mit dem Stimulus beschäftigen. Ich würde bei einer Replikation der Studie 3 die Stimmungsmanipulation an den Anfang setzen und die Proband/-innen durch Anweisungen und Kontrollgänge dazu ›zwingen‹, sich zehn Minuten mit einem zurückliegenden Ereignis zu beschäftigen. Ob selbst bei diesem Vorgehen die Selbsterfahrungsberichte genug Varianz zwischen den Experimentalgruppen erzeugen, ist fraglich. Bei einer Replikation würde ich daher sogar auf alternative Stimuli der Stimmungsinduzierung wie beispielsweise emotionalisierte Fernsehbilder zurückgreifen.

Welche alternativen Studiendesigns und methodischen Zugänge bieten sich darüber hinaus an, um die Stimmungsregulation mittels Musik zu untersuchen? Wie in Kapitel 3 und 5 dargestellt wurde, wurden bereits Tagebuchstudien (z. B. WÜNSCH 1999) sowie Studien mit der Experience-Sampling-Methode (z. B. SLOBODA/O'NEILL/IVALDI 2001) in diesem Bereich vorgenommen. Beide methodischen Zugänge wurden aus Gründen einer vorgeblich höheren externen Validität der Daten eingeschlagen, da die Proband/-innen ihre Musiknutzung im Feld und unmittelbar bei oder nach der entsprechenden Nutzung dokumentieren können. Diese Zugänge sind meines Erachtens jedoch nicht geeignet, eine bessere Datenqualität zu erzeugen. Im Folgenden seien nur ein paar Argumente genannt: In beiden Fällen müssen die Forscher/-innen auf die Ehrlichkeit und Verlässlichkeit der Proband/-innen bauen. Sie können nicht überprüfen, ob die Proband/-innen tatsächlich Musik gehört haben, wenn sie es in ihren Aufzeichnungen dokumentieren. Auch der genaue Zeitpunkt, an dem die Angaben (im Tagebuch oder im Fragebogen) eingetragen wurden, kann mit entsprechenden Kontrollen nur annähernd überprüft werden. Die Tatsache, dass die Proband/-innen jedes Mal einen Tagebucheintrag machen müssen, wenn sie Musik hören, bringt sie unter Umständen vollständig davon ab, Musik zu hören. Zumindest wird durch Tagebuch und ›Pager‹ der alltägliche Umgang mit Musik in hohem Maße gestört, verändert und wahrscheinlich nicht weniger *kognitiv* ›gefärbt‹/verzerrt als die Daten aus den Studien dieser Arbeit, denn die Proband/-innen werden sich bei jedem Musiknutzungsvorgang in stärkerem Ausmaß kognitiv vergegenwärtigen, welche Musik sie hören, warum sie Musik hören und mit welchem Effekt sie Musik hören. Ein weiterer Nachteil der Experience-Sampling-Methode liegt überdies darin, dass zu den zufällig ausgewählten Zeitpunkten, an denen die ›Pager‹ aktiviert werden, nur eine Minderheit der Proband/-innen überhaupt Musik hört, sodass viele Erhebungsfälle für die Auswertung entfallen.

Insoweit würde ich methodische Zugänge, bei denen die Musikrezeption der Proband/-innen durch die Methode selbst nicht verändert wird, bevorzugen, auch wenn – wie im Fall der postrezeptiven Befragung – die Gefahr einer kognitiven Verzerrung besteht. Eine interessante Alternative könnten verdeckte Beobachtungen sein, die weder den Musikrezeptionsprozess der Proband/-innen beeinflussen noch durch die Kognitionen der Proband/-innen verzerrt wären. Jedoch ist es methodisch kaum umzusetzen, die alltägliche Musiknutzung von Menschen lückenlos zu beobachten, denn man müsste die Proband/-innen rund um die Uhr begleiten, ohne dass die Beobachtung auffällt. Ein weiteres Problem: Zwar könnte man per Beobachtung noch feststellen, welche Art von Musik von welchem Typ Mensch zu welchem Zeitpunkt gehört wird. Aber aus welchen Gründen die Musik gehört wird und mit welchen Wirkungen die Musikrezeption einhergeht, ist mit Hilfe einer Beobachtung nicht oder zumindest nur stark eingeschränkt zu ermitteln.

Daher sehe ich eine Kombination aus Befragungszugang, wie er größtenteils in dieser Arbeit umgesetzt wurde, und Experimentalzugang, wie er zum Beispiel in der Studie von Knobloch und Zillmann (2002) umgesetzt wurde, als den ergiebigsten Weg an. Diese Kombination von Methoden korrespondiert auch mit der Erkenntnis, dass stimmungsregulative Strategien von den Menschen teilweise bewusst, teilweise unbewusst eingesetzt werden. Denn die Befragung kann nur diejenigen Prozesse der Stimmungsregulation erfassen, die den Befragten bewusst sind. Im Rahmen eines Experiments können – wie es Studie 3 gezeigt hat – zwar auch Prozesse, die den Proband/-innen unter Umständen bewusst sind, ermittelt werden (z.B. Ziele des Musikhörens). Lässt man die Proband/-innen jedoch aus einem Angebot an Musik frei auswählen und schließt von der Art der Musikauswahl auf das Ziel des Musikhörens (nach dem Prinzip: Wer traurig ist und fröhliche Musik auswählt, will seine Stimmung verbessern), ohne die Proband/-innen zu befragen, dann geht man von unbewussten Prozessen der Musikauswahl und der Stimmungsregulation aus. Die Studienanlage dieser Arbeit legte insgesamt eher bewusste Prozesse zugrunde, da in allen Teilstudien die Rezeptionsmotive bzw. Ziele des Musikhörens abgefragt wurden.

Insofern könnte diese Arbeit fortgeführt werden, indem man Studie 3 repliziert, ohne die Ziele des Musikhörens abzufragen. Anschließend sollten die Daten und die Schlussfolgerungen beider Studien verglichen werden, um abschätzen zu können, wie stark die abgefragten Ziele des Musikhörens in Studie 3 dieser Arbeit kognitiv verzerrt waren. Die Replikationsstudie sollte es den Proband/-innen auch ermöglichen, tatsächlich Musik auszuwählen und zu hören und sie nicht nur imaginativ anhand eines Semantischen Differenzials zu beschreiben. Dies war sicher eine suboptimale Lösung in der Studie, die jedoch aus Zeit- und Kostengründen eingeschlagen werden musste. Ließe man die Proband/-innen real aus verschiedener Musik auswählen, sollte man ihnen nicht wie in der Studie von Knobloch und Zillmann nur acht verschiedene Optionen anbieten. Dies entspräche nicht einmal annähernd der realen Auswahl außerhalb eines Forschungslabors und würde daher mit einer geringen externen Validität (trotz einer tatsächlich vorgenommenen Musikauswahl) einhergehen. Auch wäre zu überlegen, ob man die Ausdrucksstimmung der ausgewählten Musik zuvor von einer anderen Stichprobe ›normen‹ oder von den Proband/-innen zu einem späteren Zeitpunkt (zum Beispiel anhand eines Semantischen Differenzials) individuell einstufen lässt. Ich würde für die zweite Variante plädieren, denn der musikalische Ausdruck von Musik kann interindividuell unterschiedlich wahrgenommen werden.

Eine weitere Fortentwicklung der Forschung in diesem Bereich wäre, Stimmungsregulation nicht nur als *Motiv* des Musikhörens, sondern auch verstärkt als *Wirkung* des Musikhörens zu begreifen und zu untersuchen. Denn die Wirkungsperspektive wurde – wie bereits in Kapitel 5 erläutert – bisher in den Studien selten berücksichtigt. Es bleibt zu prüfen, ob die Ziele des Musikhörens, die beispielsweise in Studie 2 und 3 in bestimmten Stimmungslagen angegeben wurden, sich tatsächlich verwirklichen lassen. Wenn zum Beispiel bei Trauer circa die Hälfte der Proband/-innen angibt, dass sie die Trauer stützen oder gar verstärken möchte, so ist es zumindest fraglich, ob es dieser Hälfte auch tatsächlich gelingt, diese Wirkung mit dem Musikhören zu erzielen. Die Diskrepanz zwischen Rezeptionsmotiven und Rezeptionswirkungen ist aus anderen Bereichen der Kommunikationswissenschaft bereits bekannt. So wollen zum Beispiel die meisten Personen auch mit Fernsehen ihre Stimmung verbessern. Tatsächlich gelingt dies aber nur einem geringen Teil (vgl. z.B. SCHMITZ/LEWANDROWSKI 1993; TASCHE/DONSBACH 1999).

Wollte man die Stimmungsregulation als *Wirkung* untersuchen, müsste man auf die Angabe von Rezeptionsmotiven und wahrscheinlich auch auf die Einstufung der Ausdrucksstimmung durch die Proband/-innen in der gleichen Studie verzichten, um Konfundierungen der Daten zu vermeiden. Denn eine Person, die traurig ist und angibt, ihre Stimmung verbessern zu wollen, wird aller Voraussicht nach in Bezug auf die eingetretene Wirkung konform antworten und behaupten, die Stimmung hätte sich tatsächlich verbessert. Selbst wenn die Person sich nur die Ausdrucksstimmung der Musik kognitiv vergegenwärtigen muss, besteht die Gefahr der Konfundierung. Die Person würde beispielsweise denken: Ich fühle mich traurig und habe nun angegeben, fröhliche Musik zu hören. Da muss meine Stimmung ja besser werden.

Eine weitere zentrale Frage, die sich im Zusammenhang mit Mood Management durch Musik stellt, ist, ob Stimmungen in einem anderen Ausmaß als Emotionen durch Musik reguliert werden können. In dieser Arbeit war stets die Rede von Stimmungen oder Stimmungslagen, die in Kapitel 3.1 den Emotionen theoretisch gegenübergestellt wurden. Ab wann eine Emotion in eine Stimmung übergeht und ob in dieser Arbeit durch die Art der Operationalisierung eigentlich Stimmungen oder Emotionen gemessen wurden, kann jedoch nicht zufrieden stellend beantwortet werden. Wenn durch eine Aufforderung, sich an ein bestimmtes Ereignis zu erinnern, ein bestimmtes Gefühl situativ wieder aktualisiert wird, ist dieses Gefühl dann nicht eher von kurzer Dauer, punktuell und durch ein spezifisches Ereignis verursacht? Dann wären in Studie 2 und 3 Emotionen und keine Stimmungen induziert worden. Stimmungen in einer Laborstudie zu manipulieren, wäre dann aber auch kaum möglich – es sei denn, man würde die Proband/-innen über einen längeren Zeitraum von mehreren Tagen schrittweise in eine bestimmte Stimmung versetzen. In jedem Fall sollten sich Unterschiede zwischen kurzfristigen starken Affekten (Emotionen) und längerfristigen schwächeren Affekten (Stimmungen) sowohl im Hinblick auf die Motive als auch die Wirkungen der Musikrezeption zeigen. Erste Hinweise darauf geben auch die Ergebnisse dieser Arbeit: So ist Wut /Ärger ein Affekt, der in der Regel punktuell auftritt – verursacht durch ein spezifisches Ereignis. Trauer und Melancholie entwickelt sich dagegen oft eher phasisch und längerfristig. Die Tatsache, dass sich in dieser Arbeit unterschiedliche Ergebnisse mit Blick auf diese beiden Affekte ergaben, könnte auch darin begründet liegen, dass der eine Affekt eher eine Emotion, der andere Affekt eher eine Stimmung darstellt.

In jedem Fall sieht sich die Forschung auf diesem Gebiet mit einer Vielzahl von Desideraten konfrontiert. Oder um es positiver zu formulieren: Die Forschung über Mood Management durch Musik steht vor vielen interessanten Herausforderungen, die in den nächsten Jahren angegangen werden könnten. Auch der in Kapitel 5 beschriebene kultur- und gesellschaftsspezifische Kontext von Musik und ihrer Nutzung sollte verstärkt bei der Forschung berücksichtigt werden. Interkulturelle Studien, geleitet durch interkulturell und interdisziplinär besetzte Forscher/-innen Teams, sind zukunftsweisend und daher in hohem Maße zu begrüßen. Die Stimmungsregulation durch Musik hat einen zu großen Stellenwert im Alltag der Menschen, als dass sich die Wissenschaft mit dem aktuellen Stand der Forschung begnügen könnte.

LITERATUR

ABELE-BREHM, A.; W. BREHM: Zur Konzeptualisierung und Messung von Befindlichkeit. In: *Diagnostica 32*, 1986, S. 209-228

ABELES, H. F.: Responses to music. In: HODGES, D. A. (Hrsg.): *Handbook of Music Psychology*. Kentucky [National Association for Music Therapy] 1980, S. 105-140

ADORNO, T. W.: *Einleitung in die Musiksoziologie. Zwölf theoretische Vorlesungen*. Frankfurt/M. [Suhrkamp] 1962

ALTROGGE, M.: Das Genre Musikvideos. Der Einfluß von Musik auf die Wahrnehmung der Bilder. Selektions- und Generalisierungsprozesse der Bildwahrnehmung in Videoclips. In: BOSSHART, L.; W. HOFFMANN-RIEM (Hrsg.): *Medienlust und Mediennutz. Unterhaltung als öffentliche Kommunikation*. München [Ölschläger] 1994, S. 196-214

ANAND, P.; B. STERNTHAL: *The persuasive impact of music in advertising*. Chicago [Northwestern University] 1984

ANDERSON, D. R.; P. A. COLLINS; K. L. SCHMITT; R. S. JACOBVITZ: Stressful life events and television viewing. In: *Communication Research 23*, 1996, S. 243-260

ARBEITSGEMEINSCHAFT DER ARD-WERBEGESELLSCHAFTEN (Hrsg.): *Media Perspektiven Basisdaten. Daten zur Mediensituation in Deutschland 1999*. Frankfurt/M. [Arbeitsgemeinschaft der ARD-Werbegesellschaften] 1999

ARBEITSGEMEINSCHAFT DER ARD-WERBEGESELLSCHAFTEN (Hrsg.): *Media Perspektiven Basisdaten. Daten zur Mediensituation in Deutschland 2004*. Frankfurt/M. [Arbeitsgemeinschaft der ARD-Werbegesellschaften] 2004

BARTH, C.; T. MÜNCH: Webradios in der Phase der Etablierung. Angebote, Nutzung und Inhalte des Hörfunks im Internet. In: *Media Perspektiven*, 1, 2001, S. 43-50

BARWISE, P.; A. EHRENBERG: *Television and its audience*. London [Sage] 1988

BASTIAN, H. G.: *Jugend am Instrument*. Mainz [Schott] 1991

BEHNE, K.-E.: Befindlichkeit und Zufriedenheit als Determinanten situativer Musikpräferenzen. In: *Jahrbuch Musikpsychologie 1*, 1984, S. 7-21

BEHNE, K.-E.: Die Benutzung von Musik. In: *Jahrbuch Musikpsychologie 3*, 1986a, S. 11-31

BEHNE, K.-E.: Hörertypologien. *Zur Psychologie des jugendlichen Musikgeschmacks*. Regensburg [Bosse] 1986b

BEHNE, K.-E.: Musik im Fernsehen – Leiden oder Lernen? Auditives und audiovisuelles Musikerleben im experimentellen Vergleich. In: *Rundfunk und Fernsehen 38*, 1990, S. 222-241

BEHNE, K.-E.: Musikpräferenzen und Musikgeschmack. In: BRUHN, H.; R. OERTER; H. RÖSING (Hrsg.): *Musikpsychologie: Ein Handbuch*. Reinbek bei Hamburg [Rowohlt] 1993a, S. 339-353

BEHNE, K.-E.: Wirkungen von Musik. In: *Musik und Unterricht 4*, 18, 1993b, S. 4-9

BEHNE, K.-E.: Vom Nutzen der Musik. In: *Musikforum 31*, 83, 1995a, S. 27-39

BEHNE, K.-E.: Wirkungen von Musik. In: HELMS, S.; R. SCHNEIDER; R. WEBER (Hrsg.): *Kompendium der Musikpädagogik*. Kassel [Bosse] 1995b, S. 333-348

BEHNE, K.-E.: The development of ›Musikerleben‹ in adolescence: How and why young people listen to music. In: DELIÈGE, I.; J. SLOBODA (Hrsg.): *Perception and cognition of music*. East Sussex [Psychology Press] 1997, S. 143-159

BEHNE, K.-E.: Zu einer Theorie der Wirkungslosigkeit von (Hintergrund-) Musik. In: *Jahrbuch Musikpsychologie 14*, 1999, S. 7-23

BEHNE, K.-E.: Musik-Erleben: Abnutzung durch Überangebot? Eine Analyse empirischer Studien zum Musikhören Jugendlicher. In: *Media Perspektiven*, 3, 2001, S. 142-148

BEHNE, K.-E.: Interview mit Prof. Dr. Klaus-Ernst Behne, Präsident der Hochschule für Musik und Theater Hannover und Mitbegründer der Musikpsychologie in Deutschland. In: *Zeitschrift für Medienpsychologie 14*, 1, 2002, S. 44-45

BEHNE, K.-E.; R. MÜLLER: Rezeption von Videoclips – Musikrezeption. Eine vergleichende Pilotstudie zur musikalischen Sozialisation. In: *Rundfunk und Fernsehen 44*, 1996, S. 365-380

BEM, D. J.: Self-perception theory. In: FESTINGER, L. (Hrsg.): *Advances in experimental social psychology* (Band 5). New York [Academic Press] 1972, S. 1-62

BERLYNE, D. E. (Hrsg.): *Studies in the new experimental aesthetics*. Washington [Hemisphere] 1974

BONFADELLI, H.: Die Jugendmedien Schallplatte und Cassette. Besitz, Nutzung, Präferenzen und Funktionen. In: *Medien & Erziehung 24*, 5, 1980, S. 284-290

BONFADELLI, H.: *Jugend und Medien*. Frankfurt/M. [Metzner] 1986

BONFADELLI, H.: *Medienwirkungsforschung I. Grundlagen und theoretische Perspektiven*. Konstanz [UVK] 1999

BORKENAU, P.; F. OSTENDORF: Ein Fragebogen zur Erfassung fünf robuster Persönlichkeitsfaktoren. In: *Diagnostica 37*, 1991, S. 29-41

BORKENAU, P.; F. OSTENDORF: NEO-*Fünf-Faktoren Inventar (NEO-FFI) nach Costa und McCrae. Handanweisung*. Göttingen [Hogrefe] 1993

BORTZ, J.: *Statistik für Sozialwissenschaftler* (4. Auflage). Berlin [Springer] 1993

BORTZ, J.; N. DÖRING: *Forschungsmethoden und Evaluation*. Heidelberg [Springer] 1995

BOURDIEU, P.: *Die feinen Unterschiede*. Frankfurt/M. [Suhrkamp] 1982

BOYANOWSKY, E. O.; D. NEWTSON; E. WALSTER: Film preferences following a murder. In: *Communication Research 1*, 1974, S. 32-43

BRANDL, R. M.; H. RÖSING: Musikkulturen im Vergleich. In: BRUHN, H.; R. OERTER; H. RÖSING (Hrsg.): *Musikpsychologie: Ein Handbuch*. Reinbek bei Hamburg [Rowohlt] 1993, S. 57-74

BROSIUS, H.-B.; H. M. KEPPLINGER: Der Einfluß von Musik auf die Wahrnehmung und Interpretation einer symbolisierten Filmhandlung. In: *Rundfunk und Fernsehen 39*, 1991, S. 487-505

BRYANT, J.; D. ZILLMANN: Using television to alleviate boredom and stress: Selective exposure as a function of induced excitational states. In: *Journal of Broadcasting 28*, 1, 1984, S. 1-20

BUCK, R.: Emotional communication in personal relationships: A developmental-interactionist view. In: HENDRICK, C. D. (Hrsg.): *Close Relationships* (Review of Personality and Social Psychology, Band 10). Newbury Park [Sage] 1989, S. 144-163

BULLERJAHN, C.: *Grundlagen der Wirkung von Filmmusik*. Augsburg [Wissner] 2001

BUNDESVERBAND DER PHONOGRAPHISCHEN WIRTSCHAFT (Hrsg.): *Phonographische Wirtschaft Jahrbuch 2002*. Starnberg [Keller] 2002

BUNDESVERBAND DER PHONOGRAPHISCHEN WIRTSCHAFT (Hrsg.): *Phonographische Wirtschaft Jahrbuch 2004*. Starnberg [Keller] 2004

CAPURSO, A.: *Music and your emotions. A practical guide to music selections associated with desired emotional responses.* New York [Liveright] 1952

CHARLTON, M.; M. BORCSA: Thematische Voreingenommenheit, Involvement und Formen der Identifikation: Diskussion eines Modells für das aktive Zuschauerhandeln anhand eines empirischen Beispiels. In: CHARLTON, M.; S. SCHNEIDER (Hrsg.): *Rezeptionsforschung. Theorien und Untersuchungen zum Rezeptionsprozeß.* Opladen [Westdeutscher Verlag] 1997, S. 254-267

CHRISTENSON, P. G.; J. B. PETERSON: Genre and gender in the structure of music preference. In: *Communication Research 15*, 1988, S. 282-301

CLEMENS, M.: Attribution und Musikrezeption: Der Hörer als ›naiver‹ Musikpsychologe. In: *Jahrbuch Musikpsychologie 2*, 1985, S. 125-138

COSTA, P. T.; R. R. MCCRAE: *NEO PI/FFI manual supplement.* Odessa [Psychological Assessment Resources] 1989

DENORA, T.: Music as a technology of the self. In: *Poetics 27*, 1999, S. 31-56

DENORA, T.: *Music in everyday life.* Cambridge [Cambridge University Press] 2000

DIAZ-BONE, R.: *Kulturwelt, Diskurs und Lebensstil. Eine diskurstheoretische Erweiterung der bourdieuschen Distinktionstheorie.* Opladen [Leske + Budrich] 2002

DIGMAN, J. M.: Personality structure: Emergence of the Five-Factor Model. In: *Annual Review Psychology 41*, 1990, S. 417-440

DOLLASE, R.: Musikpräferenzen und Musikgeschmack Jugendlicher. In: BAACKE, D. (Hrsg.): *Handbuch Jugend und Musik.* Opladen [Leske + Budrich] 1997, S. 341-368

DONSBACH, W.; K. TASCHE: *When mood management fails: A field study on the relationship between daily events, mood, and television viewing.* Vortrag auf der ICA-Konferenz, San Francisco, Mai 1999

DREWES, R.; G. SCHEMION: Lernen bei Musik: Hilfe oder Störung? Eine experimentalpsychologische Analyse einer pädagogisch-psychologischen Kontroverse. In: *Jahrbuch Musikpsychologie 8*, 1992, S. 46-66

EBBECKE, K.; P. LÜSCHPER: *Rockmusik-Szene intern. Fakten und Anmerkungen zum Musikleben einer industriellen Großstadt.* Stuttgart [Marohl] 1987

ECKE, J.-O.: *Motive der Hörfunknutzung.* Nürnberg [Verlag der Kommunikationswissenschaftlichen Forschungsvereinigung] 1991

ECKHARDT, J.: Musik im Hörfunk: Für wen? In: *Rundfunk und Fernsehen 34*, 1986, S. 87-103

EHLERS, R.: Musik im Alltagsleben. Ergebnisse einer Studie im Auftrag des Süddeutschen Rundfunks. In: KAASE, M.; W. SCHULZ (Hrsg.): *Mas-*

senkommunikation. Theorien, Methoden, Befunde. Opladen [Westdeutscher Verlag] 1989, S. 379-391

EKMAN, P. (Hrsg.): *Emotion in the human face*. Cambridge [Cambridge University Press] 1982

ERBER, R.; D. M. WEGNER; N. THERRIAULT: On being cool and collected: Mood regulation in anticipation of social interaction. In: *Journal of Personality and Social Psychology 70*, 1996, S. 757-766

FEIERABEND, S.; W. KLINGLER: Medien- und Themeninteressen Jugendlicher. Ergebnisse der JIM-Studie 2001 zum Medienumgang Zwölf- bis 19-Jähriger. In: *Media Perspektiven*, 1, 2002, S. 9-21

FEIERABEND, S.; W. KLINGLER: Medienverhalten Jugendlicher in Deutschland. Fünf Jahre JIM-Studie Jugend, Information, (Multi-)Media. In: *Media Perspektiven*, 10, 2003, S. 450-462

FELDMAN BARRETT, L.; J. A. RUSSELL: Independence and bipolarity in the structure of affect. In: *Journal of Personality and Social Psychology 74*, 1998, S. 967-984

FESTINGER, L.: A theory of social comparison processes. In: *Human Relations 7*, 1954, S. 117-140

FINNÄS, L.: Do young people misjudge each others' musical taste? In: *Psychology of Music 15*, 2, 1987, S. 152-166

FLATH-BECKER, S.: *Musikpräferenzen in Situationen psychischer Anspannung* (Schriften zur Musikpsychologie und Musikästhetik, Band 2). Frankfurt/M. [Lang] 1987

FLATH-BECKER, S.; V. KONECNI: Der Einfluß von Streß auf die Vorlieben für Musik. In: *Jahrbuch Musikpsychologie 1*, 1984, S. 23-52

FÖRSTER, T.; B. JARMUS; C. WÜNSCH: *Stimmungsregulation durch Musik: Der Versuch, eine Gleichung mit vielen Unbekannten zu lösen*. Unveröffentlichte Seminararbeit am Institut für Kommunikationswissenschaft [Technische Universität Dresden] 1998

GABRIELSSON, A.; E. LINDSTRÖM: The influence of musical structure on emotional expression. In: JUSLIN, P. N.; J. A. SLOBODA (Hrsg.): *Music and emotion: Theory and research*. New York [Oxford University Press] 2001, S. 223-248

GEBESMAIR, A.: *Grundzüge einer Soziologie des Musikgeschmacks*. Wiesbaden [Westdeutscher Verlag] 2001

GEMBRIS, H.: Psychovegetative Aspekte des Musikhörens. In: *Zeitschrift für Musikpädagogik*, 4, 1977, S. 59-65

GEMBRIS, H.: *Musikhören und Entspannung. Theoretische und experimentelle*

Untersuchungen über den Zusammenhang zwischen situativen Bedingungen und Effekten des Musikhörens. Hamburg [Wagner] 1985

GEMBRIS, H.: Situationsbezogene Präferenzen und erwünschte Wirkungen von Musik. In: *Jahrbuch Musikpsychologie 7*, 1990, S. 73-95

GEMBRIS, H.: 100 Jahre musikalische Rezeptionsforschung. Ein Rückblick in die Zukunft. In: *Jahrbuch Musikpsychologie 14*, 1999, S. 24-41

GERBERT, F.: Die geheime Macht der Musik. Entspannen, aufputschen, Kreativität steigern: Psycho-Tuning, die gezielte Selbstbeeinflussung aus dem Lautsprecher, kommt in Mode. In: *Focus*, 32, 3. August 1998, S. 124-132

GFELLER, K.; E. ASMUS; M. ECKERT: An investigation of emotional response to music and text. In: *Psychology of Music 19*, 1991, S. 128-141

GIBSON, R.; C. F. AUST; D. ZILLMANN: Loneliness of Adolescents and Their Choice and Enjoyment of Love-Celebrating Versus Love-Lamenting Popular Music. In: *Empirical Studies of the Arts 18*, 1, 2000, S. 43-48

GLEICH, U.: Hörfunkforschung in der Bundesrepublik. Methodischer Überblick, Defizite und Perspektiven. In: *Media Perspektiven*, 11, 1995, S. 554-561

GOLDHAMMER, K.: *Formatradio in Deutschland. Konzepte, Techniken und Hintergründe der Programmgestaltung von Hörfunkstationen.* Berlin [Vistas] 1995

GOODHARDT, G. J.; A. S. C. EHRENBERG; M. A. COLLINS: *The Television Audience. Patterns of Viewing* (2. Auflage). Aldershot [Gower] 1987

GORN, G. J.: The effects of music in advertising on choice behaviour: A classical conditioning approach. In: *Journal of Marketing 46*, 1982, S. 94-101

GREESON, L. E.; R. A. WILLIAMS: Social implications of music videos for youth. In: *Youth and Society 18*, 1986, S. 177-189

GUSHURST, W.: *Popmusik im Radio. Musik-Programmgestaltung und Analysen des Tagesprogramms der deutschen Servicewellen 1975 - 1995.* Baden-Baden [Nomos] 2000

HAAS, M. H.; U. FRIGGE; G. ZIMMER: *Radio Management. Ein Handbuch für Radio-Journalisten.* München [Ölschläger] 1991

HAFEN, R.: Rockmusik-Rezeption in Live-Konzerten. In: BAACKE, D. (Hrsg.): *Handbuch Jugend und Musik.* Opladen [Leske + Budrich] 1997, S. 369-380

HANSEN, C. H.; R. D. HANSEN: The influence of sex and violence on the appeal of rock music videos. In: *Communication Research 17*, 2, 1990, S. 212-234

HANSEN, C. H.; R. D. HANSEN: Music and Music Videos. In: ZILLMANN, D.; P. VORDERER (Hrsg.): *Media entertainment: The psychology of its appeal.* Mahwah [Erlbaum] 2000, S. 175-196

HEISTER, H.-W.: Stellenwert der Musik im gesellschaftlichen System. In: BRUHN, H.; R. OERTER; H. RÖSING (Hrsg.): *Musikpsychologie: Ein Handbuch*. Reinbek bei Hamburg [Rowohlt] 1993, S. 103-112

HENNING, B.; P. VORDERER: Psychological escapism: Predicting the amount of television viewing by need for cognition. In: *Journal of Communication 51*, 2001, S. 100-120

HOFFMANN, D.; K. BOEHNKE; T. MÜNCH; F. GÜFFENS: Radiohörertypen und Entwicklungsbedarf. Hörfunknutzung im Kontext jugendlicher Entwicklung. In: *Medienpsychologie 10*, 2, 1998, S. 131-148

HOLBROOK, M. B.; R. M. SCHINDLER: Some exploratory findings on the development of musical tastes. In: *Journal of Consumer Research 16*, 1989, S. 119-124

HORTON, D.; R. R. WOHL: Mass communication and para-social interaction: Observation on intimacy at a distance. In: *Psychiatry 19*, 1956, S. 185-206

JAUK, W.: Die Veränderung des emotionalen Empfindens von Musik durch audiovisuelle Präsentation. In: *Jahrbuch Musikpsychologie 11*, 1995, S. 29-51

JOHNSON, J. J.; L. A. JACKSON; L. GATTO: Violent attitudes and deferred academic aspirations: Deleterious effects of exposure to rap music. In: *Basic and Applied Social Psychology 16*, 1995, S. 27-41

KAFITZ, W.: *Der Einfluß der musikalischen Stimulierung auf die Werbewirkung – eine experimentelle Untersuchung*. Saarbrücken [Universität des Saarlandes] 1977

KARRER, U.: Entspannung durch Musik-Entspannungskassetten? Physiologische Befunde und ihre Aussage. In: *Jahrbuch Musikpsychologie 14*, 1999, S. 42-51

KATZ, E.; D. FOULKES: On the use of mass media for escape: Clarification of a concept. In: *Public Opinion Quarterly 26*, 1962, S. 377-388

KELLER, M.: *Affektive Dimensionen der Hörfunknutzung*. Nürnberg [Verlag der Kommunikationswissenschaftlichen Forschungsvereinigung] 1992

KEPPLINGER, H. M.: Die Grenzen des Wirkungsbegriffs. In: *Publizistik 27*, 1982, S. 98-113

KLEINGINNA, P. R.; A. M. KLEINGINNA: A categorized list of emotion definitions, with suggestions for a consensual definition. In: THOMAE, H. (Hrsg.): *Motivation und Emotion* (Band 1: Theorien und Formen der Motivation). Göttingen [Hogrefe] 1981, S. 345-355

KLINGLER, W.; D. K. MÜLLER: MA 2004 Radio II: Hörfunk behauptet Stärke. Aktuelle Daten zur Hörfunknutzung in Deutschland. In: *Media Perspektiven*, 9, 2004, S. 410-420

KNOBLOCH, S.: Mood adjustment via mass communication. In: *Journal of Communication 53*, 2003, S. 233-250

KNOBLOCH, S.; P. VORDERER; D. ZILLMANN: Musikgeschmack und Freundschaft unter Jugendlichen. In: *Zeitschrift für Sozialpsychologie 31*, 1, 2000, S. 18-30

KNOBLOCH, S.; K. WEISBACH; D. ZILLMANN: Love lamentation in pop songs: Music for unhappy lovers? In: *Zeitschrift für Medienpsychologie 16*, 2004, S. 116-124

KNOBLOCH, S.; D. ZILLMANN: Mood management via the digital jukebox. In: *Journal of Communication 52*, 2002, S. 351-366

KONECNI, V. J.: Determinants of aesthetic preference and effects of exposure to aesthetic stimuli: Social, emotional, and cognitive factors. In: *Progress in Experimental Personality Research 9*, 1979, S. 149-197

KONECNI, V. J.: Social interaction and musical preference. In: DEUTSCH, D. (Hrsg.): *The psychology of music*. New York/London [Academic Press] 1982, S. 497-516

KROHNE, H. W.; B. EGLOFF; C.-W. KOHLMANN; A. TAUSCH: Untersuchungen mit einer deutschen Version der »Positive and Negative Affect Schedule« (PANAS). In: *Diagnostica 42*, 2, 1996, S. 139-156

KUBEY, R. W.; M. CSIKSZENTMIHALYI: *Television and the quality of life: How viewing shapes everyday experience*. Hillsdale [Erlbaum] 1990

KUNZ, S.: *Musik am Arbeitsplatz*. Wien [Doblinger] 1991

LAIRD, J. D.: Self-attribution of emotion. The effects of expressive behavior on the quality of emotional experience. In: *Journal of Personality and Social Psychology 29*, 1974, S. 473-486

LAMNEK, S.: *Qualitative Sozialforschung. Band 2: Methoden und Techniken* (3., korrigierte Aufl.). Weinheim [Beltz, Psychologie Verlags Union] 1995

LEHMANN, A. C.: *Habituelle und situative Rezeptionsweisen beim Musikhören. Eine einstellungstheoretische Untersuchung*. Frankfurt/M. [Lang] 1994

LEHMANN, A. C.: Research Note: Affektive Responses to Everyday Life Events and Music Listening. In: *Psychology of Music 25*, 1997, S. 84-90

LEVY, M. R.; S. WINDAHL: The concept of Audience Activity. In: ROSENGREN, K. E.; L. A. WENNER; P. PALMGREEN (Hrsg.): *Media gratifications research: Current perspectives*. Beverly Hills [Sage] 1985, S. 109-122

LISSA, Z.: Zur Theorie der musikalischen Rezeption. In: LISSA, Z. (Hrsg.): *Neue Aufsätze zur Musikästhetik*. Wilhelmshaven [Heinrichshofen] 1975, S. 111-132

LITLE, P.; M. ZUCKERMAN: Sensation seeking and music preferences. In: *Personality and Individual Differences 7*, 4, 1986, S. 575-578

MACFARLAND, D. T.: *Future radio programming strategies: cultivating listenership in the digital age*. Mahwah [Erlbaum] 1997

MACHLIS, J.; K. FORNEY: *The enjoyment of music: An introduction to perceptive listening* (6. Auflage). New York [W. W. Norton] 1990

MARES, M. L.; J. CANTOR: Elderly viewers' responses to televised portrayals of old age : Empathy and mood management versus social comparison. In: *Communication Research 19*, 1992, S. 459-478

MAYER, J. D.; Y. N. GASCHKE: The experience and meta-experience of mood. In: *Journal of Personality and Social Psychology 55*, 1988, S. 102-111

MAYER, J. D.; A. A. STEVENS: An emerging understanding of the reflective (meta-)experience of mood. In: *Journal of Research in Personality 28*, 1994, S. 351-373

MAYR, J.; H. PÜRMAYR: Einige Zusammenhänge zwischen Persönlichkeitsstruktur und Musikpräferenz bei Schülern. In: *Musikerziehung 38*, 1985, S. 106-110

MCQUAIL, D.: *Mass Communication Theory. An Introduction*. London [Sage] 1983

MCQUAIL, D.: With the benefit of hindsight: Reflections on uses and gratifications research. In: *Critical Studies in Mass Communication 1*, 1984, S. 177-193

MEADOWCROFT, J. M.; D. ZILLMANN: Women's comedy preferences during the menstrual cycle. In: *Communication Research 14*, 1987, S. 204-218

MEYEN, M.: *Mediennutzung: Mediaforschung, Medienfunktionen, Nutzungsmuster*. Konstanz [UVK] 2001

MICHELS, U.: *dtv-Atlas zur Musik* (Band 2). München [dtv] 1991

MILES, E.: *Tune your brain. Using music to manage your mind, body, and mood*. New York [Berkley] 1997

MORRIS, W. N.: *Mood. The frame of mind*. New York [Springer] 1989

MORRIS, W. N.: A functional analysis of the role of mood in affective systems. In: CLARK, M. S. (Hrsg.): *Emotion* (Review of Personality and Social Psychology, Band 13). Newbury Park [Sage] 1992, S. 256-293

MORRIS, W. N.; N. P. REILLY: Toward the self-regulation of mood: Theory and research. In: *Motivation and Emotion 11*, 1987, S. 215-249

MOTTE-HABER, H. DE LA; G. RÖTTER: *Musikhören beim Autofahren: Acht Forschungsberichte*. Frankfurt/M. [Lang] 1990

MOTTE-HABER, H. DE LA: *Handbuch der Musikpsychologie* (2., erg. Aufl. mit

Beiträgen von Reinhard Kopiez und Günther Rötter). Laaber [Laaber-Verlag] 1996

MÜLLER, R.: Musikalische Rezeptionsstrategien und Differenziertheit des musikalischen Urteils in verschiedenen sozialen Situationen. In: *Jahrbuch Musikpsychologie 7*, 1990, S. 129-146

MÜNCH, T.: Musikgestaltung für massenattraktive Hörfunkprogramme – Zwischen Möglichkeit und Wirklichkeit. In: *Rundfunk und Geschichte. Mitteilungen des Studienkreises 20*, 2/3, 1994, S. 99-106

MÜNCH, T.: 24 Stunden in 3 Minuten? Computergestützte Musikprogrammerstellung im Radio der 90er Jahre. In: ENDERS, B.; N. KNOLLE (Hrsg.): *Neue Musiktechnologien III*. Mainz [Schott] 1998, S. 399-414

NEU, S.; A. BUCHHOLZ: Musik-Computer. In: LAROCHE, W.; A. BUCHHOLZ (Hrsg.): *Radio-Journalismus. Ein Handbuch für Ausbildung und Praxis im Hörfunk*. München [List] 1991, S. 226-230

NITSCH, J.: Die Eigenzustandsskala. Ein Verfahren zur hierarchisch-mehrdimensionalen Befindlichkeitsskalierung. In: NITSCH, J.; J. UDRIS (Hrsg.): *Beanspruchung im Sport*. Bad Homburg [Limpert] 1976, S. 81-102

NORTH, A. C.; D. J. HARGREAVES: The effects of music on responses to a dining area. In: *Journal of Environmental Psychology 16*, 1996a, S. 55-64

NORTH, A. C.; D. J. HARGREAVES: Situational influences on reported musical preference. In: *Psychomusicology 15*, 1996b, S. 30-45

NORTH, A. C.; D. J. HARGREAVES: Music and consumer behaviour. In: HARGREAVES, D. J.; A. C. NORTH (Hrsg.): *The Social Psychology of Music*. Oxford [Oxford University Press] 1997, S. 268-289

NORTH, A. C.; D. J. HARGREAVES: The effect of music on atmosphere and purchase intentions in a cafeteria. In: *Journal of Applied Social Psychology 28*, 24, 1998, S. 2254-2273

NORTH, A. C.; D. J. HARGREAVES: Musical preferences during and after relaxation and exercise. In: *American Journal of Psychology 113*, 1, 2000, S. 43-67

OATLEY, K.; A. KERR: Memories prompted by emotions – emotions attached to memories: Studies of depression and of reading fiction. In: *Journal of The American Academy of Psychoanalysis 27*, 4, 1999, S. 659-671

OLIVER, M. B.: Exploring the paradox of the enjoyment of sad films. In: *Human communication research 3*, 1993, S. 315-342

OLIVER, M. B.: The respondent gender gap. In: ZILLMANN, D.; P. VORDERER (Hrsg.): *Media entertainment: The psychology of its appeal*. Mahwah [Erlbaum] 2000, S. 215-234

OLIVER, M. B.: Mood management and selective exposure. In: BRYANT, J.;

D. ROSKOS-EWOLDSEN; J. CANTOR (Hrsg.): *Communication and emotion: Essays in Honor of Dolf Zillmann.* Mahwah [Erlbaum] 2003, S. 85-106

OLIVER, M. B.; J. B. WEAVER; S. SARGENT: An examination of factors related to sex differences in enjoyment of sad films. In: *Journal of Broadcasting & Electronic Media 44,* 2000, S. 282-300

O'NEAL, E. C.; S. L. TAYLOR: Status of the provoker, opportunity to retaliate, and interest in video violence. In: *Aggressive Behaviour 15,* 1989, S. 171-180

OSGOOD, C.; G. SUCI; P. TANNENBAUM: *The measurement of meaning.* Urbana [University of Illinois Press] 1957

PALMGREEN, P.; J. D. RAYBURN: Uses and Gratifications and Exposure to Public Television. In: *Communication Research 6,* 2, 1979, S. 155-179

PALMGREEN, P.; L. A. WENNER; K. E. ROSENGREN: Uses and gratifications research: The past ten years. In: ROSENGREN, K. E.; L. A. WENNER; P. PALMGREEN (Hrsg.): *Media gratifications research: Current perspectives.* Beverly Hills [Sage] 1985, S. 11-37

PARK, C. W.; S. M. YOUNG: Consumer response to television commercials: The impact of involvement and background music on brand attitude formation. In: *Journal Marketing Research 23,* 1986, S. 11-24

PARKER, E. S.: *Adolescent musical preference and key aspects of personality.* Garden City [Adelphi University] 1986

PARKINSON, B.: Interrogating emotions: A dyadic task for exploring the common sense of feeling states. In: *European Journal of Social Psychology 60,* 1990, S. 327-334

PARKINSON, B.; P. TOTTERDELL; R. B. BRINER; S. REYNOLDS: *Stimmungen. Struktur, Dynamik und Beeinflussungsmöglichkeiten eines psychologischen Phänomens.* Stuttgart [Klett-Cotta] 2000

PEKRUN, R.: Musik und Emotion. In: BRUHN, H.; R. OERTER; H. RÖSING (Hrsg.): *Musikpsychologie. Ein Handbuch in Schlüsselbegriffen.* München [Urban & Schwarzenberg] 1985, S. 180-188

PEKRUN, R.; H. BRUHN: *Emotion und Kognition. Einflüsse der Stimmungslage auf das Musikerleben.* München [Universität München] 1986

PETERS, L.: *Von Welle zu Welle. Umschalten beim Radiohören.* Berlin [Vistas] 2003

PETERSON, D. L.; K. PFOST: Influence of rock videos on attitudes of violence against women. In: *Psychological Reports 64,* 1989, S. 319-322

RADIO MARKETING SERVICE: Psychologische Untersuchung zur Motivation des Radiohörens. In: *Hear und heute,* 14, 1995, S. 6-13

RAUHE, H.: *Popularität in der Musik. Interdisziplinäre Aspekte musikalischer Kommunikation.* Karlsruhe [Braun] 1974

RAUHE, H.: Rezeptionspsychologischer Aspekt: Kategoriale Erfassung musikalischer Hörvorgänge durch Entwicklung korrespondierender Rezeptionskategorien und Analysen ihrer Bedingungszusammenhänge. In: RAUHE, H.; H.-P. REINECKE; W. RIBKE (Hrsg.): *Hören und Verstehen. Theorie und Praxis handlungsorientierten Musikunterrichts.* München [Kösel] 1975, S. 137-145

RIGG, M. G.: Die Stimmungseffekte von Musik: Ein Vergleich der Daten von vier Forschern. In: RÖSING, H. (Hrsg.): *Rezeptionsforschung in der Musikwissenschaft.* Darmstadt [Wissenschaftliche Buchgesellschaft] 1983, S. 226-242 (Original aus dem Jahr 1964: The mood effects of music: A comparison of data from four investigators. In: *Journal of Psychology 58*, S. 427-438.)

ROSENGREN, K. E.; L. A. WENNER; P. PALMGREEN (Hrsg.): *Media gratifications research: Current perspectives.* Beverly Hills [Sage] 1985

RÖSING, H.: Grundzüge musikalischen Hörens und psychische Wirkungen funktioneller Musik. In: KLEINEN, G.; W. KLÜPPELHOLZ; W. D. LUGERT (Hrsg.): *Musik im Alltag.* Düsseldorf [Schwann] 1985, S. 39-56

RÖSING, H.: Musik als Lebenshilfe? Funktionen und Alltagskontexte. In: LIPP, W. (Hrsg.): *Gesellschaft und Musik. Wege zur Musiksoziologie.* Berlin [Duncker & Humblot] 1992, S. 311-331

RÖSING, H.: Musik im Alltag. In: BRUHN, H.; R. OERTER; H. RÖSING (Hrsg.): *Musikpsychologie: Ein Handbuch.* Reinbek bei Hamburg [Rowohlt] 1993a, S. 113-130

RÖSING, H.: Musik und Emotion. In: BRUHN, H.; R. OERTER; H. RÖSING (Hrsg.): *Musikpsychologie: Ein Handbuch.* Reinbek bei Hamburg [Rowohlt] 1993b, S. 579-588

RÖSING, H.: Sonderfall Abendland. In: BRUHN, H.; R. OERTER; H. RÖSING (Hrsg.): *Musikpsychologie: Ein Handbuch.* Reinbek bei Hamburg [Rowohlt] 1993c, S. 74-86

RÖSING, H.: Aspekte der Rezeption von populärer Musik. In: RÖSING, H. (Hrsg.): *Grundlagen Theorien Perspektiven* (Beiträge zur Popularmusikforschung, Band 14). Baden-Baden [CODA-Musikservice] 1994, S. 63-79

RÖSING, H.; A. BARBER-KERSOVAN: Konzertbezogene Verhaltensrituale. In: BRUHN, H.; R. OERTER; H. RÖSING (Hrsg.): *Musikpsychologie: Ein Handbuch.* Reinbek bei Hamburg [Rowohlt] 1993, S. 136-147

RÖSING, H.; H. BRUHN: Geschichte der Musikpsychologie. In: BRUHN, H.;

R. OERTER; H. RÖSING (Hrsg.): *Musikpsychologie: Ein Handbuch*. Reinbek bei Hamburg [Rowohlt] 1993, S. 21-39

RÖSING, H.; T. MÜNCH: Hörfunk. In: BRUHN, H.; R. OERTER; H. RÖSING (Hrsg.): *Musikpsychologie: Ein Handbuch*. Reinbek bei Hamburg [Rowohlt] 1993, S. 187-195

RÖSING, H.; R. OERTER: Kultur und Musikpsychologie. In: BRUHN, H.; R. OERTER; H. RÖSING (Hrsg.): *Musikpsychologie: Ein Handbuch*. Reinbek bei Hamburg [Rowohlt] 1993, S. 43-56

ROSS, P.: Grundlagen einer musikalischen Rezeptionsforschung. In: RÖSING, H. (Hrsg.): *Rezeptionsforschung in der Musikwissenschaft*. Darmstadt [Wissenschaftliche Buchgesellschaft] 1983, S. 377-418

RÖTTER, G.: *Die Beeinflußbarkeit emotionalen Erlebens von Musik durch analytisches Hören. Psychologische und physiologische Beobachtungen* (Schriften zur Musikpsychologie und Musikästhetik, Band 1). Frankfurt/M. [Lang] 1987

RÖTTER, G.: Musikpsychologie. In: STRAUB, J.; A. KOSCHINKA; H. WERBIK (Hrsg.): *Psychologie in der Praxis. Anwendungs- und Berufsfelder einer modernen Wissenschaft*. München [Deutscher Taschenbuch Verlag] 2000, S. 813-829

RÖTTER, G.; C. PLÖSSNER: Über die Wirkung von Kaufhausmusik. In: *Jahrbuch Musikpsychologie 11*, 1995, S. 154-164

RUBIN, A. M.: Media Uses and Effects: A Uses-and-Gratifications Perspective. In: BRYANT, J.; D. ZILLMANN (Hrsg.): *Media Effects. Advances in Theory and Research*. Hillsdale [Erlbaum] 1994, S. 417-436

RUBIN, A. M.: Die Uses-And-Gratifications-Perspektive der Medienwirkung. In: SCHORR, A. (Hrsg.): *Publikums- und Wirkungsforschung*. Wiesbaden [Westdeutscher Verlag] 2000, S. 137-152

RUBIN, A. M.; M. M. STEP: Impact of motivation, attraction, and parasocial interaction on talk-radio listening. In: *Journal of Broadcasting and Electronic Media 44*, 4, 2000, S. 635-654

RUEGER, C.: *Die musikalische Reiseapotheke. Ein klingendes Vademekum für weltoffene Zugvögel* (2. Aufl.). München [Ariston] 1995

RUEGER, C.: *Die musikalische Hausapotheke. So nutzen Sie die Heilkraft der Musik in jeder Lebens- und Stimmungslage* (4. Aufl.). München [Heyne] 1996

RUSSEL, J. A.: Evidence of convergent validity on the dimensions of affect. In: *Journal of Personality and Social Psychology 36*, 1978, S. 1152-1168

RUSSEL, J. A.: A circumplex model of affect. In: *Journal of Personality and Social Psychology 39*, 1980, S. 1161-1178

SALOVEY, P.: Mood-induced self-focused attention. In: *Journal of Personality and Social Psychology 62*, 1992, S. 699-707

SAVAN, A.: The effect of background music on learning. In: *Psychology of Music 27*, 1999, S. 138-146

SCHAUB, S.: Zum Einfluß situativer Befindlichkeit auf die musikalische Erwartung. In: *Musiktherapeutische Umschau 2, 4*, 1981, S. 267-275

SCHEELE, B.: Back from the grave: Reinstating the catharsis concept in the psychology of reception. In: SCHRAM, D.; G. STEEN (Hrsg.): *The Psychology and Sociology of literature. In honor of Elrud Ibsch*. Amsterdam [John Benjamins] 2001, S. 201-224

SCHENK, M.: *Medienwirkungsforschung*. Tübingen [Mohr] 1987

SCHERER, H.; D. SCHLÜTZ: Gratifikation à la Minute: Die zeitnahe Erfassung von Gratifikationen. In: RÖSSLER, P.; S. KUBISCH; V. GEHRAU (Hrsg.): *Empirische Perspektive der Rezeptionsforschung*. München [Fischer] 2002, S. 133-151

SCHERER, K. R.; J. OSHINSKY: Zur emotionalen Eindruckswirkung akustischer Reizparameter. In: SCHERER, K. R. (Hrsg.): *Vokale Kommunikation*. Weinheim [Beltz] 1982, S. 326-342

SCHLÜTZ, D.: *Bildschirmspiele und ihre Faszination. Zuwendungsmotive, Gratifikationen und Erleben interaktiver Medienangebote*. München [Fischer] 2002

SCHMIDT, A.: Sound and Vision go MTV – die Geschichte des Musiksenders bis heute. In: NEUMANN-BRAUN, K. (Hrsg.): *VIVA MTV! Popmusik im Fernsehen*. Frankfurt/M. [Suhrkamp] 1999, S. 93-131

SCHMITZ, B.; U. LEWANDROWSKI: Trägt das Fernsehen zur Regulierung von Stimmungen bei? Intraindividuelle Analysen zur ›Mood Management‹-Hypothese auf der Grundlage eines dynamisch-transaktionalen Modells. In: *Medienpsychologie 5, 1*, 1993, S. 64-84

SCHOEN, M.; E. L. GATEWOOD: The mood effects of music. In: SCHOEN, M. (Hrsg.): *The effects of music*. Freeport [Books for Libraries Press] 1927, S. 131-151 (Neuauflage: London [Routledge] 1999).

SCHRAMM, H.: Unterhaltungsmusik – Musik zur Unterhaltung. Terminologische und funktionelle Annäherung an eine omnipräsente Musikkategorie. In: *Zeitschrift für Medienpsychologie 13*, 2001, S. 125-137

SCHRAMM, H.: Kurzbericht über die Deutsche Gesellschaft für Musikpsychologie (DGM) und ihre Jahrestagung vom 21.-23. September 2001 in Hildesheim. In: *Zeitschrift für Medienpsychologie 14*, 2002, S. 41-43

SCHRAMM, H.: Musikrezeption und Radionutzung. In: MANGOLD, R.; P.

VORDERER; G. BENTE (Hrsg.): *Lehrbuch der Medienpsychologie*. Göttingen [Hogrefe] 2004, S. 443-463

SCHRAMM, H.; T. HARTMANN; C. KLIMMT: Desiderata und Perspektiven der Forschung über parasoziale Interaktionen und Beziehungen zu Medienfiguren. In: *Publizistik 47*, 4, 2002, S. 436-459

SCHRAMM, H.; U. HASEBRINK: Fernsehnutzung und Fernsehwirkung. In: MANGOLD, R.; P. VORDERER; G. BENTE (Hrsg.): *Lehrbuch der Medienpsychologie*. Göttingen [Hogrefe] 2004, S. 465-492

SCHRAMM, H.; S. PETERSEN; K. RÜTTER; P. VORDERER: Wie kommt die Musik ins Radio? Stand und Stellenwert der Musikforschung bei deutschen Radiosendern. In: *Medien & Kommunikationswissenschaft 50*, 2, 2002, S. 227-246

SCHRAMM, H.; P. VORDERER: Musikpräferenzen im Alltag. Ein Vergleich zwischen Jugendlichen und Erwachsenen. In: MÜLLER, R.; P. GLOGNER; S. RHEIN; J. HEIM (Hrsg.): *Wozu Jugendliche Musik und Medien gebrauchen. Jugendliche Identität und musikalische und mediale Geschmacksbildung.* Weinheim [Juventa] 2002, S. 112-125

SCHUBERT, E.: Enjoyment of Negative Emotions in Music: An Associative Network Explanation. In: *Psychology of Music 24*, 1996, S. 18-28

SCHULTEN, M. L.: *Musikpräferenz und Musikpädagogik. Ein Beitrag zur musikpädagogischen Grundlagenforschung.* Frankfurt/M. [Lang] 1990

SCHULZE, G.: *Die Erlebnisgesellschaft: Kultursoziologie der Gegenwart.* Frankfurt/M. [Campus] 1992

SCHÜRMANNS, W.: Radio zwischen Rauschen und Rasterfahndung. In: *Media Spectrum*, 10, 1995, S. 42-44

SCHWABE, C.: *Methodik der Musiktherapie und deren theoretische Grundlagen* (3., überarbeitete Auflage). Leipzig [Barth] 1986

SCHWARZ, N.; G. L. CLORE: Feelings and phenomenal experiences. In: HIGGINS, E. T.; A. W. KRUGLANSKI (Hrsg.): *Social psychology. Handbook of basic principles.* New York [The Guildford Press] 1996, S. 433-465

SEDIKIDES, C.: Incongruent effects of sad mood on self-conception valence: It's a matter of time. In: *European Journal of Social Psychology 24*, 1994, S. 161-172

SLOBODA, J. A.: Music as a language. In: WILSON, F.; F. ROEHMANN (Hrsg.): *Music and child development.* St. Louis [MMB Music] 1989, S. 28-43

SLOBODA, J. A.: Music structure and emotional response: some empirical findings. In: *Psychology of Music 19*, 1991, S. 110-120

SLOBODA, J. A.: Empirical studies of emotional response to music. In:

RIESS, M.; S. HOLLERAN (Hsrg.): *Cognitive bases of musical communication.* Washington [MMB Music] 1992, S. 33-48

SLOBODA, J. A.: Everyday uses of music listening: A preliminary study. In: YI, S. W. (Hrsg.): *Music, mind and science.* Seoul [Western Music Research Institute] 1999, S. 354-369

SLOBODA, J. A.; P. N. JUSLIN: Psychological perspectives on music and emotion. In: JUSLIN, P. N.; J. A. SLOBODA (Hrsg.): *Music and emotion: Theory and research.* New York [Oxford University Press] 2001, S. 71-104

SLOBODA, J. A.; S. A. O'NEILL: Emotions in everyday listening to music. In: JUSLIN, P. N.; J. A. SLOBODA (Hrsg.): *Music and emotion: Theory and research.* New York [Oxford University Press] 2001, S. 415-429

SLOBODA, J. A.; S. A. O'NEILL; A. IVALDI: Functions of music in everyday life. An exploratory study using the Experience Sampling Method. In: *Musicae Scientiae 5*, 1, 2001, S. 9-32

SMITH, P. C.; R. CURNOW: ›Arousal hypothesis‹ and the effects of music on purchasing behavior. In: *Journal of Applied Psychology 50*, 1966, S. 255-256

STEPPER, S.; F. STRACK: Proprioceptive determinants of emotional and nonemotional feelings. In: *Journal of Personality and Social Psychology 64*, 1993, S. 211-220

STOUT, P.; J. D. LECKENBY: Let the music play: Music as a nonverbal element in television commercials. In: HECKER, S.; D. W. STEWART (Hrsg.): *Nonverbal communication in advertising.* Lexington [Lexington Books] 1988, S. 207-233

STRATTON, V. N.; A. H. ZALANOWSKI: The effects of music and paintings on mood. In: *Journal of Music Therapy 1*, 1989, S. 30-41

STRATTON, V. N.; A. H. ZALANOWSKI: The effects of music and cognition on mood. In: *Psychology of Music 19*, 1991, S. 121-127

STRATTON, V. N.; A. H. ZALANOWSKI: Daily music listening habits in college students: Related moods and activities. In: *Psychology and Education 40*, 1, 2003, S. 1-8

SUCKFÜLL, M.: *Rezeptionsmodalitäten. Ein integratives Konstrukt für die Medienwirkungsforschung.* München [Fischer] 2004

SUCKFÜLL, M.; J. MATTHES; D. MARKERT: Rezeptionsmodalitäten. Definition und Operationalisierung individueller Strategien bei der Rezeption von Filmen. In: RÖSSLER, P.; S. KUBISCH; V. GEHRAU (Hrsg.): *Empirische Perspektiven der Rezeptionsforschung.* München [Fischer] 2002, S. 193-211

SWINKELS, A.; T. A. GIULIANO: The measurement and conceptualization of mood awareness: Attention directed towards ones mood states. In: *Personality and Social Psychology Bulletin 21*, 1995, S. 934-949

TASCHE, K.; W. DONSBACH: *Bad mood: An unintended consequence of television viewing? A longitudinal filed study on the relationships between television viewing and self-reported mood.* Vortrag auf der IACMR-Konferenz, Leipzig, Juli 1999

TAUCHNITZ, J.: *Werbung mit Musik. Theoretische Grundlagen und experimentelle Studien zur Wirkung von Hintergrundmusik in der Rundfunk- und Fernsehwerbung.* Heidelberg [Physica] 1990

TAUCHNITZ, J.: Musik in der Werbung. In: BRUHN, H.; R. OERTER; H. RÖSING (Hrsg.): *Musikpsychologie: Ein Handbuch.* Reinbek bei Hamburg [Rowohlt] 1993, S. 168-174

TERWOGT, M. M.; F. VAN GRINSVEN: Musical Expression of Moodstates. In: *Psychology of Music 19*, 1991, S. 99-109

THAYER, R. E.: *The biopsychology of mood and arousal.* New York [Oxford University Press] 1989

THAYER, R. E.: *The origin of everyday moods: Managing energy, tension, and stress.* New York [Oxford University Press] 1996

THAYER, R. E.; J. R. NEWMAN; T. M. MCCLAIN: Self-regulation of mood: Strategies for changing a bad mood, raising energy, and reducing tension. In: *Journal of Personality and Social Psychology 67*, 1994, S. 910-925

TRAINOR, L. J.; S. E. TREHUB: The development of referential musical meaning. In: *Music Perception 9*, 1992, S. 455-470

TRAXEL, W.; H.-J. HEIDE: Dimensionen der Gefühle. In: *Psychologische Forschung 26*, 1961, S. 179-204

VANECEK, E.: *Die Wirkung der Hintergrundmusik in Warenhäusern. Eine Studie zu Auswirkungen verschiedener Musikprogramme auf Einstellung und Kaufverhalten der Kunden und auf die Einstellung des Personals.* Wien [WUV] 1991

VAN EIMEREN, B.; H. GERHARD; B. FREES: ARD/ZDF-Online-Studie 2003. Internetverbreitung in Deutschland: Unerwartet hoher Zuwachs. In: *Media Perspektiven*, 8, 2003, S. 338-358

VITOUCH, O.: When your ear sets the stage: Musical context effects in film perception. In: *Psychology of Music 29*, 2001, S. 70-83

VITOUCH, P.: *Fernsehen und Angstbewältigung. Zur Typologie des Zuschauerverhaltens.* Opladen [Westdeutscher Verlag] 1993

VITOUCH, P.: Die ›Emotionale Kluft‹ – Schlüsselvariable für die Programmselektion. In: FRANZMANN, B.; W. D. FRÖHLICH; H. HOFFMANN; B. SPÖRRI; R. ZITZLSPERGER (Hrsg.): *Auf den Schultern von Gutenberg.*

Medienökologische Perspektiven der Fernsehgesellschaft. Berlin [Quintessenz] 1995, S. 138-149

VORDERER, P.: *Fernsehen als Handlung. Fernsehfilmrezeption aus motivationspsychologischer Perspektive.* Berlin [Edition sigma] 1992

VORDERER, P.: Involvementverläufe bei der Rezeption von Fernsehfilmen. In: BOSSHART, L.; W. HOFFMANN-RIEM (Hrsg.): *Medienlust und Mediennutz. Unterhaltung als öffentliche Kommunikation.* München [Ölschläger] 1994, S. 333-342

VORDERER, P. (Hrsg.): *Fernsehen als ›Beziehungskiste‹. Parasoziale Beziehungen und Interaktionen mit TV-Personen.* Opladen [Westdeutscher Verlag] 1996a

VORDERER, P.: Rezeptionsmotivation: Warum nutzen Rezipienten mediale Unterhaltungsangebote? In: *Publizistik 41,* 1996b, S. 310-326

VORDERER, P.: *Musikselektion: Explorative und experimentelle Untersuchungen situativer und individueller Einflüsse auf die Auswahl von Musik.* Unveröffentlichter Antrag an die Deutsche Forschungsgemeinschaft auf Gewährung einer Sachbeihilfe, Hannover [Hochschule für Musik und Theater Hannover] 1999a

VORDERER, P.: *Unterhaltung durch Medien: Eine experimentelle Studie über den Einfluss interaktiver Fernsehangebote auf das Erleben der Zuschauer.* Projektbericht an die Deutsche Forschungsgemeinschaft, Hannover [Hochschule für Musik und Theater Hannover] 1999b

VORDERER, P.: Entertainment theory. In: BRYANT, J.; D. ROSKOS-EWOLDSEN; J. CANTOR (Hrsg.): *Communication and emotion: Essays in honor of Dolf Zillmann.* Mahwah [Erlbaum] 2003, S. 131-153

VORDERER, P.; N. GROEBEN: Audience research: What the humanistic and the social science approaches can learn from each other. In: *Poetics 20,* 1992, S. 361-376

VORDERER, P.; S. KNOBLOCH: Conflict and suspense in drama. In: ZILLMANN, D.; P. VORDERER (Hrsg.): *Media entertainment: The psychology of its appeal.* Mahwah [Erlbaum] 2000, S. 59-72

VORDERER, P.; H. SCHRAMM: Medienrezeption. In: RUSCH, G. (Hrsg.): *Einführung in die Medienwissenschaft.* Opladen [Westdeutscher Verlag] 2002, S. 118-134

VORDERER, P.; H. SCHRAMM: Musik nach Maß. Situative und personenspezifische Unterschiede bei der Selektion von Musik. In: *Jahrbuch Musikpsychologie 17,* 2004, S. 89-108

VORDERER, P.; U. RITTERFELD; C. KLIMMT: Spaß am Hören – Hörspielkassetten als sprachförderliche Unterhaltungsangebote für Vorschulkinder. In: *Medien & Kommunikationswissenschaft 49*, 4, 2001, S. 462-479

WALLACE, W. T.: Memory for music: Effect of melody on recall of text. In: *Journal of Experimental Psychology 20*, 6, 1994, S. 1471-1485

WATSON, D.; L. A. CLARK; A. TELLEGEN: Development and validation of brief measures of positive and negative affect: The PANAS scales. In: *Journal of Personality and Social Psychology 54*, 1988, S. 1063-1070

WATSON, D.; A. TELLEGEN: Toward a consensual structure of mood. In: *Psychological Bulletin 18*, 1985, S. 219-235

WELLS, A.: Popular Music and Emotions: Emotional Uses and Management. In: *Journal of Popular Culture 22*, 1988, S. 187-198

WELLS, A.; E. A. HAKANEN: The Emotional Use of Popular Music by Adolescents. In: *Journalism Quarterly 68*, 3, 1991, S. 445-454

WESTEN, D.: Toward an integrative model of affect regulation: Applications to social-psychological research. In: *Journal of Personality 62*, 1994, S. 641-667

WINDAHL, S.: Uses and gratifications at the crossroads. In: WILHOIT, G. C.; H. DE BOCK (Hrsg.): *Mass communication review yearbook*. Beverly Hills [Sage] 1981, S. 174-185

WITTKOWSKI, J.: *Das Interview in der Psychologie. Interviewtechnik und Codierung von Interviewmaterial*. Opladen [Westdeutscher Verlag] 1994

WÜNSCH, C.: *Mediennutzung im Alltag Jugendlicher: Ein Vergleich des Uses-and-Gratifications- und des Mood-Management-Ansatzes*. Unveröffentlichte Magisterarbeit an der Technischen Universität Dresden, 1999

WÜNSCH, C.: Musik für jede Stimmungslage. In: *Wissenschaftliche Zeitschrift der Technischen Universität Dresden 50*, 1/2, 2001, S. 40-46

WUNDT, W.: *Outlines of psychology*. Leipzig [Engelmann] 1897

WYATT, S.; J. N. LANGDON: *Fatigue and boredom in repetitive work*. London [HMSO] 1937

ZAJONC, R. B.; S. T. MURPHY; M. INGLEHART: Feeling and facial efference: Implications of the vascular theory of emotion. In: *Psychological Review 96*, 1989, S. 395-416

ZILLMANN, D.: The experimental exploration of gratifications from media entertainment. In: ROSENGREN, K. E.; L. A. WENNER; P. PALMGREEN (Hrsg.): *Media gratifications research: Current perspectives*. Beverly Hills [Sage] 1985, S. 225-240

ZILLMANN, D.: Mood management: Using entertainment to full advantage. In: DONOHEW, L.; H. E. SYPHER; E. T. HIGGINS (Hrsg.): *Communication, social cognition, and affect*. Hillsdale [Erlbaum] 1988a, S. 147-171

ZILLMANN, D.: Mood management through communication choices. In: *American Behavioral Scientist 31*, 1988b, S. 327-340

ZILLMANN, D.: Empathy: Affect from bearing witness to the emotions of others. In: BRYANT, J.; D. ZILLMANN (Hrsg.): *Responding to the screen: Reception and reaction processes*. Hillsdale [Erlbaum] 1991, S. 135-168

ZILLMANN, D.: The psychology of suspense in dramatic exposition. In: VORDERER, P.; H. J. WULFF; M. FRIEDRICHSEN (Hrsg.): *Suspense: Conceptualizations, theoretical analyses, and empirical explorations*. Mahwah [Erlbaum] 1996, S. 199-231

ZILLMANN, D.: Does tragic drama have redeeming value? In: *Siegener Periodikum für Internationale Literaturwissenschaften 16*, 1998, S. 1-11

ZILLMANN, D.: Mood management in the context of selective exposure theory. In: ROLOFF, M. E. (Hrsg.): *Communication Yearbook 23*. Thousand Oaks [Sage] 2000, S. 103-123

ZILLMANN, D.; A. BHATIA: Effects of associating with musical genres on heterosexual attraction. In: *Communication Research 16*, 1989, S. 263-288

ZILLMANN, D.; J. BRYANT: Affect, mood, and emotion as determinants of selective exposure. In: ZILLMANN, D.; J. BRYANT (Hrsg.): *Selective exposure to communication*. Hillsdale [Erlbaum] 1985a, S. 157-190

ZILLMANN, D.; J. BRYANT: Selective-Exposure Phenomena. In: ZILLMANN, D.; J. BRYANT (Hrsg.): *Selective exposure to communication*. Hillsdale [Erlbaum] 1985b, S. 1-10

ZILLMANN, D.; J. BRYANT: Fernsehen. In: STRAUSS, B. (Hrsg.): *Zuschauer*. Göttingen [Hogrefe] 1998, S. 175-212

ZILLMANN, D.; S. GAN: Musical taste in adolescence. In: HARGREAVES, D. J.; A. C. NORTH (Hrsg.): *The Social Psychology of Music*. Oxford [Oxford University Press] 1997, S. 161-187

ZILLMANN, D.; R. T. HEZEL; N. J. MEDOFF: The effect of affective states on selective exposure to televised entertainment fare. In: *Journal of Applied Social Psychology 10*, 1980, S. 323-339

ZILLMANN, D.; J. WAKSHLAG: Fear of victimization and the appeal of crime drama. In: ZILLMANN, D.; J. BRYANT (Hrsg.): *Selective exposure to communication*. Hillsdale [Erlbaum] 1985, S. 141-156

ZIMBARDO, P. G.; R. J. GERRIG: *Psychologie (7. Auflage)*. Berlin [Springer] 2003

ZUCKERMAN, M.: *Sensation seeking: Beyond the optimal level of arousal*. Hillsdale [Erlbaum] 1979

€ 2,50

3/25

Printed in Poland
by Amazon Fulfillment
Poland Sp. z o.o., Wrocław

49440404R00154